Beck-Rechtsberater:
Der Ehevertrag

Beck-Rechtsberater:
Der Ehevertrag

Von Prof. Dr. Gerrit Langenfeld
Notar

Stand: 1. März 1988
4. Auflage

Deutscher
Taschenbuch
Verlag

Redaktionelle Verantwortung: Verlag C. H. Beck, München
Umschlaggestaltung: Celestino Piatti
Gesamtherstellung: C. H. Beck'sche Buchdruckerei, Nördlingen
ISBN 3 423 52260 (dtv)
ISBN 3 406 33095 9 (C. H. Beck)

Vorwort

Die Eherechtsreform 1977 hat das Ehe- und Scheidungsrecht modernem Rechtsempfinden angepaßt.

Sie hat aber auch durch ein vom Verschulden am Scheitern der Ehe unabhängiges, inhaltlich erheblich ausgeweitetes Scheidungsfolgenrecht das mit der Eingehung einer Ehe verbundene Lebensrisiko erhöht. Es wäre jedoch unangemessen, der Ehe künftig überhaupt aus dem Wege zu gehen.

Der Gesetzgeber hat den Eheleuten die Möglichkeit gegeben, durch ehevertragliche Vereinbarung vom gesetzlichen Ehemodell abzuweichen. Dieser Ratgeber will den Heiratswilligen, den bereits Verheirateten und jeden sonst Interessierten über das Ehe- und Scheidungsrecht und die Möglichkeiten seiner ehevertraglichen Anpassung an die besondere Situation der einzelnen Eheleute informieren. Nach der Lektüre sollen die Eheleute entscheiden können, ob es für sie, wie im Regelfall, beim gesetzlichen Modell verbleiben kann, oder ob größere oder kleinere ehevertragliche Korrekturen erforderlich sind, um für ihre Ehe einen angemessenen und gerechten Interessenausgleich zu finden.

Erfreulich sind hier Berichte aus der notariellen Praxis, daß Leser dieses Buches mit eigenen Entwürfen zum Notar kamen, die unverändert oder nur mit wenigen Ergänzungen beurkundet werden konnten. Sie zeigen, daß dieser Ratgeber auf dem richtigen Weg ist. Für die veröffentlichten Besprechungen und die vielfältigen Zuschriften und Anregungen aus dem Kreis der Notare und Anwälte sei herzlich gedankt. Durch ihre Berücksichtigung und die Einarbeitung der neuesten Literatur und Rechtsprechung mögen das im Vorwort zur 1. Auflage angesprochene Ziel des Buches weiter gefördert werden, der Nachweis nämlich, daß es innerhalb der bürgerlichen Ehe immer noch und vielleicht gerade jetzt möglich ist, einen gerechten Interessenausgleich und eine lebenswerte Form der Partnerschaft zu finden.

Karlsruhe, im März 1988   Der Verfasser

Inhaltsverzeichnis

Abkürzungsverzeichnis

AG	Amtsgericht
BB	Der Betriebs-Berater (Jahr, Seite)
BFH	Bundesfinanzhof
BGB	Bürgerliches Gesetzbuch
BGH	Bundesgerichtshof
BGHZ	Entscheidungen des Bundesgerichtshofs in Zivilsachen (Band, Seite)
BVerfG	Bundesverfassungsgericht (Entscheidungssammlung. Band, Seite)
EGBGB	Einführungsgesetz zum Bürgerlichen Gesetzbuch
ErbStG	Erbschaftsteuer- und Schenkungsteuergesetz
Erman/Bearbeiter	Handkommentar zum Bürgerlichen Gesetzbuch 7. Auflage 1981
EStG	Einkommensteuergesetz
FamRZ	Zeitschrift für das gesamte Familienrecht (Jahr, Seite)
Glockner	Versorgungsausgleich bei Scheidung, zus. mit Böhmer und Klein 2. Aufl. 1981
Jauernig/Bearbeiter ...	Bürgerliches Gesetzbuch, Kommentar, (Bearbeiter: Jauernig, Schlechtriem, Stürmer, Teichmann, Vollkommner)
KostO	Kostenordnung
Langenfeld, Handbuch	Langenfeld, Handbuch der Eheverträge und Scheidungsvereinbarungen, 1984
LG	Landgericht
MünchKomm/ Bearbeiter	Münchener Kommentar zum BGB, 1978 ff.
NJW	Neue Juristische Wochenschrift (Jahr, Seite)
OLG	Oberlandesgericht
Palandt/Bearbeiter ...	Kommentar zum BGB
Soergel/Bearbeiter	Kommentar zum BGB 11. Aufl. 1981
Staudinger/Bearbeiter .	Kommentar zum BGB 12. Aufl. ab 1978
ZPO	Zivilprozeßordnung

Einleitung und Überblick

Das am 1. Juli 1977 in Kraft getretene neue Ehe- und Scheidungsrecht hat gegenüber dem alten Rechtszustand so grundlegende Änderungen gebracht, daß ihre Aufarbeitung durch Literatur und Rechtsprechung noch lange nicht beendet sein wird.

Das Bundesverfassungsgericht hat inzwischen Gelegenheit gehabt, zur Verfassungsmäßigkeit der Reform Stellung zu nehmen. Es hat die Verfassungsmäßigkeit des Übergangs vom Verschuldeprinzip zum Zerrüttungsprinzip bejaht. Zerrüttungsprinzip bedeutet, daß bei Scheidung einer Ehe nicht mehr nach dem subjektiven Verschulden eines oder beider Ehegatten am Scheitern der Ehe gefragt wird. „Scheidungsgründe" wie etwa den Ehebruch gibt es rechtlich nicht mehr.

Vielmehr stellt der Richter nur noch objektiv die Zerrüttung der Ehe fest, ohne die subjektiven Ursachen hierfür zu erforschen. Dabei wird unwiderlegbar vermutet, daß die Ehe gescheitert ist, wenn die Ehegatten seit einem Jahr getrennt leben und beide mit der Scheidung einverstanden sind, oder wenn sie seit drei Jahren getrennt leben. In letzterem Fall wird die Ehe auch gegen den Widerspruch eines Ehegatten geschieden, soweit nicht ausnahmsweise eine außergewöhnliche Härte für diesen vorliegt. Ohne Rücksicht auf ein Verschulden am Scheitern der Ehe kann sich jeder Ehegatte auch gegen den Willen des anderen von der Ehe lösen und durch Getrenntleben die Scheidung erzwingen.

Das Bundesverfassungsgericht hat auch die Verfassungsmäßigkeit des neuen Scheidungsfolgenrechts grundsätzlich bejaht. Die Scheidungsfolgen wurden vom Gesetzgeber inhaltlich erheblich erweitert. Neben den hälftigen Ausgleich des Vermögenserwerbs in der Ehezeit durch den sog. Zugewinnausgleich ist der Ausgleich auch der in der Ehezeit erworbenen Anwartschaften auf Versorgung in den Fällen der Erwerbsunfähigkeit und des Alters getreten, der sog. Versorgungsausgleich. Er führt dazu, daß auch die in der Ehe erworbenen Versorgungsanwartschaften zwischen den Ehegatten hälftig geteilt werden. So werden z. B. der während der Ehe nicht berufstätig gewesenen Hausfrau bei Scheidung die Hälfte der vom Mann in dieser Zeit erworbenen Rentenanwartschaften vom Gericht durch Begründung eines eigenen Rentenkontos übertragen. Der Mann verliert gleichzeitig diese Anwartschaften.

Auch das Recht des nachehelichen Unterhalts wurde reformiert. Die Tatbestände, die Unterhaltsansprüche eines Ehegatten gegen den anderen auslösen, wurden in Zahl und Inhalt stark erweitert.

Für das Verständnis und Gerechtigkeitsgefühl des Laien schwer zugänglich, rechtlich aber zwingend ist die weitere Konsequenz, daß auch die Scheidungsfolgen, also z. B. die Übertragung von Rentenanwartschaften, die Gewährung langjährigen, nicht selten lebenslangen Unterhalts, die Regelung der elterlichen Sorge über die gemeinsamen minderjährigen Kinder usw. unabhängig vom Verschulden am Scheitern der Ehe geregelt werden. So ist es möglich, daß der am Scheitern der Ehe subjektiv unschuldige Ehegatte nicht nur gegen seinen Willen geschieden wird, sondern auch noch die Hälfte seiner Altersversorgung verliert, sich von dem gemeinsamen Kind trennen muß, und dem geschiedenen Ehegatten Unterhalt zu zahlen hat.

Die Gerichte sind zwar zunehmend bemüht, über im Gesetz enthaltene sog. Härteklauseln den schlimmsten Mißbrauch gesetzlicher Rechte zu verhüten. Das verschuldensneutrale Scheidungs- und Scheidungsfolgenrecht ist aber nicht mehr revidierbar und hat grundsätzlich auch seine Ziele der Ehrlichkeit und Objektivität des Scheidungsverfahrens und des verstärkten Schutzes des sozial schwächeren Ehegatten erreicht.

Allerdings wäre eine im ganzen positive Beurteilung der Reform nicht möglich, wenn das Gesetz den Ehegatten nicht die Freiheit abweichender ehevertraglicher Vereinbarungen belassen hätte. Die Vertragsfreiheit insbesondere im Bereich des Versorgungsausgleichs war im Gesetzgebungsverfahren streitig. Nach der gesetzlichen Zulassung ehevertraglicher Vereinbarungen über den Versorgungsausgleich versuchte anfangs die Literatur, den Vereinbarungsspielraum einzuengen. Auch hier haben sich die Befürworter der Vertragsfreiheit inzwischen durchgesetzt.

Vereinbarungen der Verlobten und Ehegatten sind möglich bei der Gestaltung des ehelichen Zusammenlebens, im Ehegüterrecht und im Recht der Scheidungsfolgen einschließlich des Versorgungsausgleichs und des nachehelichen Unterhalts. Im Extremfall können etwa die in vergleichbaren Berufen tätigen Verlobten, die eine kinderlose Partnerschaftsehe führen wollen, vor Eheschließung in notariellem Ehevertrag Gütertrennung vereinbaren, den Versorgungsausgleich ausschließen und gegenseitig auf jeden nachehelichen Unterhalt verzichten. Vermeiden sie dann noch während der Ehe den Vermögenserwerb zu gemeinschaftlichem Eigentum, so kann beim Scheitern der Beziehung die Ehe geschieden werden, ohne daß einer vom anderen auch nur das geringste verlangen könnte.

Eine so weitgehende Abänderung des gesetzlichen Ehemodells ist nur dann sachgerecht, wenn beide Verlobte vermögens- und versorgungsmäßig voneinander unabhängig sind und es aller Voraussicht nach ausgeschlossen ist, daß ein Ehegatte, etwa durch die zeitweise oder völlige Aufgabe seiner Berufstätigkeit zur Kinderbetreuung, in eine schwächere Position geraten kann.

Für den Normalfall setzt das gesetzliche Ehemodell den Maßstab. So kann z. B. der Ehemann von seiner nicht berufstätigen, den Haushalt und die Kinder versorgenden Ehefrau nicht den ehevertraglichen Ausschluß des Versorgungsausgleichs mit der Begründung verlangen, vor 1977 habe es den Versorgungsausgleich ja auch nicht gegeben. Der Versorgungsausgleich wurde geschaffen, um dem sozial schwächeren Ehegatten eine eigene Versorgung für Krankheit und Alter zu verschaffen. Auf sie sollte er ohne anderweitige geeignete Gegenleistung nicht verzichten.

Jede Änderung des gesetzlichen Ehemodells bedarf also der Rechtfertigung aus der besonderen Situation der betreffenden Verlobten oder Ehegatten. Diese Rechtfertigung ist besonders dann gegeben, wenn das gesetzliche Modell die Interessenlage des Einzelfalles verfehlt und so ganz oder teilweise ungerecht wird. Die folgende Darstellung will verdeutlichen, wann derartige Fälle vorliegen und welche vertraglichen Vereinbarungen dann erforderlich sind. Anhand des Musterteils können die betroffenen Verlobten oder Ehegatten dann versuchen, einen für ihren besonderen Fall passenden Vertrag zu entwerfen, und den Entwurf dem Notar zur Überprüfung vorlegen.

Der richtigen Einordnung des eigenen Falles und gegebenenfalls einem Ehevertrag hat in jedem Fall die Information voranzugehen.

Die folgenden Erörterungen beginnen mit der Darstellung des Ehebildes, des Familienunterhalts und des Ehenamensrechts einschließlich der hierzu möglichen Vereinbarungen. Dann werden behandelt die vermögensrechtliche Ordnung der Ehe, das eheliche Güterrecht einschließlich des Zugewinnausgleichs und die Möglichkeiten von Eheverträgen zur Abänderung des gesetzlichen Güterstands, über Gütertrennung und Gütergemeinschaft. Anschließend werden zweckmäßige erbrechtliche Vereinbarungen in Verbindung mit einem Ehevertrag erörtert. Es folgen die Darstellung des Versorgungsausgleichs und des Rechts des nachehelichen Unterhalts mit den möglichen vertraglichen Vereinbarungen hierzu. In einem besonderen Abschnitt werden die Probleme der immer häufiger werdenden Ehen mit Ausländern behandelt. Als Alternativformen des Zusammenlebens werden dann die verschiedenen Formen außerehelicher Lebensgemeinschaften und deren vertragliche Regelung dargestellt. Wo erforderlich, werden immer auch steuerliche Hinweise gegeben.

Den Abschluß des Buches bildet ein Kapitel, in dem typische Fälle aus allen dargestellten Bereichen erörtert werden, denen die entsprechenden ehevertraglichen und sonstigen Vereinbarungen als Muster angefügt sind.

Der Verfasser hofft, dem angesprochenen Leserkreis Information und praktische Hilfe geben zu können. Die einzelnen Fragenkreise wurden bewußt nicht vereinfachend, sondern möglichst allgemeinverständlich und dennoch eingehend dargestellt. Angesichts der Schwierigkeit des Rechtsgebiets würde eine allzu vereinfachende Darstellung dem Leser Steine statt Brot geben. Die Mühe des sorgfältigen Lesens und Mitdenkens kann dem Benutzer nicht erspart werden, der aus der Lektüre wirklich praktischen Nutzen ziehen will. Im modernen Recht gilt mehr als je der Satz des römischen Rechts, daß die Gesetze für die Wachen und Wachsamen geschrieben sind. In diesem Sinne sei dem Leser Erfolg gewünscht.

I. Die Gestaltung des ehelichen Zusammenlebens

In der öffentlichen Diskussion und der Berichterstattung der Medien über das am 1. 7. 1977 in Kraft getretene Erste Gesetz zur Reform des Ehe- und Familienrechts nahm das neue Scheidungsrecht mit der Aufgabe des Verschuldensprinzips zu Gunsten des Zerrüttungsprinzips und der Erfindung des Versorgungsausgleichs den breitesten Raum ein. Weniger spektakulär, von der Öffentlichkeit weithin unbemerkt, jedoch in der praktischen Auswirkung ebenfalls wichtig sind die Änderungen, die der Gesetzgeber im Recht der ehelichen Lebensgemeinschaft vorgenommen hat.

Während der Gesetzgeber beim Recht der Scheidungsfolgen, besonders durch die Einführung des Versorgungsausgleichs, immer ausführlicher und eingehender reglementiert, enthält er sich im Recht der bestehenden ehelichen Lebensgemeinschaft fast völlig der Festlegung eines Ehebildes. Die Rollenverteilung innerhalb der Ehe wird der freien Vereinbarung der Ehegatten überlassen. Das Leitbild der Hausfrauenehe, wie es vor der Eherechtsreform in § 1356 Abs. 1 BGB normiert war, wurde aufgegeben, ohne daß die Eheleute an seiner Stelle an ein anderes Lebensmodell gebunden werden oder ihnen auch nur die Folgen verschiedener Ehegestaltungsformen vor Augen geführt werden. Da diese Änderung des Eherechts Auswirkungen auf jede Ehe hat, ist sie von größter praktischer Bedeutung.

1. Das neue Bild der Ehe

Nach altem Eherecht stellte § 1353 BGB das Grundgesetz der Ehe dar. Er hielt zunächst fest, daß die Ehegatten einander zur ehelichen Lebensgemeinschaft verpflichtet waren. Aus diesem Grundsatz und den anderen gesetzlichen Vorschriften haben die Gerichte die einzelnen ehelichen Pflichten entwickelt, deren Vernachlässigung dann zu einem Scheidungsverschulden mit allen Nachteilen für den schuldigen Ehegatten führen konnte. Nachdem das Verschulden am Scheitern der Ehe für die Scheidungsfolgen, etwa die Gewährung von Unterhalt oder die Zuteilung der gemeinsamen Kinder, keine Rolle mehr spielt, ist auch der § 1353 BGB rechtlich weitgehend ausgehöhlt. Das eheliche Zusammenleben ist damit vorwiegend sittliche Pflicht der Ehegatten geworden. In einem gewissen Widerspruch zum rechtlichen Gewichtsverlust des § 1353 BGB steht, daß der Gesetzgeber jetzt erstmals in Satz 1 des neuen § 1353 ausdrücklich feststellt, daß die Ehe auf Lebenszeit geschlossen wird. Manche Autoren sehen in dieser erstmaligen Normierung des Lebenszeitprinzips, also einer Selbstverständlichkeit, eine Erscheinung des Verfalls, andere erblicken in ihr ein politisches Zugeständnis an die Verfechter des Verschuldensprinzips. Gerade angesichts der erleichterten und sanktionslosen Scheidung hat jedoch in einem Bürgerlichen Gesetzbuch die einleitende Festsetzung, daß die Ehe eine auf Lebenszeit geschlossene Lebensgemeinschaft der Ehegatten ist, durchaus ihren Platz.

Darüber, welches in unserer Zeit das Wesen der Ehe sei, besteht naturgemäß eine Vielfalt von Anschauungen. Wer vom christlichen Standpunkt göttlicher Ordnung des Lebens ausgeht, betrachtet die Ehe als eine vorgegebene Institution. Vom säkularisierten Standpunkt aus hat die Ehe vorwiegend den Chrarakter eines Vertrages. Vielleicht wird man sich in unserer pluralistischen Gesellschaft auf die Vorstellung Gernhubers (FamRZ 1979, 196) von der Ehe als rechtlich geregelter sozialer Verhaltensform einigen können. Im rechtlichen Bereich jedenfalls haben die subjektiven Gestaltungskräfte der Ehegatten an Bedeutung gewonnen, während die objektive Gestaltung des ehelichen Zusammenlebens durch den Gesetzgeber zurückgetreten ist.

Während nach altem Recht die aus § 1356 BGB gefolgerten ehelichen Pflichten weitgehend als zwingend und unabdingbar angesehen wurden, hat sich jetzt der Gestaltungsspielraum der Ehegatten sehr erweitert. Fast völlige Gestaltungsfreiheit besteht bei der Vereinbarung der Rollenverteilung innerhalb der Ehe.

Nach altem Recht normierte § 1353 Abs. 1 BGB das Leitbild der Hausfrauenehe. Nach ihm führte die Frau den Haushalt in eigener Verantwortung. Sie war nur dann berechtigt, erwerbstätig zu sein, wenn dies mit ihren Pflichten in Ehe und Familie vereinbar war. Jeder Ehegatte war verpflichtet, im Beruf oder Geschäft des anderen Ehegatten mitzuarbeiten, soweit dies nach den Verhältnissen der Ehegatten üblich war.

Nach § 1356 BGB neuer Fassung regeln die Ehegatten die Haushaltsführung im gegenseitigen Einvernehmen. Ist die Haushaltsführung einem der Ehegatten überlassen, so leitet dieser den Haushalt in eigener Verantwortung. Beide Ehegatten sind berechtigt, erwerbstätig zu sein. Bei der Wahl und Ausübung einer Erwerbstätigkeit haben sie auf die Belange des anderen Ehegatten und der Familie die gebotene Rücksicht zu nehmen. Die Mitarbeitspflicht im Beruf oder Geschäft des anderen Ehegatten ist entfallen.

Damit hat der Gesetzgeber das bisheriger Leitbild der Hausfrauenehe aufgegeben. An ihre Stelle ist die Freiheit der Ehegatten in der Gestaltung der ehelichen Lebensgemeinschaft getreten. Entsprechend dem heutigen Eheverständnis als einer partnerschaftlichen Lebensgemeinschaft hat der Gesetzgeber auf die Festsetzung eines neuen Eheleitbildes verzichtet und die Aufgabenverteilung der einvernehmlichen Regelung der Ehegatten überlassen.

Natürlich können die Ehegatten, etwa zum Wohle der gemeinsamen Kinder, weiterhin die Hausfrauenehe vereinbaren. Lediglich deren gesetzliche Leitbildfunktion ist entfallen. Da gegenwärtig die Mehrzahl aller Ehefrauen in der Bundesrepublik nicht berufstätig ist, bleibt die Hausfrauenehe statistisch vorherrschend. Sie ist auch nach Auffassung des Gesetzgebers, die in den Materialien der Reform zum Ausdruck kommt (Bundestagsdrucksache 7/650 S. 96) in bestimmten Ehephasen, insbesondere dann, wenn kleine oder heranwachsende Kinder zu versorgen sind, in besonderer Weise ehegerecht. Bei der Erfindung des Versorgungsausgleichs ging der Gesetzgeber trotz der gleichzeitigen Abschaffung der Leitbildfunktion umgekehrt wieder von der Hausfrauenehe aus. Für die Doppelverdienerehe mit jeweiliger Altersversorgung jedes Ehegatten wäre der Versorgungsausgleich nicht notwendig gewesen. Er stellt eine Alternative zur staatlichen Hausfrauenrente dar.

Andererseits hat der Gesetzgeber richtigerweise eingesehen, daß die Alternative zur Hausfrauenehe, nämlich die Doppelverdienerehe, ebenfalls gegenwärtig nicht leitbildfähig ist. Die Doppelverdienerehe ist bei abflauender Wirtschaftskonjunktur, steigender Arbeitslosenzahl und bedenklichem Geburtenrückgang volkswirtschaftlich nicht unbedingt erwünscht. Sie würde zudem als gesetzliches Leitbild auch verstärkte Anstrengungen des Staates auf dem Gebiet der Kinderbetreuung und Schule voraussetzen. Wenn beide Ehegatten ganztags berufstätig sein sollen, dann müsen die Kleinkinder, die Kindergartenkinder und die Schulkinder in Ganztagsstätten, Ganztageskindergärten und Ganztagesschulen optimal versorgt werden, um die Benachteiligung der Kinder aus Doppelverdienerehen gegenüber den häuslich betreuten Kindern auszugleichen. Ob eine derartige totale Betreuung der Kinder durch staatliche Stellen, wie sie weitgehend schon in der DDR praktiziert wird, gesellschaftspolitisch wünschenswert wäre, ist eine andere Frage. Verfassungsrechtlich bedenklich wäre es, die steuerliche Begünstigung des Einkommensverzichtes der Eheleute bei Führung einer Hausfrauenehe durch die Einschränkung oder gar Abschaffung des sog. Ehegattensplittings zunichte zu machen. Angesichts steigender Arbeitslosenzahlen und der unbestrittenen Benachteiligung fremdbetreuter Kinder wäre es auch sozialpolitisch verfehlt, das familienfreundliche Splitting anzutasten.

a) Die Freiheit der Ehegatten

Der Gesetzgeber hat sich nicht nur der Normierung eines Eheleitbildes, sondern auch jeglichen Vorschlages für die Gestaltung des ehelichen Zusammenlebens enthalten. Wesentlicher Bestandteil jeder Eheschließung ist deshalb nunmehr das Einvernehmen der Eheleute darüber, welche Art von Ehe mit welcher Rollenverteilung sie führen wollen. Wer vor der Eherechtsreform geheiratet hatte und keine andere Vereinbarung traf, der führte eine Hausfrauenehe. Jetzt müssen alle Ehegatten zunächst vereinbaren, wer in der Ehe in welcher Weise berufstätig sein soll, wer den Haushalt führen soll und wie sich im übrigen das eheliche Leben abspielen soll. Die Wahl eines Ehemodells ist Recht und Pflicht der Ehegatten mit großen Auswirkungen auf das Gelingen der Ehe. Grundsätzlich können die Eheleute wählen zwischen der Haushaltsführungsehe, bei der einer der Ehegatten den Haushalt in eigener Verantwortung ausschließlich führt, während der andere berufstätig ist, der Doppelverdienerehe und der Zuverdienerehe. Die Haushaltsführungsehe ist in der Form der Hausfrauenehe oder der Hausmannehe möglich. Bei der Doppelverdienerehe können die Ehegatten gleichwertige Berufe mit gleichem Einkommen ausüben, sie können jedoch auch verschiedene Berufe mit verschiedener Vorbildung, verschiedenem Arbeitseinsatz und verschiedenem Einkommen ausüben. Hier sind dann insbesondere Vereinbarungen darüber notwendig und wichtig, welcher Beruf dem anderen vorzugehen hat, wenn Entscheidungen getroffen werden sollen, bei denen sich die beiderseitigen Interessen nicht gleichzeitig berücksichtigen lassen. Dies ist etwa dann der Fall, wenn einer der Ehegatten in Verfolgung seiner beruflichen Karriere den Wohnort wechseln will.

Bei der Zuverdienerehe übt der den Haushalt führende Ehegatte, was wiederum sowohl der Ehemann als auch die Ehefrau sein kann, eine Nebenbeschäftigung als Teilzeitarbeit oder Heimarbeit aus. Hier wäre zu regeln, zu wieviel Einschränkungen diese Nebenbeschäftigung die übrigen Familienmitglieder verpflichten darf.

Ein wichtiger Faktor bei der Festsetzung der ehelichen Rollenverteilung sind die zu erwartenden oder bereits vorhandenen Kinder. Die Ehegatten haben nicht nur ihr gegenseitiges Verhältnis, sondern auch den Aufbau der Familie zu regeln. Auf Grund der natürlichen Gegebenheiten wird weiterhin auch unter der Geltung des neuen Eherechts das Recht der Ehegatten auf Selbstverwirklichung, vor allem auch in einem Beruf, seine Grenze finden am Recht der Kinder auf elterliche Fürsorge und Förderung.

Angesichts der persönlichen und gesellschaftspolitischen Bedeutung der Ehe drängt sich die Frage auf, ob der Gesetzgeber bei aller wohlgemeinten Achtung der Freiheit der Eheleute zu eigenverantwortlicher Lebensgestaltung diese nicht doch zu sehr im Stich gelassen hat. In Konfliktsfällen sind die Eheleute völlig auf ihr Einvernehmen angewiesen. Der vor dem Gleichberechtigungsgesetz vorgesehene Stichentscheid des Mannes ist entfallen. Die immer noch mögliche Klage auf Herstellung des ehelichen Lebens ist langwierig und nicht vollstreckbar. Sie wird mit Recht als Anachronismus bezeichnet (MünchKomm/Wacke Rdn. 6 zu § 1353 BGB). Private Initiativen wie die Eheberatungsstellen sind angesichts dessen zu begrüßen. Letztlich bleibt bei unüberbrückbaren Differenzen zwischen den Ehegatten jedoch nur die Scheidung. Daß bei ihr die mitunter am meisten betroffenen Beteiligten, nämlich die Kinder, nicht gefragt werden, weiß jeder aus eigener Anschauung.

b) Das gegenseitige Einvernehmen

Wie die eben angestellten Überlegungen gezeigt haben, ist das gegenseitige Einvernehmen der Ehegatten über die Rollenverteilung in der Ehe die wichtigste Entscheidung, die die Ehegatten bei Eingehung der Ehe zu treffen haben. In seltsamem Gegensatz zur Bedeutung dieser Entscheidung steht wiederum die stiefmütterliche Behandlung, die der Gesetzgeber dem gegenseitigen Einvernehmen hat angedeihen lassen. Während z. B. die weitgehend unüblich gewordene Gütergemeinschaft in vielen Paragraphen geregelt ist, enthält das Gesetz zum gegenseitigen Einvernehmen nur die lapidare Feststellung, daß es herzustellen ist. Dabei sind die Ehegatten an keine Form gebunden. Das Einvernehmen über die Rollenverteilung in der Ehe kann stillschweigend, durch schlüssiges Verhalten, mündlich, schriftlich und schließlich in notarieller Urkunde hergestellt werden.

Auch die Rechtsnatur des gegenseitigen Einvernehmens ist völlig ungeklärt.

In der juristischen Literatur scheint sich die Meinung durchzusetzen, daß es sich beim gegenseitigen Einvernehmen um ein Rechtsgeschäft mit Vertragscharakter handelt (Diederichsen NJW 1977, 219; Lüke in Festschrift für Bosch 1976, 634; Kurr FamRZ 1978, 2; Erman-Heckelmann, Nachtrag zur 6. Aufl. 1977, RZ 5 zu § 1356; Hepting, Ehevereinbarungen, 1984).

Andere wollen dem Einvernehmen den Charakter eines Beschlusses oder einer Ordnung beilegen (Wacke, MüKo Anm. 9 zu § 1356; Gernhuber FamRZ 1979, 193). Bei dem dem Laien zunächst wenig zugänglichen Streit über die Rechtsnatur solcher Vereinbarungen geht es vor allem darum, ob auf diese Vereinbarungen die allgemeinen Regeln des bürgerlichen Gesetzbuchs über Geschäftsfähigkeit, Willensmängel und Anfechtung anwendbar sind. Hier dürfte es sich empfehlen, die Vereinbarungen ebenso zu behandeln wie eheverträgliche Vereinbarungen im ehelichen Güterrecht, also sie den Regeln des allgemeinen Rechts der Rechtsgeschäfte zu unterwerfen. Hierfür spricht insbesondere, daß diese Regeln dem Schutz des Schwachen und Übervorteilten dienen. Es wäre unerträglich, etwa einen Ehevertrag in notarieller Form, in dem die Eheleute sowohl Vereinbarungen über die Gestaltung des ehelichen Lebens als auch güterrechtliche und erbrechtliche sowie versorgungsrechtliche Vereinbarungen getroffen haben, hinsichtlich seiner einzelnen Bestandteile verschiedenen Regeln unterwerfen zu müssen.

c) Schadensersatz bei Verletzung?

Ein weiteres noch völlig ungelöstes Problem ist, ob die Verletzung der getroffenen Vereinbarungen durch einen Ehegatten zu Schadensersatzansprüchen des anderen Ehegatten führen kann. Grundsätzlich ist die Nichteinhaltung der getroffenen Vereinbarungen über die Rollenverteilung wie das gesamte persönliche Verhältnis der Ehegatten nach neuem Recht nicht mit Sanktionen bewehrt. Die Verletzung der getroffenen Vereinbarungen kann lediglich zur Zerrüttung der Ehe und damit zur Scheidung führen, wobei die Scheidungsfolgen wiederum ohne Rücksicht auf ein Scheidungsverschulden eintreten. Dennoch würde sicherlich in einzelnen Fällen die Versagung jeder Sanktion für den Bruch der getroffenen Vereinbarungen dem Rechtsgefühl widersprechen. Man nehme nur den Fall, daß die Sekretärin dem von ihr geheirateten Studenten das Studium finanziert. Nach Abschluß des Studiums und Eintritt in den gewünschten Beruf löst sich der Ehemann von der Ehe und heiratet die Tochter seines Chefs. Von solchen Fällen dürfte Diederichsen (NJW 1977, 219) ausgegangen sein, wenn er Schadensersatzprozesse wegen Vertragsbruchs in Gefolge einer Scheidung wegen der Vermögensdispositionen, die ein Ehegatte mit Rücksicht auf eine bestimmte Verteilung der ehelichen Aufgaben gemacht hat, nicht von vornherein ausschließt. Die Frage ist jedoch noch völlig offen.

Zwar widersprechen auch bei bestehender Ehe Leistungsklagen zwischen Eheleuten in vermögensrechtlichen Angelegenheiten mit Vollstreckungszwang nicht dem sittlichen Empfinden. Der Bundesgerichtshof hat dies für den Fall entschieden, daß ein Ehegatte dem anderen die Zustimmung zur gemeinsamen Steuerveranlagung verweigert hatte und dieser Ehegatte den hieraus erlittenen Schaden gegen ihn geltend machte (BGH NJW 1977, 378). Jedenfalls ist jedoch das Versprechen einer Vertragsstrafe zur Sicherung eines bestimmten Verhaltens in der Ehe wegen Widerspruchs gegen das sittliche Empfinden nach § 138 BGB nichtig. (MünchKomm/Wacke Rdn. 19 zu § 1353). Im Fall der Sekretärin und des Studenten ist jedoch die Vereinbarung der Rückzahlung des über den normalen Unterhalt hinausgehenden Vermögensaufwands für das Studium des Ehemannes beim Scheitern der Ehe zulässig und empfehlenswert.

d) Die Bestandskraft von Vereinbarungen

Auf die große Verantwortung der Ehegatten bei der Festsetzung des Ehemodells nicht nur in ihrem Verhältnis zueinander, sondern auch im Verhältnis zu den Kindern wurde bereits hingewiesen. Die außerordentliche Schwierigkeit derartiger Vereinbarungen ergibt sich auch daraus, daß sie nach Möglichkeit für ein ganzes Leben Bestand haben solllen. Dennoch wird es fast regelmäßig so sein, daß das Leben anders verlaufen wird, als sich die jungen Ehegatten dies beim Entwurf ihres Zusammenlebens vorgestellt haben. Dies wirft die Frage nach der Änderung oder Neufassung der Vereinbarungen über die Gestaltung der Ehe auf. Eine einverständliche Änderung der Vereinbarungen ist selbstverständlich jederzeit möglich. Schwieriger zu beurteilen ist die Frage, wann einem Ehegatten die einseitige Loslösung von den getroffenen Vereinbarungen auch gegen den Willen des anderen möglich sein soll. Die Ehegatten sollten sich darüber im klaren sein, daß jede Vereinbarung eines Ehemodells unter dem Vorbehalt der gleichbleibenden Umstände steht. Krankheit, Berufsunfähigkeit, Geburt von Kindern und andere Vorkommnisse können den Anspruch eines Ehegatten auf Änderung begründen. Ein ganzes Leben läßt sich nur schwer verträglich im voraus verplanen. Hier liegt die Gefahr der Ehevereinbarungen. Man kann den Ehegatten nur empfehlen, diese Vereinbarungen nicht zu detailliert und in den Einzelheiten festlegend zu treffen. Die Vereinbarung über die eheliche Rollenverteilung sollte nur die Grundzüge der geplanten Lebensgemeinschaft enthalten. Auch dann kann sich jedoch ein Bedürfnis auf Änderung oder Aufhebung ergeben. Ob einem Ehegatten dann lediglich der Anspruch auf Änderung oder Neuvereinbarung gegen den anderen Ehegatten zusteht oder ob er sich durch einseitigen Widerruf von der Vereinbarung lösen kann, ist im Schrifttum noch streitig. Zuzustimmen dürfte der Auffassung von Gernhuber (FamRZ 1979, 199) sein, der dem Ehegatten beim Vorliegen eines wichtigen Grundes das Recht zum einseitigen Widerruf der Vereinbarungen gibt.

Natürlich steht auch hier der Scheidungsgrund der Zerrüttung im Hintergrund. Der widerrufende Ehegatte mag noch so sehr im Recht sein, er setzt die Ehe auf das Spiel, wenn sich der andere

Ehegatte mit dem Widerruf nicht abfindet und die Ehe dadurch scheitert. Dennoch dürfte bei Abfassung einer Vereinbarung über die eheliche Rollenverteilung die ausdrückliche Aufnahme einer Bestimmung, daß die Eheleute bei wesentlicher Veränderung der Umstände gegenseitig zur Anpassung ihrer Vereinbarungen verpflichtet sind und daß jeder Ehegatte ein Widerrufsrecht aus wichtigem Grund hat, empfehlenswert sein. Eine solche ausdrückliche Bestimmung weist die Ehegatten auf das Problem hin. Keiner von ihnen kann später behaupten, der Fall sei anfangs nicht gesehen worden.

e) Zwingende Vorschriften über die Gestaltung der Ehe?

Nach altem Eherecht hatten die Gerichte eine Vielzahl von Prinzipien für unabdingbar für das Wesen der Ehe gehalten mit der Folge, daß bei ihrer Verletzung von einer Ehe nicht mehr gesprochen werden konnte. Angesichts der zunehmenden Liberalisierung unserer Gesellschaft und der völligen Enthaltung des Gesetzgebers hinsichtlich der Gestaltung der Ehe werden solche unabdingbaren Prinzipien zunehmend einschränkend ausgelegt. Die Literatur ist hier noch sehr uneinheitlich. Man kann feststellen, daß lediglich noch das Prinzip der Einehe und die Verpflichtung zur häuslichen Gemeinschaft als unbedingt wesentlich für eine Ehe angesehen werden. Bestritten sind andere Erfordernisse, etwa die Verpflichtung zur ehelichen Treue. Hielte man die eheliche Treue für einen unabdingbaren Bestandteil der Ehe, so wäre etwa die Ehe zwischen dem Zuhälter und der Dirne rechtlich keine Ehe. Nach neuerer Meinung (MünchKomm/Wacke Rdn. 33 und 34 zu § 1353 BGB) besteht keine Pflicht zum Geschlechtsverkehr in der Ehe und keine Pflicht zur Zeugung von Kindern. Abreden über die Kinderlosigkeit zwischen Ehegatten sind also nicht mehr sittenwidrig.

Als weitere eheliche Pflichten werden aus der Verpflichtung zur ehelichen Lebensgemeinschaft gefolgert die Pflichten zur gegenseitigen Liebe und Achtung, zur einvernehmlichen Regelung der gemeinschaftlichen Angelegenheiten, zur Respektierung der weltanschaulichen und religiösen Überzeugungen des Ehegatten, zur Respektierung von dessen Persönlichkeitsrechten und dessen Privatsphäre, etwa des Briefgeheimnisses, zum Beistand und zur Hilfe und zur Abwehr von Gefahren. Hiergegen wird niemand etwas einwenden können.

2. Der Familienunterhalt

a) Grundzüge

Nach dem neugestalteten § 1360 BGB sind die Ehegatten einander verpflichtet, durch ihre Arbeit und mit ihrem Vermögen die Familie angemessen zu unterhalten. Ist einem Ehegatten die Haushaltsführung überlassen, so erfüllt er seine Verpflichtung, durch Arbeit zum Unterhalt der Familie beizutragen, in der Regel durch die Führung des Haushaltes.

Nach altem Recht war bis zum Gleichberechtigungsgesetz grundsätzlich nur der Mann unterhaltspflichtig. Nur wenn er außerstande war, sich selbst zu unterhalten, mußte die Frau ihm Unterhalt gewähren. Seit dem Gleichberechtigungsgesetz 1958 besteht die gegenseitige Pflicht der Ehegatten zur Leistung des Familienunterhalts. Unter dem Leitbild der Hausfrauenehe leistete die Frau jedoch in der Regel Unterhalt durch Führung des Haushaltes. Nach Abschaffung dieses Leitbildes besteht eine gleichwertige gegenseitige Unterhaltspflicht, wobei jeder Ehegatte, auch der Mann, durch Haushaltsführung seiner Unterhaltspflicht nachkommen kann. Die Haushaltsführung ist also weiterhin ein vollwertiger Beitrag zum Familienunterhalt. Interessant hierzu sind Untersuchungen zum Wert der Hausarbeit, die im Vergleich mit entsprechenden Löhnen des öffentlichen Dienstes für vergleichbare Tätigkeiten ermittelt wurden. Ohne Berücksichtigung des inneren Engagements bei der Arbeit, der Zuneigung zu den Kindern, der besonderen wirtschaftlichen Kenntnisse bei der Disposition haushaltstechnischer Entscheidungen und anderer Gesichtspunkte ergeben sich aus der Hausarbeit mit den Tätigkeitsmerkmalen Ernährung und Nahrungszubereitung, Spülen und Aufräumen, Reinigung der Wohn-, Schlaf- und Wirtschaftsräume, Reinigung und Pflege der Wäsche, Reinigung und Pflege der Bekleidung, Anfertigung von Wäsche und Bekleidung, Betreuung der Kinder, Pflege von Kranken, Einkauf, Planung, Organisation und Kontrolle der Haushaltsführung und sonstiger Arbeiten nach Schacht (FamRZ 1980, 107) immerhin monatliche Werte von 1825,20 DM für kinderlose Ehen, von 3010,20 DM für einen Dreipersonenhaushalt und von 3479,10 DM für einen Vierpersonenhaushalt.

Der Betrag der Unterhaltspflicht für jeden Ehegatten ist nicht schematisch ½ des Bedarfs der Familie, sondern kann bei den Ehegatten nach Arbeitskraft, Einkommen und Vermögen unterschiedlich hoch sein. Kann ein Ehegatte weder durch Arbeit noch durch Einkommen oder Vermögen Unterhalt leisten, so schuldet er auch keinen Unterhalt.

Die aus § 1360 BGB folgende Verpflichtung ist gerichtet auf den Familienunterhalt. Dies ist der Unterhalt des anderen Ehegatten und der gemeinschaftlichen Kinder. Gläubiger des Anspruchs ist der andere Ehegatte, der auch den Unterhalt der gemeinschaftlichen Kinder aus eigenem Recht verlangen kann. In welchem Umfang jeder der Ehegatten zum Familienunterhalt beizutragen hat, ergibt sich aus seinen Vermögensverhältnissen und aus dem vereinbarten Rollenverhältnis der Eheleute. Im Zweifel sind Folgerungen hierfür aus dem Wesen der Ehe als Lebensgemeinschaft mit Beistandscharakter zu ziehen. Die Art der Unterhaltsleistung ergibt sich aus § 1360a BGB. Danach umfaßt der angemessene Unterhalt der Familie alles, was nach den Verhältnissen der Ehegatten erforderlich ist, um die Kosten des Haushalts zu bestreiten und die persönlichen Bedürfnisse der Ehegatten und den Lebensbedarf der gemeinsamen unterhaltsberechtigten Kinder zu befriedigen. Der Unterhalt ist in der Weise zu leisten, die durch die eheliche Lebensgemeinschaft geboten ist. Die Ehegatten sind einander verpflichtet, die zum gemeinsamen Unterhalt der Familie erforderlichen Mittel für einen angemessenen Zeitraum im voraus zur Verfügung zu stellen.

b) Stiefkinder und Verschwägerte in der Familie

Stiefkinder werden vom Unterhaltsrecht buchstäblich als solche behandelt. Ihnen schuldet der Stiefelternteil keinen Unterhalt. Hier liegt eine Lücke des Gesetzes vor, die der Gesetzgeber schnellstmöglich schließen muß. Der Deutsche Juristentag 1981 hat sich mit dem Problem befaßt und entsprechende Gesetzesvorschläge ausgearbeitet. Bringt also ein Ehegatte einseitige Kinder in die Ehe ein, so muß er auf jeden Fall darauf bestehen, daß eine Vereinbarung über den Unterhalt dieser Kinder auch durch den anderen Ehegatten getroffen wird. Juristisch hat dies in der Form des sogenannten unechten Vertrages zugunsten Dritter zu geschehen, bei dem der Berechtigte keinen eigenen Anspruch gegen den Verpflichteten hat, sondern seine Rechte von dem Vertragspartner, hier also dem anderen Ehegatten geltend gemacht werden.

Gleiches gilt, wenn sonstige Verschwägerte, etwa die Schwiegermutter, in den Haushalt aufgenommen werden sollen und unterhaltsbedürftig sind.

c) Zuvielleistung von Unterhalt

Im Einzelfall problematisch werden kann die Vorschrift des § 1360b BGB. Nach ihr ist im Zweifel dann, wenn ein Ehegatte zum Unterhalt der Familie einen höheren Beitrag als den ihm obliegenden leistet, anzunehmen, daß er nicht beabsichtigt, von dem anderen Ehegatten hierfür Ersatz zu verlangen. Grundsätzlich ist die Vorschrift gerechtfertigt. Großzügigkeit in der Ehe soll bei deren Scheitern nicht einer kleinlichen Nachrechnung unterworfen sein. Die Vorschrift ist, was wichtig ist, schon nach der Systematik des Gesetzes nicht anwendbar bei Schenkungen und sonstigen Leistungen, die nicht zum Unterhalt der Familie gehören. Hierunter fallen z. B. die Begleichung von Schulden des Ehepartners, insbesonderer geschäftlicher oder vorehelicher Schulden, die Unterhaltsgewährung an Stiefkinder und Schwiegereltern und Zuschüsse zum Gewerbebetrieb des Ehegatten. Problematisch ist auch hier der Fall der Sekretärin, die dem Ehemann das Studium finanziert. Hier sollten die Ehegatten in ausdrücklicher Vereinbarung feststellen, daß sie die Finanzierung des Studiums als übermäßigen Unterhalt betrachten und daß eine Rückforderung bei Scheitern der Ehe nicht ausgeschlossen ist.

d) Gerichtliche Durchsetzung von Unterhaltsansprüchen

Bei bezifferbaren geldlichen Ansprüchen auf Unterhalt ist eine Leistungsklage mit anschließender Vollstreckung möglich. Für die Vergangenheit kann Unterhalt jedoch nur gefordert werden, wenn er rechtshängig gemacht wurde. Bei sonstigen Unterhaltsansprüchen wie etwa Wohnungsgewährung, Haushaltsführung oder Mitarbeit im Geschäft ist nur die nicht vollstreckbare und damit weitgehend wertlose Herstellungsklage möglich. Hier verbleibt es dabei, daß ein Scheitern der ehelichen Lebensgemeinschaft zur Zerrüttung und damit zur Scheidung führt.

e) Unterhaltsverträge

Die Eheleute können über den Familienunterhalt Vereinbarungen treffen. Solche Vereinbarungen sind angesichts der Freiheit der Rollenverteilung innerhalb der Ehe in vielen Fällen unbedingt zu empfehlen. Dabei sind jedoch die aus dem Wesen der Ehe folgenden sittlichen Grenzen zu beachten, § 138 BGB. Die Eheleute können Vereinbarungen treffen, in denen sie den Lebenszuschnitt der Ehe bestimmen. Z. B. können sie vereinbaren, in Zukunft sparsamer zu leben. Sie können vereinbaren, daß auch Stiefkinder und Schwiegereltern oder sonstige Verschwägerte gemeinsam zu unterhalten sind. Sie können die Vermutung des § 1360 b BGB ausschließen. Innerhalb der Rollenverteilung in der Ehe können sie auch die jeweils zu leistenden Unterhaltsbeiträge bezeichnen, z. B. die prozentualen Anteile am Haushaltsgeld bei unterschiedlichen Einkommen. So kann etwa festgelegt werden, daß jeder Ehegatte zum Haushaltsgeld im Verhältnis der beiderseitigen Einkommen beizutragen hat.

Die Ehegatten können nicht auf Unterhalt für die Zukunft verzichten, §§ 1360 a Abs. 3, 1614 BGB. Dies gilt auch für den Fall des Getrenntlebens bei bestehender Ehe. Hier ergeben sich die Unterhaltsansprüche zwingend aus § 1361 BGB. Wie im Bereich der sonstigen Ehevereinbarungen auch können die Ehegatten die Unterhaltspflicht nicht durch Vereinbarung einer Vertragsstrafe sichern.

Auch Vereinbarungen über den Familienunterhalt sind formlos wirksam. Wie bei den übrigen Vereinbarungen empfiehlt sich jedoch ihre Aufnahme in einen notariellen Ehevertrag.

3. Vereinbarungen über den Familien- und Ehenamen

Auch im Namensrecht hat die Eherechtsform große Neuerungen gebracht. Nach § 1355 BGB führen die Ehegatten einen gemeinsamen Familiennamen. Dieser gemeinsame Familienname heißt Ehename. Zu diesem gemeinsamen Ehenamen können die Ehegatten bei der Eheschließung durch Erklärung gegenüber dem Standesbeamten den Geburtsnamen des Mannes oder den Geburtsnamen der Frau bestimmen. Im Gegensatz zum bisherigen Recht können die Ehegatten also auch den Geburtsnamen der Frau zum Ehenamen wählen. Geburtsname ist dabei der Name, der in der Geburtsurkunde des Verlobten zur Zeit der Eheschließung einzutragen ist. Derjenige Ehegatte, dessen Geburtsname nicht der Ehename wird, kann durch Erklärung gegenüber dem Standesbeamten dem Ehenamen seinen Geburtsnamen oder den zur Zeit der Eheschließung geführten Namen voranstellen. Sowohl der Ehemann als auch die Ehefrau haben also unter diesen Voraussetzungen das Recht, ihren alten Namen als sogenannten Begleitnamen weiter zu führen. Dieser alte Name wird dem Ehenamen nicht angehängt, sondern ihm vorausgestellt. Heiraten also z. B. Anton Müller und Anita Schmid und wählen sie als Ehenamen den Namen Müller, so kann sich die Ehefrau Anita Schmid-Müller nennen. Hatte die Ehefrau vor der Ehe bereits auf Grund vorangegangener Ehe den Familiennamen Schmid-Meier, so kann sie sich jetzt Anita Schmid-Meier-Müller nennen. Solche häßlichen Namensketten werden in der Praxis sicherlich selten gewählt werden, sind aber nach neuem Namensrecht in Folge eines Versehens des Gesetzgebers möglich.

Eheliche Kinder erhalten den gemeinsamen Ehenamen der Eltern. Der Begleitname wird niemals der Name der Kinder, sondern steht nur dem Ehegatten persönlich zu, dessen Geburtsname nicht Ehename geworden ist.

Dies ist nur eine vereinfachende Darstellung der Grundzüge. Der verwitwet oder geschiedene Ehegatte behält den Ehenamen. Er kann durch Erklärung gegenüber dem Standesbeamten seinen Geburtsnamen oder wahlweise den Namen wieder annehmen, den er zur Zeit der Eheschließung geführt hat. Viele Kommentatoren sind der Ansicht, daß das Namensrecht durch die verschiedenen Wahlmöglichkeiten zu kompliziert und unübersichtlich geworden ist.

Schließen Verlobte einen Ehevertrag, so können sie sich hierin vertraglich auch zur Führung eines bestimmten Ehenamens verpflichten (Diederichsen NJW 1977, 1170). Es dürfte bei Eheverträgen von Verlobten in Zukunft immer zweckmäßig sein, eine solche ausdrückliche Vereinbarung aufzunehmen.

4. Vereinbarungen über die eheliche Lebensgemeinschaft in notariellem Vertrag?

Wie wiederholt erwähnt wurde, bedürfen Vereinbarungen über die Gestaltung des ehelichen Lebens, die Gewährung von ehelichem Unterhalt und die Führung des Ehenamens keiner Form. Die Ehegatten können solche Vereinbarungen in jeder Weise, auch durch schlüssiges Verhalten, mündlich oder privatschriftlich treffen. Regelmäßig dürfte sich jedoch bei etwas komplizierteren Verhältnissen die Vereinbarung zu notarieller Urkunde empfehlen. In diesen Fällen sind fast immer auch Bestimmungen über das Ehegüterrecht, den Versorgungsausgleich und erbrechtliche Begleitbestimmungen zu treffen. Diese bedürfen sowieso der notariellen Beurkundung.

Die Erörterung mit dem Notar als unbeteiligtem Dritten hilft den Eheleuten, diese wichtigen Entscheidungen klaren Kopfes und in Kenntnis der Folgen zu treffen. Der Notar kann auf Grund seiner Erfahrung die Beteiligten von unpraktischen oder sogar rechtlich gefährlichen oder unzulässigen Vereinbarungen abbringen. Er ist in der Formulierung derartiger Vereinbarungen geübt und vermag so Streitigkeiten und Auslegungsschwierigkeiten zu vermeiden. In Anbetracht der Wichtigkeit dieser grundlegenden Vereinbarungen für die Ehe sollten insbesondere Verlobte nicht vor den entstehenden Notariatskosten zurückschrecken, zumal diese bei Beginn der Ehe und noch relativ kleinem Vermögen oft nicht erheblich sein werden.

II. Die vermögensrechtliche Ordnung der Ehe

Während im vorgehenden Kapitel die persönlichen Beziehungen der Ehegatten zueinander betrachtet wurden, haben wir uns jetzt damit zu beschäftigen, welche Auswirkungen die Eheschließung und die Eheführung auf das Vermögen der Ehegatten haben. Diese Fragen sind im ehelichen Güterrecht des BGB geregelt. Die Ehegatten haben hier die Möglichkeit, zwischen verschiedenen Güterständen von der völligen Gütertrennung bis zur Gütergemeinschaft zu wählen. Hier liegt, da diese Wahl in der Form des notariellen Ehevertrages getroffen werden muß, der traditionelle Schwerpunkt von Eheverträgen. Wie wir jedoch gesehen haben, hat die Eherechtsreform durch die Einführung der völligen Freiheit der Ehegatten in der Rollenverteilung einen weiteren Schwerpunkt für ehevertragliche Gestaltungen geschaffen. Hinzu kommt der neue Versorgungsausgleich und das neu geregelte Recht des nachehelichen Unterhalts, beides Materien, die ebenfalls der Regelung durch Eheverträge zugänglich und in vielen Fällen auch bedürftig sind. Insofern gilt heute ein erweiterter Ehevertragsbegriff (vgl. Langenfeld, Handbuch der Eheverträge und Scheidungsvereinbarungen Rz 3 ff).

Vor Eingehung auf das eheliche Güterrecht sollen zwei Vorschriften behandelt werden, die ohne Rücksicht auf den Güterstand gelten und deshalb vom Gesetzgeber im Abschnitt über die Wirkungen der Ehe im allgemeinen behandelt werden, dennoch aber mehr zur Vermögensordnung gehören.

1. Geschäfte zur Deckung des Lebensbedarfs

Nach § 1357 BGB ist jeder Ehegatte berechtigt, Geschäfte zur angemessenen Deckung des Lebensbedarfs der Familie mit Wirkung auch für den anderen Ehegatten zu besorgen. Durch solche Geschäfte werden dann regelmäßig beide Ehegatten berechtigt und verpflichtet. Diese Befugnis zur Gesamtverpflichtung beider Ehegatten besteht nicht, wenn die Ehegatten getrennt leben. Jeder Ehegatte kann die Berechtigung des anderen Ehegatten, Geschäfte mit Wirkung für ihn zu besorgen, beschränken oder ausschließen. Diese Beschränkung oder Ausschließung bedarf, damit sie Dritten gegenüber wirkt, der Eintragung in das Güterrechtsregister. Das Güterrechtsregister wird vom zuständigen Amtsgericht geführt. Alle Eintragungen im Güterrechtsregister werden auch im Veröffentlichungsorgan des Amtsgerichts veröffentlicht, meistens in der örtlichen Tageszeitung. Aus diesen peinlichen Förmlichkeiten ergibt sich, daß der Ausschluß oder die Einschränkung der Befugnisse aus § 1357 BGB für einen Ehegatten nur das letzte Mittel sein kann, wenn er etwaiger Verschwendungssucht seines Ehegatten vorbeugen will. Der so in seinen gesetzlichen Befugnissen eingeschränkte Ehegatte kann gegen die Beschränkung oder Ausschließung das Vormundschaftsgericht anrufen, das diese wieder aufhebt, wenn für sie kein ausreichender Grund besteht.

Dem neuen § 1357 BGB entsprach vor der Eherechtsreform die sogenannte „Schlüsselgewalt" der Hausfrau. Sie ging vom Leitbild der Hausfrauenehe aus und wollte der Hausfrau die Haushaltsführung erleichtern. Nach dieser Vorschrift in der alten Fassung war die Ehefrau berechtigt, Geschäfte, die innerhalb ihres häuslichen Wirkungskreises lagen, mit Wirkung für den Mann zu besorgen. Aus Rechtsgeschäften, die sie innerhalb dieses Wirkungskreises vornahm, wurde lediglich der Mann berechtigt und verpflichtet. War der Mann nicht zahlungsfähig, so wurde auch die Frau verpflichtet. Bei Geschäften für den häuslichen Bereich konnte also jeder Vertragspartner, etwa der Kaufmann, auch dann mit der Ehefrau abschließen, wenn er wußte, daß diese kein eigenes Geld hatte. Aus diesen Gründen wurde nämlich im Regelfall nur der Ehemann als Verdiener verpflichtet. Insofern diente die Vorschrift auch dem Schutz des Vertragspartners.

Nachdem jetzt die Verteilung der Funktionen von den Ehegatten ohne jegliche gesetzliche Festlegung einverständlich geregelt wird, weiß z. B. der Kaufmann grundsätzlich nicht mehr, mit wem er es zu tun hat, insbesondere wie die Verteilung der Geldmittel in der Familie geregelt ist. Konsequenterweise wurde deshalb § 1357 zum Schutz der Gläubiger der neuen Rechtslage so angepaßt, daß aus Geschäften des Lebensbedarfs der Familie beide Ehegatten berechtigt und verpflichtet werden. Diese Erweiterung stellt eine wichtige Ausnahme vom Prinzip der grundsätzlich getrennten Schuldenhaftung im gesetzlichen Güterstand dar.

Auch der Umfang der möglichen Gesamtverpflichtungsgeschäfte ist jedenfalls nach dem Wortlaut der Vorschrift erweitert worden. Während nach § 1357 alter Fassung von Geschäften innerhalb des häuslichen Wirkungskreises die Rede war, spricht § 1357 neuer Fassung von Geschäften zur angemessenen Deckung des Lebensbedarfs der Familie. Von der überwiegenden Meinung (vgl. Jauernig/Schlechtriem, BGB, § 1357 Anm. 2) wird hieraus gefolgert, daß jetzt auch z. B. die Anmietung der Familienwohnung oder bei entsprechendem Lebenszuschnitt der Familie der Abschluß eines Urlaubsvertrages, unter Umständen sogar Kreditgeschäfte, unter die Vorschrift fallen. Im einzelnen sind die Fragen noch sehr streitig.

Als Vorschrift zum Schutz der Gläubiger ist § 1357 BGB zwingend und kann von den Ehegatten auch nicht einverständlich durch Ehevertrag ausgeschlossen werden. Die Vorschrift gilt für alle Güterstände, auch für den Vertragsgüterstand der Gütertrennung. Über den unmittelbaren Anwendungsbereich der Vorschrift hinaus geht deren von der überwiegenden Literaturmeinung vorgenommene Auslegung in dem Sinne, der Erwerb nach § 1357 BGB führe regelmäßig zu einem Erwerb beider Ehegatten zu je einhalb Miteigentum (dazu kritisch Walter, Eigentumserwerb in der Ehe, 1981). Diese Auffassung führt angesichts des zunehmend weiter ausgelegten Anwendungsbereichs des § 1357 BGB zu einer weitgehenden Erwerbsgemeinschaft der Ehegatten auch im gesetzlichen Güterstand und bei Gütertrennung. In der Normalehe ohne Grundbesitz, Wertpapierdepot und nennenswerte Sparkonten entstünde so ein neuer, praktisch überwiegender Güterstand: ,,Miteigentum beider Ehegatten".

Hieraus können sich z. B. dann praktisch ungerechte Konsequenzen ergeben, wenn ein Ehegatte Einrichtungsgegenstände in die Ehe einbringt, der andere dagegen Geld, das dann bestimmungsgemäß zum Kauf der übrigen Einrichtungsgegenstände verwendet wird. Die eingebrachten Sachwerte bleiben Eigentum des einbringenden Ehegatten, während die vom Geld des anderen angeschafften Sachwerte über § 1357 BGB Miteigentum beider Ehegatten werden. Um eine derartige ,,Enteignung durch Eheschließung" zu vermeiden, müssen die Ehegatten möglichst schriftlich festlegen, daß die Gegenstände in das Alleineigentum des bezahlenden Ehegatten fallen bzw. übertragen werden.

2. Die Eigentumsvermutung des § 1362 BGB

Zugunsten der Gläubiger des Mannes oder der Gläubiger der Frau wird nach § 1362 BGB vermutet, daß die im Besitz eines Ehegatten oder beider Ehegatten befindlichen beweglichen Sachen dem Schuldner gehören. Diese Vermutung gilt nicht bei Getrenntleben, wenn sich die Sachen im Besitz des Ehegatten befinden, der nicht Schuldner ist. Für die zum ausschließlichen persönlichen Gebrauch eines Ehegatten bestimmten Sachen, etwa Kleider, Schmuck oder Arbeitsgeräte, wird im Verhältnis der Ehegatten zueinander und zu den Gläubigern vermutet, daß sie dem Ehegatten gehören, für dessen Gebrauch sie bestimmt sind.

§ 1362 BGB ist eine Gläubigerschutzvorschrift, die ehevertraglich nicht abbedungen werden kann. Die Gläubiger eines Ehegatten sollen vor einer Verschleierung der Eigentumslage durch ein Zusammenwirken beider Ehegatten bewahrt werden. Hat einer der Ehegatten also Schulden, so kann der Gläubiger durch den Gerichtsvollzieher etwa Möbel oder sonstige Haushaltsgegenstände pfänden lassen, ohne daß dem der andere Ehegatte mit der Behauptung widersprechen kann, die Gegenstände gehörten lediglich ihm. Die endgültige Verwertung der Gegenstände braucht der Ehegatte jedoch nicht zu dulden. Er kann gemäß § 771 ZPO bei Gericht die sogenannte ,,Drittwiderspruchsklage" erheben und muß dann in diesem gerichtlichen Verfahren beweisen, daß der Gegenstand in seinem Eigentum steht. Gelingt dieser Beweis, so wird die Pfändung wieder aufgehoben und die Verwertung des Gegenstandes für die Forderung des Gläubigers gegen den anderen Ehegatten untersagt. Entsprechend dem Schutzcharakter der Vorschrift wird dem anderen Ehegatten der Beweis seines Eigentums jedoch nicht erleichtert. Ein privates Vermögensverzeichnis der Ehegatten ist zum Nachweis der Eigentumsverhältnisse regelmäßig nicht geeignet, weil auch hier die Gefahr der Verschleierung etwa durch Vordatierung besteht. Grundsätzlich geeignet zum Nachweis der Eigentumsverhältnisse sind aber notariell beglaubigte Vermögensverzeichnisse oder erst recht das Verzeichnis des jeweiligen Vermögens im Rahmen eines Ehevertrages.

3. Das eheliche Güterrecht

Im Gegensatz zur ehelichen Lebensgemeinschaft, also den persönlichen Beziehungen der Ehegatten zueinander, bei der sich der Gesetzgeber der Regelung fast völlig enthalten hat, regelt er die vermögensrechtlichen Beziehungen der Ehegatten zueinander ausführlich. Der Gesetzgeber schlägt als Modell der vermögensrechtlichen Beziehungen der Ehegatten den gesetzlichen Güterstand der Zugewinngemeinschaft vor, gibt den Eheleuten jedoch die Möglichkeit, in notariellem Ehevertrag als Wahlgüterstände die Gütertrennung oder die Gütergemeinschaft zu vereinbaren. Zu allen drei nach deutschem Recht möglichen Güterständen werden eingehende gesetzliche Vorschriften gegeben. Doch unterliegen auch die meisten Einzelregelungen des Gesetzes innerhalb der Güterstände der Disposition der Ehegatten, so daß auch Abwandlungen eines gesetzlich vorgesehenen Güterstandes weitgehend möglich sind. Die Ehegatten haben also die Möglichkeit, ihre Vermögensverhältnisse von weitgehender Gemeinsamkeit des Vermögens als dem einem Extrem bis zu fast völliger Vermögenstrennung wie bei Nichtverheirateten als anderem Extrem zu regeln. Sie haben hierbei nicht nur die Vermögensverteilung bei bestehender Ehe, sondern auch besonders die Konfliktsfälle wie die Scheidung mit der Rechtsfolge der vermögensrechtlichen Auseinandersetzung oder den Tod mit der Rechtsfolge des Eintritts der Vererbung zu regeln.

Das eheliche Güterrecht ist kompliziert. Man kann hier, ist der jeweilige eheliche Güterstand nicht auf das gelebte Modell der Ehe abgestimmt, großen Schaden anrichten. Dennoch herrschen bei den Bürgern weitgehend Unkenntnis und, was schlimmer ist, falsche Vorstellungen über das eheliche Güterrecht. Man befrage nur ein beliebiges Ehepaar darüber, ob nach ihrer Vorstellung das Vermögen gemeinschaftlich sei, oder ob in der Ehe jeder Ehegatte sein getrenntes Vermögen habe. In den meisten Fällen wird entgegen der Rechtswirklichkeit die Antwort dahin gehen, daß das Familienvermögen gemeinschaftlich sei. Hier wird besonders im Schulbereich zu wenig getan, um den Bürgern diese Grundkenntnisse hinsichtlich der Vermögensverfassung der Ehe nahezubringen.

a) Güterstand und Ehetypen

Wie bei der Regelung der persönlichen Verhältnisse der Ehegatten im Rahmen der ehelichen Rollenverteilung ist auch hinsichtlich der Regelung der vermögensrechtlichen Beziehungen der Ehegatten zueinander die Unterscheidung der einzelnen Ehetypen hilfreich und geboten. Die Haushaltsführungs- oder Zuverdienerehe ist anders zu behandeln als die Doppelverdienerehe. Ehen, bei denen einer der Ehegatten großes Vermögen in die Ehe mitbringt, werfen mehr güterrechtliche Probleme auf als Ehen, bei denen beide Ehegatten mit nichts oder wenig anfangen. Ehen von Ehegatten mit gleicher Vorbildung, vergleichbarem beruflichem Einsatz und annähernd gleichem Einkommen sind weniger problematisch als Ehen, bei denen ein Ehegatte eine ungleich bessere Vorbildung, einen ungleich größeren Arbeitseinsatz und höheren Verdienst hat als der andere. Ehen von Freiberuflern und Kaufleuten sind anders zu behandeln als Ehen von Beamten und Angestellten.

Es sollen hier in der Folge die entscheidungserheblichen Unterschiede herausgestellt und Lösungen für die typischen Konstellationen angeboten werden. Auszugehen ist dabei vom gesetzlichen Güterstand, den der Gesetzgeber als Modell anbietet und der hinsichtlich der einzelnen Ehetypen auf seine Brauchbarkeit zu überprüfen ist. Ebenso werden behandelt die Gütertrennung, die Gütergemeinschaft und die Mischformen der einzelnen Güterstände. Der Leser soll schließlich entscheiden können, welches Güterrecht für seine Ehe angemessen und zweckmäßig ist.

b) Typen von Güterständen

Jeder Gesetzgeber hat im Ehegüterrecht die grundsätzliche Wahl zwischen Güterständen der Gütergemeinschaft und Güterständen der Gütertrennung. Ein Gesetzgeber, der von dem Wesen der Ehe als einem vorgegebenen Institut ausgeht, neigt zur Gütergemeinschaft als gesetzlichem Güterstand. Er überträgt die Vorstellung von der Einheit der Ehegatten auch auf ihre vermögensrechtlichen Beziehungen. Als Spielarten der Gütergemeinschaft kommen in Betracht Güterstände, in denen alles, auch das voreheliche Vermögen, auch Erbschaften und Schenkungen gemeinschaftliches Vermögen werden, Güterstände, in denen einzelne Vermögensmassen wie etwa Erbschaften und Schenkungen

von der Gemeinschaft ausgenommen werden und Güterstände,
bei denen das voreheliche Vermögen getrennt bleibt, während
lediglich das während der Ehe gegen Entgelt erworbene Vermögen gemeinschaftliches Vermögen wird. Weitere Spielarten sind
denkbar. Ein ganz reines System der Gütergemeinschaft läßt sich
gerechterweise nicht verwirklichen. Jede Gütergemeinschaft ist
deshalb notwendigerweise zu ergänzen durch eigenes getrenntes
Vermögen der Ehegatten. Dadurch wird aber die zunächst so
einfach und unkompliziert anmutende Gütergemeinschaft rechtlich kompliziert, da mit dem gemeinschaftlichen Vermögen, dem
Vermögen des Ehemannes und dem Vermögen der Ehefrau mindestens drei Vermögensmassen vorhanden sind, zwischen denen
Rechtsbeziehungen, etwa Ersatzansprüche, denkbar sind. Auch
bei der Auseinandersetzung anläßlich der Scheidung oder beim
Erbfall sind diese Vermögensmassen dann getrennt zu betrachten.

Ein Gesetzgeber, der mehr von der Individualität der Ehegatten ausgeht und die Ehe als frei gewählte soziale Verhaltensform
betrachtet, wird als gesetzlichen Güterstand die Gütertrennung
wählen. Die Gefahr der Gütertrennung liegt allerdings in der
Möglichkeit, daß der wirtschaftlich und sozial schwächere Ehegatte im Konfliktsfall, also insbesondere bei Scheidung der Ehe
oder im Todesfall, benachteiligt wird.

Im modernen pluralistischen Staat muß jedoch jeder Gesetzgeber den Ehegatten die Wahl zwischen einzelnen Güterstandsty-
pen geben, also neben einem gesetzlichen Güterstand auch Wahlgüterstände zulassen. Dann kann als gesetzlicher Güterstand auch
ein Mischgüterstand wie die Zugewinngemeinschaft als Gütertrennung mit schuldrechtlichem Ausgleich des während der Ehe
entgeltlich Erworbenen statuiert werden, wenn nur den Ehegatten als Alternative die rechtsgeschäftliche Vereinbarung von Gütertrennung und Gütergemeinschaft möglich ist. So kann der Gesetzgeber dann auch im Ehegüterrecht eine soziale Komponente
berücksichtigen.

4. Der gesetzliche Güterstand der Zugewinngemeinschaft

Für die Ehegatten, die ehevertraglich nichts anderes vereinbaren, gilt der gesetzliche Güterstand der Zugewinngemeinschaft
nach §§ 1363 bis 1390 BGB. Die Zugewinngemeinschaft stellt das

gesetzliche Modell dar, das der Gesetzgeber den Eheleuten als Normalfall ihrer güterrechtlichen Beziehungen anbietet. Dieses Modell erhebt also den Anspruch darauf, auf die meisten Ehen zu passen.

Tatsächlich paßt die Zugewinngemeinschaft jedoch nur für die Haushaltsführungsehe oder Zuverdienerehe mit keinem oder geringem Anfangsvermögen bei Eheschluß und mäßig vermehrtem Endvermögen. Alle anderen Ehetypen werden von der Zugewinngemeinschaft als gesetzlichem Güterstand mehr oder weniger stark verpaßt mit der Folge, daß hier ehevertragliche Korrekturen notwendig sind. Das gilt besonders für die lebenslange Doppelverdienerehe, bei der der Zugewinnausgleich im Falle der Scheidung den Ausgleich unterschiedlicher beruflicher Tüchtigkeit bedeutet (MünchKomm/Gernhuber Rdn. 5 zu § 1363 BGB).

a) Das Wesen der Zugewinngemeinschaft

Die Zugewinngemeinschaft ist entgegen ihrem legislatorisch verfehlten, irreführenden Namen keine Gütergemeinschaft, sondern eine Gütertrennung. Ein gemeinschaftliches Vermögen der Ehegatten besteht zu keiner Zeit der Ehe. Natürlich können die Ehegatten wie allgemein im Rechtsverkehr Fremde auch Gegenstände gemeinschaftlich erwerben.

Beispiel: Der Kaufmann A und der Kaufmann B erwerben ein Haus- und Geschäftsgrundstück zum Miteigentum von je ½ Anteil oder in Gesellschaft bürgerlichen Rechts.

Die Eheleute C erwerben ein Hausgrundstück zum Miteigentum von je ½ Anteil oder in Gesellschaft bürgerlichen Rechts.

Zwischen diesen beiden Fällen ist rechtlich kein Unterschied. Daß die Eheleute C miteinander verheiratet sind, spielt für die Vermögenszuordnung keine Rolle. Wie die Kaufleute A und B haben auch der Ehemann C und die Ehefrau C jeweils eigene getrennte Vermögen, in die jeweils ein Miteigentumsanteil von ½ an dem Grundstück oder eine Gesellschaftsbeteiligung von ½ an der Gesellschaft bürgerlichen Rechts als Grundstückseigentümerin fallen.

Da hier bei den Beteiligten regelmäßig völlig falsche Vorstellungen bestehen, kann nicht eindringlich genug betont werden, daß im gesetzlichen Güterstand der Zugewinngemeinschaft wie bei der Gütertrennung jeder Ehegatte sein eigenes getrenntes Vermögen hat. Es gibt kein durch die Ehe herbeigeführtes oder auf der Ehe beruhendes gemeinschaftliches Vermögen. Jedoch können wie zwischen nicht verheirateten Personen auch zwischen Ehegatten einzelne Vermögensgegenstände gemeinschaftliches Eigentum oder Gesamthandseigentum sein, wenn sie gemeinschaftlich erworben wurden.

Ebenfalls entgegen der landläufigen Meinung gibt es keine Gesamthaftung der Eheleute für Schulden. Die notarielle Praxis zeigt, daß von den Beteiligten häufig Gütertrennung lediglich aus dem Grund gewünscht wird, daß kein Ehegatte für zukünftige Schulden des anderen haften will. Auch dieses Motiv beruht auf einem rechtlichen Irrtum. Beim gesetzlichen Güterstand als grundsätzlicher Gütertrennung hat kein Ehegatte für die Schulden des anderen aufzukommen. Gläubiger können sich nur an den Ehegatten halten, der ihr Schuldner ist. Allerdings wird es oft so sein, daß die Verträge oder sonstigen Verpflichtungen, die dann zu Schulden führen, von beiden Ehegatten eingegangen worden sind. Dann gilt wie bei Fremden auch, daß jeder der Schuldner für die Schuld haftet. Er haftet dann aber nicht, weil er der Ehegatte des anderen ist, sondern weil er die Schuld selbst mit eingegangen ist. Eine solche Gesamthaftung ist auch bei Fremden ohne rechtlichen Unterschied möglich. Sie beruht nicht auf einer Gesamthaftung, die sich aus der Ehe ergäbe. Hinsichtlich der Schulden stehen sich Ehegatten also grundsätzlich so gegenüber, als seien sie nicht miteinander verheiratet.

Gewisse Ausnahmen von dieser Regel ergeben sich allerdings durch die gesetzliche Schlüsselgewalt und die allgemeinen Eigentumsvermutungen (S. 34, 37). Grundsätzlich jedoch führt die Eheschließung bei gesetzlichem Güterstand nicht zu einer Gesamthaftung für Schulden.

Der Zugewinnausgleich geht vom Modell der Haushaltsführungsehe aus. Aus ihm bezieht er seine Rechtfertigung. Haben sich die Ehegatten Beruf und Haushalt in der Weise geteilt, daß ein Ehegatte voll dem Beruf nachgeht, während der andere den Haushalt versorgt, so muß der den Haushalt führende Ehegatte, der zu Gunsten des anderen auf eigenen Vermögenserwerb verzichtet hat, am Vermögenserwerb des anderen für den Fall der Auflösung der Ehe durch Scheidung oder Tod beteiligt werden. Er erhält deshalb bei Scheidung oder Tod einen schuldrechtlichen Anspruch gegen den anderen Ehegatten oder dessen Erben auf Zahlung der Hälfte des Wertes des Vermögens, das der andere Ehegatte während der Ehe mehr erworben hat als er selbst.

Beispiel: In der Ehe des kaufmännischen Angestellten mit der Hausfrau hat der Ehemann dasjenige, was er von seinem Lohn ersparen konnte, auf einem auf seinen Namen lautenden Sparbuch angelegt. Wird die Ehe jetzt geschieden und haben die Ehegatten Gütertrennung vereinbart, so erhält die Ehefrau nichts.

Besteht jedoch der gesetzliche Güterstand, so erhält die Ehefrau im Wege des Zugewinnausgleichs wertmäßig die Hälfte des auf dem Sparbuch angelegten Guthabens.

Für diesen einfachen Modellfall ist der Zugewinnausgleich gerecht und zweckmäßig. So ist er vom Gesetzgeber auch gedacht. Während der Ehe besteht allerdings kein Anspruch des nichtverdienenden Ehegatten auf fortlaufenden Ausgleich des Zugewinns in der Weise, daß etwa auch für ihn ein Sparbuch angelegt würde, über das er verfügen könnte. Dennoch entstehen hier bei intakter Ehe regelmäßig keine Schwierigkeiten. Egal auf wen das Sparbuch lautet, es wird für Anschaffungen, Reisen oder sonstige Bedürfnisse verwendet. Insofern ist es gleichgültig, in welches Vermögen der durch Arbeit erworbene Zugewinn fließt. Bei Scheidung wird dieser Zugewinn jedoch hälftig geteilt. Der zu kurz gekommene Ehegatte hat Anspruch auf Ausgleich. Diese Lösung vermeidet das rechtstechnisch problematische gemeinsame Vermögen, das sogenannte Gesamtgut, und schützt dennoch im Konfliktsfall den wirtschaftlich schwächeren Ehegatten. Leider funktioniert der Zugewinnausgleich nur in solchen einfachen Fällen so reibungslos und gerecht. In komplizierteren, durchaus nicht seltenen Fällen, führt er mitunter zu Unzuträglichkeiten und Ungerechtigkeiten. Diesen muß dann ehevertraglich abgeholfen werden. Es ist deshalb notwendig, den Mechanismus des Zugewinnausgleichs im folgenden näher zu betrachten.

b) Der Zugewinnausgleich

Zugewinn ist nach der gesetzlichen Definition des § 1373 BGB der Betrag, um den das Endvermögen eines Ehegatten das Anfangsvermögen übersteigt.

Für das Verständnis des Mechanismus des Zugewinnausgleichs ist es entscheidend, sich klar zu machen, daß beim Zugewinnausgleich nicht etwa das reale Familienvermögen geteilt wird, sondern daß lediglich rechnerisch eine durch Zahlung von Geld zu erfüllende Ausgleichsforderung eines Ehegatten gegen den anderen ermittelt wird. Die Begriffe Zugewinn, Anfangsvermögen und Endvermögen sind reine Rechnungsgrößen. Der Zugewinn ist nicht etwa eine Vermögensmasse, die gebildet und dann verteilt würde. Durch die Begriffe Anfangsvermögen und Endvermögen wird nicht eine Teilungsmasse ermittelt, sondern lediglich deren rechnerischer Wert. Hieraus ergeben sich Vereinfachungen für die Berechnung des Zugewinns, jedoch Schwierigkeiten für das Verständnis des Laien.

Der Zugewinn wird also nicht gegenständlich aus den einzelnen während der Ehe erworbenen Vermögensgegenständen, etwa Grundstücken, beweglichen Sachen, Geldern, Forderungen und anderem, ermittelt, sondern rein rechnerisch als Rechnungsgröße aus dem Vergleich der beiden anderen Rechnungsgrößen Anfangsvermögen und Endvermögen. Diese rechnerische Ermittlung des Zugewinns erfolgt für das Vermögen jedes Ehegatten getrennt. Nach dieser Ermittlung des Zugewinns jedes Ehegatten erfolgt der Zugewinnausgleich in der Weise, daß der Ehegatte, der den geringeren Zugewinn hat, gegen den anderen eine Geldforderung in Höhe der Hälfte des Überschusses hat, § 1378 BGB. Diese Geldforderung entsteht mit der Beendigung des Güterstandes, also etwa der Scheidung, und ist erst von diesem Zeitpunkt an vererblich und übertragbar. Bei bestehender Ehe kann über die künftige Zugewinnausgleichsforderung in keiner Weise verfügt werden. Diese künftige Forderung ist auch nicht vererblich. Auch Gläubiger können diese künftige Forderung nicht pfänden. Rechtlich gesehen entsteht also die Zugewinnausgleichsforderung erst mit der Beendigung des Güterstandes z. B. durch Scheidung. Vorher stellt sie lediglich eine rechtlich nicht konkretisierte Aussicht dar, die rechtlich in keiner Weise greifbar ist.

Die gesetzliche Konstruktion des Zugewinnausgleichs ist, wenn man sich erst einmal klar gemacht hat, daß es um eine rein rechnerische, nicht etwa gegenständliche Ermittlung des Zugewinns geht, im Grunde genommen einfach. Dennoch ergeben sich durch positive Gesetzesvorschriften und andere Faktoren, etwa Veränderungen im Geldwert, nicht unerhebliche Probleme. Für die zweckmäßige Gestaltung eines Ehevertrages im ehelichen Güterrecht ist die Kenntnis der Grundlagen und der Probleme des Zugewinnausgleichs in besonderen Fällen unerläßlich. Diese Fragen sollen deshalb im folgenden kurz behandelt werden.

aa) Der „unechte" Zugewinn

Anfangsvermögen ist das Vermögen, das einem Ehegatten nach Abzug der Verbindlichkeiten beim Eintritt des Güterstandes gehört, § 1374 BGB. Zu beachten ist, daß die Verbindlichkeiten nur bis zur Höhe des Vermögens abgezogen werden können, das heißt, der Rechnungsposten Anfangsvermögen ist immer mindestens gleich Null, auch wenn der Ehegatte wirtschaftlich betrachtet die Ehe mit Schulden beginnt.

Maßgebend für die Bewertung des Anfangsvermögens ist der Verkehrswert aller zum Vermögen des Ehegatten gehörenden Gegenstände zum Zeitpunkt der Eheschließung, § 1376 BGB. Auch für die Verbindlichkeiten, die von diesem Wert abzuziehen sind, ist dieser Zeitpunkt maßgeblich. Daß diese Verbindlichkeiten unter Umständen später wegfallen, ist unerheblich.

Endvermögen ist nach § 1375 BGB das Vermögen, das einem Ehegatten nach Abzug der Verbindlichkeiten bei der Beendigung des Güterstandes gehört. Der gesetzliche Güterstand wird beendigt durch ehevertragliche Vereinbarung eines anderen Güterstandes, durch Scheidung oder den Tod eines Ehegatten. Maßgeblich für die Bewertung des Endvermögens ist nach § 1376 BGB ebenfalls wieder der Verkehrswert aller im Vermögen eines Ehegatten befindlichen Gegenstände zum Zeitpunkt der Beendigung des Güterstandes abzüglich etwaiger zu diesem Zeitpunkt bestehender Verbindlichkeiten.

Da beide Rechnungsposten, sowohl der Rechnungsposten Anfangsvermögen, als auch der Rechnungsposten Endvermögen, in DM ermittelt werden, führt dies bei einer Verringerung der Kaufkraft des Geldes zu einem sogenannten „unechten" Zugewinn.

Beispiel: Ein zu Beginn und am Ende des Güterstandes im Vermögen eines Ehegatten befindlicher Gegenstand hat keine echte Wertsteigerung erfahren, sondern ist nur infolge der Inflation statt anfangs 100 DM jetzt 500 DM wert. Hier ist ein lediglich nomineller Zugewinn von 400 DM entstanden, der gerechterweise dem Zugewinnausgleich nicht unterliegen darf.

Der Bundesgerichtshof (BGHZ 61, 385) hat hierfür eine Formel entwickelt, um den unechten Zugewinn weitgehend zu neutralisieren. Nach Ansicht des Bundesgerichtshofs findet der

Kaufkraftschwund der DM seinen besten und der Wirklichkeit am nächsten kommenden Ausdruck in dem Steigen des vom Statistischen Bundesamt errechneten Lebenshaltungsindex, womit der jährlich ermittelte Preisindex für die Lebenshaltung aller privaten Haushalte gemeint ist. Durch einen Vergleich der im Statistischen Jahrbuch für die Bundesrepublik Deutschland enthaltenen Preisindices für die Lebenshaltung zu den Zeitpunkten des Anfangsvermögens und des Endvermögens lassen sich mit einer für die Bedürfnisse der Praxis ausreichenden Annäherung die Verteuerung und die darauf beruhende Geldentwertung berechnen.

Die Formel lautet:

(Wert des Anfangsvermögens bei Beginn des Güterstandes × Lebenshaltungszahl bei Beendigung des Güterstandes): Lebenshaltungsindexzahl bei Beginn des Güterstandes = Wertangepaßtes Anfangsvermögen.

Im entschiedenen Fall des Bundesgerichtshofs ergaben sich folgende Zahlen:

Das Anfangsvermögen bei Eheschließung 1958 betrug beim ausgleichspflichtigen Ehegatten 124787 DM. Sein Endvermögen bei Scheidung der Ehe 1968 betrug 176116,06 DM. Bei rein nomineller Betrachtung wäre ein Zugewinn von 51329,06 DM entstanden. Von diesem Zugewinn hätte der ausgleichsberechtigte Ehegatte die Hälfte, also 25664,53 DM zu fordern gehabt. Durch die Wertberichtigung des Anfangsvermögens, also seine Bewertung unter Berücksichtigung der zwischenzeitlichen Geldentwertung ergab sich jedoch für das Anfangsvermögen eine andere Zahl. Das Anfangsvermögen war zu berechnen mit 124787 DM × Indexzahl 116,1 geteilt durch die Indexzahl 92,7. Dabei ist erstere Indexzahl diejenige von 1968, letztere diejenige von 1958. Durch diese Formel ergab sich ein wertberichtigtes Anfangsvermögen von 155984 DM. Der reale Zugewinn des Ehegatten unter Berücksichtigung der Geldentwertung betrug damit nur 20132,06 DM. Der Zugewinnausgleichsanspruch des anderen Ehegatten belief sich auf 10066,03 DM.

Wie sich aus dem Beispiel ergibt, wird die Geldentwertung immer hinsichtlich des gesamten Anfangsvermögens als Rechnungsposten berücksichtigt. Es wird wie sonst beim Zugewinn auch nicht etwa auf Einzelgegenstände abgestellt. Einzelgegenstände sind nicht herausgreifbar. Ist das Anfangsvermögen gleich Null, erübrigt sich die Rechnung (BGH NJW 1984, 434).

bb) Schuldentilgung ist kein Zugewinn

Wie schon erwähnt, kann nach § 1374 BGB das Anfangsvermögen eines Ehegatten rechnerisch nie negativ sein. Es wird immer mindestens mit Null bewertet, auch wenn der Vergleich des Aktivvermögens des Ehegatten bei Eheschluß mit seinen Schulden einen negativen Saldo ergibt. Verwendet dieser Ehegatte das während der Ehe erworbene Vermögen zur Schuldentilgung, so erzielt er insoweit keinen Zugewinn.

Beispiel: Bei Eheschluß hatte der Ehemann Schulden in Höhe von 50 000 DM. Die Ehefrau hatte keine Schulden und kein Vermögen. Jeder Ehegatte erwarb während der Ehe 50 000 DM in sein Vermögen. Dieses Geld hat der Mann zur Schuldentilgung verwendet. Die Frau hat es auf einem Sparbuch angelegt. Bei Scheidung hat der Ehemann nunmehr kein Vermögen und keine Schulden, während die Frau ein Vermögen von 50 000 DM hat.

Da trotz des Minussaldos des Vermögens des Ehemannes sein Anfangsvermögen rechtlich mit Null bewertet wird, sein Endvermögen ebenfalls gleich Null ist, hat der Ehemann rechtlich gesehen keinen Zugewinn erzielt. Die Ehefrau hat jedoch einen Zugewinn von 50 000 DM erzielt. Beim Zugewinnausgleich ergibt sich hier dann ein Anspruch des Ehemannes gegen die Ehefrau in Höhe von 25 000 DM.

Dieses Ergebnis ist höchst ungerecht, da beide Ehegatten tatsächlich während der Ehe gleiche Beträge erworben haben. Aus ihm folgt, daß bei Heirat mit einem erheblich verschuldeten Ehegatten der Zugewinnausgleich ehevertraglich auszuschließen ist oder das Anfangsvermögen des verschuldeten Ehegatten ehevertraglich negativ anzusetzen ist (vgl. Muster 16).

cc) Verluste sind nicht ausgleichspflichtig

Auch der Zugewinn beträgt wie das Anfangsvermögen mindestens Null, d. h. er kann nie eine negative Größe sein. Verluste eines Ehegatten sind deshalb nicht auszugleichen.

Beispiel: Das Anfangsvermögen des Mannes betrug 30 000 DM. Da der Mann in seinem Gewerbebetrieb während der Ehezeit Verluste gemacht hat, beträgt sein Endvermögen wirtschaftlich gesehen minus 20 000 DM. Das Anfangsvermögen der Ehefrau war Null. Ihr Endvermögen beträgt 30 000 DM.

In diesem Fall fingiert das Gesetz, daß der Mann einen Zugewinn von Null hat. Da die Frau einen Zugewinn von 30 000 DM
hat, beträgt der Zugewinnausgleichsanspruch des Mannes gegen
die Frau 15 000 DM. Würde das Gesetz ein negatives Endvermögen anerkennen, so hätte die Frau beim Vergleich des negativen
Endvermögens von 20 000 DM des Mannes mit ihrem Endvermögen von 30 000 DM einen Zugewinn von 50 000 DM gemacht.
Der Mann hätte in diesem Fall also einen Zugewinnausgleichsanspruch von 25 000 DM. Diese Folgerung zieht das Gesetz jedoch
nicht. Der Zugewinn wird immer mindestens mit Null angesetzt.
Dies kann ungerecht sein, wenn in obigem Fall der Mann etwa die
Schulden zum Unterhalt der Familie gemacht hat. Bei Scheidung
der Ehe wird dies bei seinem Zugewinnausgleichsanspruch nicht
berücksichtigt. In solchen Fällen müssen die Ehegatten vertragliche Vereinbarungen hinsichtlich der Schuldentragung treffen, etwa über ein Darlehen des Mannes an die Frau oder die Vereinbarung einer Gesellschaft.

dd) Unentgeltlicher Vermögenserwerb durch Erbschaft, Schenkung oder Ausstattung

Nach § 1374 Abs. 2 BGB wird das Vermögen, das ein Ehegatte
nach Eintritt des Güterstandes von Todes wegen oder mit Rücksicht auf ein künftiges Erbrecht, durch Schenkung oder als Ausstattung erwirbt, nach Abzug der Verbindlichkeiten dem Anfangsvermögen hinzugerechnet, soweit es nicht den Umständen
nach zu den Einkünften zu rechnen ist. Diese Hinzurechnung
zum Anfangsvermögen bewirkt, daß der Wert der durch § 1374
Abs. 2 BGB privilegierten Vermögensgegenstände dem Zugewinnausgleich entzogen ist.

Der Zugewinnausgleich geht davon aus, daß der Erwerb des
einen Ehegatten normalerweise vom anderen Ehegatten unter-
stützt wird, also als durch gemeinsame Anstrengungen beider
Ehegatten erworben oder erspart anzusehen ist. Deshalb wird
vom Zugewinnausgleich das Vermögen ausgenommen, bei dessen
Erwerb eine unmittelbare oder mittelbare Mitwirkung des anderen Ehegatten ausgeschlossen ist. Dies bedeutet eine Ausnahme
von dem schematischen gesetzlichen Prinzip, wonach es für den
Zugewinnausgleich grundsätzlich nicht darauf ankommt, ob und
in welcher Weise der den Ausgleich fordernde Ehegatte zur Ent-
stehung des Zugewinns beigetragen hat. Ein weiterer Grund für

die gesetzliche Ausnahmeregelung ist auch, daß eine Zuwendung dieser Art meist auf den persönlichen Beziehungen des erwerbenden Ehegatten zu dem Zuwendenden oder auf ähnlichen besonderen Umständen beruht. Dies gilt jedenfalls hinsichtlich eines Erwerbs von Todes wegen oder mit Rücksicht auf ein künftiges Erbrecht. Denn es besteht weder unter dem Gesichtspunkt der Gleichberechtigung noch unter dem der ehelichen Lebensgemeinschaft ein Grund dafür, einen Ehegatten an einem Erwerb zu beteiligen, der dem anderen aus erbrechtlichen Gründen zugefallen ist. Der Sinn der Regelung des § 1374 Abs. 2 BGB besteht darin, einen solchen Erwerb bei der Verteilung des Zugewinns unberücksichtigt zu lassen, damit in Übereinstimmung mit den Grundsätzen des Erbrechts die Erbschaft dem Erben zufällt.

Nicht in den Zugewinnausgleich fällt insoweit:

– Alles, was von Todes wegen anfällt, gleichgültig in welcher Rechtsform, sei es durch Erbschaft, Vermächtnis, Auflage, Pflichtteilsrecht u. a.

– Der Erwerb im Wege vorweggenommener Erbfolge, also etwa durch Hofübergabe, Hausübergabe, Betriebsübergabe, z. B. von Eltern an Kinder, Entgelte für Erb- und Pflichtteilsverzichte.

– Erwerb durch Schenkung oder Ausstattung.

Etwa bei vorweggenommener Erbfolge spielt es keine Rolle, daß die Übergabe aus anderen Gründen in die Rechtsform des Kaufes gekleidet ist.

Beispiel nach BGHZ 70, 291: Der Vater hatte dem Sohn Grundstücke zum Kaufpreis von 750000 DM verkauft. Der Kaufpreis wurde so erbracht, daß der Sohn in Anrechnung auf einen Kaufpreisteil von 504000 DM dem Vater eine lebenslange Kaufpreisrente von monatlich 6000 DM zahlen sollte. Weiterhin erhielt der Vater an den Hausgrundstücken ein Wohn- und Nutzungsrecht, das mit 84000 DM auf den Kaufpreis angerechnet wurde. Der Restkaufpreis von 162000 DM wurde dem Sohn vom Vater unbefristet gestundet und durch Eintragung einer Hypothek im Grundbuch gesichert.

Bei der Scheidung der Ehe macht die Ehefrau des Sohnes Zugewinnausgleichsansprüche aus dem Wert der Grundstücke geltend, die ihr Ehemann von seinem Vater gekauft hatte. In diesem Rechtsstreit trägt der Sohn vor, die Rechtsform des Kaufes sei von ihm und seinem Vater nur aus steuerlichen Gründen gewählt worden. Die Rente von 6000 DM monatlich habe er nie gezahlt.

Überhaupt habe er keinen Pfennig für die Grundstücke aufgewendet.

Der BGH stellt zunächst fest, daß der Kaufvertrag ernst gemeint gewesen sei und nicht etwa als Scheingeschäft nichtig. Dennoch sei der Kauf mit Rücksicht auf das zukünftige Erbrecht erfolgt. Bei Richtigkeit des Vorbringens des Sohnes sei also insoweit kein Zugewinnausgleichsanspruch seiner Ehefrau gegeben.

Andererseits hat der Bundesgerichtshof entschieden, daß ein Lottogewinn ausgleichspflichtig ist (BGHZ 68, 43).

Die Neutralisierung des Erwerbs für den Zugewinnausgleich erfolgt im Sinne des rechnerischen Zugewinnausgleichs in der Weise, daß der Verkehrswert des erworbenen Gegenstandes im Zeitpunkt des Erwerbs dem Anfangsvermögen hinzugerechnet wird. Sehr streitig und unentschieden ist leider noch die praxiswichtige Frage, ob die Zurechnung bei tatsächlich negativem Anfangsvermögen zunächst zur Aufhebung des Minussaldos verwendet wird oder ob sie von dem mit Null fingierten Anfangsvermögen auszugehen hat (vgl. dazu MünchKomm/Gernhuber Rdn. 16 zu § 1374, Staudinger/Thiele, Anm. 32 zu § 1347 BGB).

Es scheidet also nicht etwa der geschuldete Gegenstand gegenständlich aus dem Zugewinnausgleich aus, sondern es wird lediglich rechnerisch sein Wert zur Zeit der Schenkung dem Anfangsvermögen zugeschlagen. Dieser Wert bleibt für die Ermittlung des Anfangsvermögens ein für alle Mal maßgeblich. Das weitere gegenständliche Schicksal des geschenkten Gegenstandes ist gleichgültig. Gleichgültig ist deshalb insbesondere, ob der Gegenstand bis zur Beendigung des Güterstandes im Vermögen des Ehegatten verbleibt, ob ihn der Ehegatte veräußert, ob Ersatzgegenstände erworben werden oder ob der Gegenstand etwa durch Verlust oder Beschädigung untergeht. Verbleibt der Gegenstand im Vermögen des Ehegatten, z. B. ein Grundstück, das vom Erwerb durch Erbschaft bis zur Ehescheidung im Vermögen des Ehegatten verbleibt, so wird er wie alle anderen Vermögensteile auch bei der Berechnung des Endvermögens dieses Ehegatten berücksichtigt. Hat dieser Gegenstand, wie bei Grundstücken, Kunstgegenständen und Antiquitäten regelmäßig anzufinden, eine über die reine Inflationsquote hinausgehende Wertsteigerung erfahren, so fällt diese Wertsteigerung in den Zugewinnausgleich. Obwohl also grundsätzlich Erbschaften, Schenkungen und Ausstattungen nicht in den Zugewinnausgleich fallen, können Wertsteigerungen der so erworbenen Gegenstände erhebliche Ansprüche des anderen Ehegatten begründen.

Beispiel (ohne Berücksichtigung der Inflationsquote): Das Anfangsvermögen der Ehefrau ist gleich Null. Sie erbt ein Grundstück im Werte von 10 000 DM, das sie sofort verkauft und für eine Urlaubsreise verwendet. Ihr Anfangsvermögen hat sich trotzdem um 10 000 DM erhöht.

Bei dieser rechnerischen Erhöhung des Anfangsvermögens verbleibt es bis zur Beendigung des Güterstandes.

Beläßt die Ehefrau in obigem Fall das Grundstück in ihrem Vermögen und erfährt dieses eine Wertsteigerung, wird etwa aus dem ererbten Ackergrundstück durch Baulandumlegung ein Bauplatz im Wert von 100 000 DM, so beträgt das Anfangsvermögen der Ehefrau 10 000 DM, ihr Endvermögen 100 000 DM. Ist sonst von keinem der Ehegatten ein Zugewinn erzielt worden, so sind, die inflationäre Wertanpassung hier einmal außer acht gelassen, 90 000 DM ausgleichspflichtig. Der Zugewinnausgleichsanspruch des anderen Ehegatten beträgt in diesem Fall 45 000 DM, obwohl er eigentlich mit dem ererbten Grundstück nichts zu tun hat. Will man diese Rechtsfolge vermeiden, so muß man das Grundstück ehevertraglich aus dem Zugewinnausgleich herausnehmen oder insgesamt Gütertrennung vereinbaren. In der überproportionalen Wertsteigerung ererbter, geschenkter, oder als Ausstattung erworbener Grundstücke liegt ein in der Praxis wichtiger Grund für die Abänderung oder den Ausschluß der Zugewinngemeinschaft.

ee) Bewertungsfragen

Es liegt auf der Hand, daß besonders in den Fällen des streitigen Zugewinnausgleichs, also beim Zugewinnausgleich anläßlich der Ehescheidung, Bewertungsfragen im Vordergrund stehen. Hierbei bereitet die Bewertung von Betriebsvermögen und von Gesellschaftsanteilen im Handels- und Gesellschaftsrecht erfahrungsgemäß besondere Schwierigkeiten. Beim Handelsgeschäft gleich in welcher Rechtsform, sei es als Einzelfirma, als Personen- oder Kapitalgesellschaft, kann nicht auf den Buchwert oder Steuerwert zurückgegriffen werden. Maßgeblich ist der wirkliche Wert, bei Gesellschaften also der Veräußerungspreis, der bei einer Auseinandersetzung der Gesellschaft anzusetzen wäre. Dieser Wert wird mitbestimmt von den sogenannten „stillen Reserven" und dem Geschäftswert oder „good will". Hinsichtlich des good will ist es eine Erfahrungstatsache, daß gewerbliche Unternehmen vielfach einen inneren Wert haben, der sich darin äußert, daß der Erwerber eines solchen Unternehmens bereit ist, einen höheren Kaufpreis zu zahlen, als es dem reinen Sachwert der zum Unternehmen gehörenden Vermögensgegenstände entspricht. Dieser innere Unternehmenswert ist auch beim Zugewinnausgleich zu berücksichtigen (BGHZ 70, 224).

Beispiel: In dem vom BGHZ 70, 224 entschiedenen Fall verlangte die Ehefrau von ihrem geschiedenen Ehemann Ausgleich des Zugewinns. Dabei entstand Streit über die Bewertung der Bäckerei des Ehemannes. Das Landgericht hatte ein Gutachten eingeholt, bei dem der Gutachter jedoch von rein theoretischen Erwägungen ausging. Das Gutachten enthielt keine Ausführungen darüber, ob es allgemein und insbesondere in der fraglichen Stadt üblich war, daß Bäckermeister ihre Betriebe als ganzes veräußern und dabei einen Preis fordern und erhalten, der über den reinen Sachwert der zum Betrieb gehörenden Gegenstände hinausgeht. Nach Ansicht des Bundesgerichtshofs können alle gewerblichen und handwerklichen Betriebe einen good will haben. Dies darf jedoch nicht als selbstverständlich vorausgesetzt werden. Vielmehr muß geprüft werden, ob eine Nachfrage für derartige Betriebe besteht und ob bei ihrer Veräußerung ein erhöhter Preis über den reinen Sachwert der Betriebseinrichtung hinaus erzielt werden kann. Hierzu hätte das Gericht nach Ansicht des Bundesgerichtshofs einen branchenkundigen Bäckermeister hören müssen. Der beklagte Ehemann hatte zur Abwendung der Berücksichtigung eines good will vorgetragen, der Betrieb habe allein an seiner Person gehangen und bei einem Inhaberwechsel hätte sich die Kundschaft sehr schnell verlaufen, wenn der neue Inhaber nicht Backwaren der gleichen Qualität wie sein Vorgänger angeboten hätte. Dies wurde vom Bundesgerichtshof grundsätzlich anerkannt. Der Fall wurde zu erneuter Beweisaufnahme an die Tatsacheninstanzen zurückverwiesen.

Um solchen und anderen Bewertungsschwierigkeiten zu entgehen, können die Beteiligten ehevertraglich Festsetzungen über die Bewertung treffen.

ff) Abfindungsklauseln in Gesellschaftsverträgen

Problematisch im Rahmen des Zugewinnausgleichs ist auch die Bewertung einer Gesellschaftsbeteiligung eines Ehegatten, wenn der Gesellschaftsvertrag eine sogenannte „Abfindungsklausel" enthält. Solche gesellschaftsvertraglichen Klauseln haben zum Inhalt, daß der etwa durch Kündigung oder Tod aus der Gesellschaft ausscheidende Gesellschafter nicht den vollen Verkehrswert seiner Beteiligung ausgezahlt erhält, sondern daß zum Schutze der übrigen Gesellschafter und zum Bestandsschutz für die Gesellschaft geringere Abfindungen bis hin zum völligen Ausschluß der Abfindung gezahlt werden. Auch im Rahmen solcher Abfindungsklauseln wird häufig vereinbart, daß stille Reserven, der good will und die laufenden Geschäfte der Gesellschaft auf die Abfindung keinen Einfluß haben sollen. Solche Klauseln sind, soweit sie alle Gesellschafter gleich treffen, bis hin zum Ausschluß jeglicher Abfindung regelmäßig zulässig.

Der Bundesgerichtshof (BGH FamRZ 1980, 37) hatte als Revisionsgericht nach dem OLG Bremen (OLG Bremen FamRZ 1979, 434) Gelegenheit, zu der höchst streitigen Frage Stellung zu nehmen, ob eine derartige Abfindungsklausel den Wert der Gesellschaftsbeteiligung im Rahmen des Zugewinnausgleichs beeinflußt. Die Frage ist, ob die Gesellschaftsbeteiligung mit ihrem wirklichen Wert angesetzt werden kann, wenn ein Gesellschafter bei Ausscheiden durch Kündigung oder Tod nicht diesen wirklichen Wert ersetzt bekommt, sondern einen darunter liegenden Wert.

Beispiel: Der obige Fall des OLG Bremen und des BGH war leicht vereinfacht so gelagert, daß der Ehemann an einer Kommanditgesellschaft als Kommanditist beteiligt war. Der Gesellschaftsvertrag schloß für den Fall des Ausscheidens eines Gesellschafters durch Kündigung und den Fall des Ausscheidens des persönlich haftenden Gesellschafters durch Tod für die dann zu zahlende Abfindung die Berücksichtigung des good will aus. Das OLG Bremen hatte verneint, daß sich eine derartige Abfindungsklausel bei der Berechnung des Zugewinnausgleichs wertmindernd auswirken könne. Der Bundesgerichtshof hat sich dieser grundsätzlichen Nichtberücksichtigung nicht angeschlossen, sondern will im Einzelfall eine differenzierte Bewertung vornehmen. Er stellt zunächst fest, daß der Wert der Unternehmensbeteiligung auf den Zeitpunkt der Beendigung des Güterstandes endgültig festzustellen ist. Ist in diesem Zeitpunkt die Kündigung durch den ausgleichsverpflichteten Gesellschafter bereits erfolgt, dann entspricht der Wert der Beteiligung der nach dem Gesellschaftsvertrag zu leistenden Abfindung. In den anderen Fällen, in denen der Gesellschafter auch nach der Ehescheidung weiterhin Gesellschafter bleibt, kann sich eine derartige Abfindungsklausel allenfalls wertmindernd auswirken. Da ein Gesellschafter im Regelfall nicht an die Veräußerung seiner Gesellschafterstellung denke, sondern die Gesellschafterstellung als lebenslanges Recht auf Gewinnerzielung innerhalb der Gesellschaft betrachte, könne sich der Umstand, daß die Gesellschafterstellung durch Verkauf nicht frei verwertbar sei, lediglich etwas wertmindernd auswirken. Im vorliegenden Fall denke der Gesellschafter nicht an die rechtsgeschäftliche Verwertung seines Gesellschaftsanteils. Deshalb sei genauso gut möglich, daß der persönlich haftende Gesellschafter etwa durch Tod aus der Gesellschaft ausscheide, und daß durch dieses Ausscheiden sich der Wert des Gesellschaftanteils des beklagten Ehegatten entscheidend erhöhe. Im vorliegenden Fall kommt der BGH damit zu dem Ergebnis, daß die Ertragslage der Gesellschaft für die Bewertung der Beteiligung von entscheidender Bedeutung sei, ohne daß die Abfindungsklausel hierbei eine erhebliche Rolle spiele.

In Anbetracht dieser differenzierenden Betrachtungsweise des BGH lassen sich verbindliche Rechtsregeln für die Bewertung von Gesellschaftsanteilen bei Abfindungsklauseln nicht aufstellen. Es verbleibt nur, durch Ehevertrag den gesamten handelsrechtlichen oder gesellschaftsrechtlichen Bereich hinsichtlich seiner Bewertung zu regeln oder ganz aus dem Zugewinnausgleich auszunehmen.

gg) Die Rückforderung von Zuwendungen eines Ehegatten an den anderen, das Schicksal von Ehegattenzuwendungen im Zugewinnausgleich

Solange die Ehe funktioniert, nehmen es die Ehegatten mit Fragen der Vermögensverteilung oft nicht so genau. Zuwendungen eines Ehegatten an den anderen, oft – wie etwa Grundstücke oder Eigentumswohnungen – von erheblichem Wert, sind nicht selten. Kommt es dann allerdings zur Scheidung, so reut den zuwendenden Ehegatten meist sein Verlust. Er will das, was er dem anderen zugewendet hat, wiederhaben. In den letzten Jahren gaben mehrere Fälle dem Bundesgerichtshof Gelegenheit, zu den bis dahin streitigen Fragen der Rückforderbarkeit von Ehegattenzuwendungen im gesetzlichen Güterstand Stellung zu nehmen. Erwähnt sei hier der Fall des Sparkassendirektors, der mit seiner Ehefrau in einer Einverdienerehe lebte (BGHZ 82, 227 = NJW 1982, 1093). Nach dreijähriger Ehe kauften die Eheleute ein Familienheim zum Miteigentum von je ½. Der Kaufpreis wurde voll finanziert. Aus seinem Einkommen tilgte der Sparkassendirektor die Darlehen und baute zudem das Haus, teilweise mit Zuwendungen seiner Mutter, aus. Nach 10jähriger Ehe verließ die Ehefrau den Mann, um mit einem anderen Mann und den beiden ehelichen Kindern, die sie mitnahm, zusammenzuleben. Im Scheidungsverfahren widerrief der Sparkassendirektor alle

,,Schenkungen" an seine Frau wegen groben Undanks. Er verlangte die Übertragung der Miteigentumshälfte der Frau am Hausgrundstück auf sich, wobei er bereit war, die Frau aus der Mitschuld für die restlichen Grundpfanddarlehen freizustellen. Die Frau war nur bereit, dem Mann ihre Miteigentumshälfte gegen Zahlung der Hälfte des Verkehrswertes des Hausgrundstücks zu überlassen. Die Klage des Sparkassendirektors blieb in allen Instanzen ohne Erfolg.

In einem weiteren vom BGH entschiedenen Fall (BGHZ 68, 299 = NJW 1977, 1234) waren die Eheleute neun Jahre verheiratet, von denen sie vier Jahre getrennt gelebt hatten. Drei Jahre vor der Trennung erwarben sie zu je ½ Miteigentum ein Grundstück und bebauten es mit einem Mehrfamilienhaus. Alle geldlichen Mittel zum Erwerb des Grundstücks und zum Bau des Hauses wurden vom Mann allein aufgewendet, der hierzu den wesentlichen Teil seines Vermögens verwendete, um sich eine Altersversorgung zu sichern. Im Scheidungsverfahren verlangte der Mann die Übertragung der Miteigentumshälfte der Frau auf sich, wobei er nur zu einem geringen Ausgleichsbetrag von 3000 DM bereit war. Der Bundesgerichtshof stand dem Mann zwar das Recht zu, die Übertragung der Miteigentumshälfte der Frau auf sich zu verlangen, damit seine Altersversorgung nicht gefährdet würde, verurteilte ihn jedoch dazu, der Frau Zug um Zug gegen Übertragung der Miteigentumshälfte den vollen Zugewinnausgleich in Geld zu zahlen.

In der Praxis nicht selten sind auch die Fälle, daß aus Haftungsgründen etwa von dem betrieblich haftenden Ehemann das Familienheim der betrieblich nicht haftenden Ehefrau zu Alleineigentum übertragen wird, um es dem Zugriff etwaiger Gläubiger des Betriebes zu entziehen. Wird dann die Ehe geschieden, so stellt sich die Frage, ob die Frau das Familienheim endgültig behalten darf, und wie der Zugewinnausgleich funktioniert.

Wie die Beispielsfälle zeigen, geht es bei Zuwendungen eines Ehegatten an den anderen um zwei Problemkreise. Einmal fragt es sich, ob der Empfänger der Zuwendung verpflichtet ist, bei Scheidung der Ehe dem Zuwendenden den erhaltenen Gegenstand wieder herauszugeben. Zum zweiten ist zu fragen, wie sich derartige Zuwendungen zwischen Ehegatten auf den güterrechtlichen Zugewinnausgleich auswirken, insbesondere, ob sich der Empfänger der Zuwendung den Wert der Zuwendung auf einen etwaigen Zugewinnausgleichsanspruch gegen den Zuwendenden anrechnen lassen muß.

Die erste Frage, nämlich die, ob die durch die Zuwendung geschaffene dingliche Rechtslage auch bei Scheidung endgültig ist, oder ob sie zugunsten des Zuwendenden korrigiert werden kann, ist ein zentraler Streitpunkt vieler Scheidungen. Haben etwa die Eheleute das Familienheim in der Einverdienerehe aus dem Einkommen des Mannes zu je ½ Miteigentum erworben, so sieht der Mann regelmäßig ein, daß auch die Hausfrau einen Anspruch auf hälftige Beteiligung an dem während der Ehe erworbenen Vermögen hat. Er will aber diesen Anspruch in Geld befriedigen und der Frau das Familienheim nicht überlassen. Ihn interessiert deshalb, ob er von der Frau die Übertragung von deren Miteigentumshälfte oder die Übertragung des Eigentums insgesamt verlangen kann, wenn etwa das Familienheim aus Haftungsgründen lediglich auf den Namen der Frau erworben wurde.

Im gesetzlichen Güterstand der Zugewinngemeinschaft ist dabei zu beachten, daß – vom praktisch bedeutungslosen Ausnahmefall des § 1383 BGB abgesehen – keine Möglichkeit besteht, die dingliche Vermögensverteilung, wie sie sich während der Ehe ergeben hat, bei Scheidung zu ändern. Jeder Ehegatte behält bei Beendigung des gesetzlichen Güterstandes das Eigentum an den Vermögensgegenständen, wie er es vor der Ehe oder während der Ehe erworben hat. Der Zugewinnausgleich führt zu keiner gegenständlichen Verteilung der während der Ehe erworbenen Vermögensgegenstände, sondern lediglich zu einem Ausgleich ungleicher Vermögensverteilung in Geld. Wurde also z. B. das Familienheim aus Haftungsgründen lediglich auf den Namen der Frau gekauft und wurde kein weiteres Vermögen erworben, so behält im Regelfall die Frau das Eigentum am Familienheim und muß dem Mann im Weg des Zugewinnausgleichs die Hälfte des Wertes des Familienheims in Geld bezahlen.

Es fragt sich nun, ob vielleicht auf anderer Rechtsgrundlage hier eine Korrektur der dinglichen Vermögensverteilung möglich ist, wenn diese Vermögensverteilung auf Zuwendungen eines Ehegatten an den anderen während der Ehe beruht. Als Grundlage für derartige Rückgewähransprüche kämen aus dem allgemeinen Schuldrecht insbesondere die Rückforderung wegen ungerechtfertigter Bereicherung nach § 812 BGB und die Rückforderung einer Schenkung wegen groben Undanks nach § 530 BGB in

Betracht. Wegen ungerechtfertigter Bereicherung kann nach § 812 Abs. 1 Satz 2 BGB eine Vermögenszuwendung zurückgefordert werden, wenn der rechtliche Grund der Zuwendung wegfällt oder der mit der Zuwendung nach dem Inhalt des Rechtsgeschäfts bezweckte Erfolg nicht eintritt. In diesem Sinne wäre es denkbar, als Rechtsgrund von Zuwendungen eines Ehegatten an den anderen das Bestehen der Ehe oder das Bestreben nach Erhaltung der Ehe anzusehen. Mit der Scheidung wäre dieser Rechtsgrund dann weggefallen und könnte die Zuwendung zurückgefordert werden. Betrachtet man Zuwendungen eines Ehegatten an den anderen als Schenkung, so kann nach § 530 BGB die Schenkung widerrufen werden, wenn sich der Beschenkte durch eine schwere Verfehlung gegen den Schenker groben Undanks schuldig gemacht hat. Eine derartige schwere Verfehlung könnte beim Scheitern der Ehe etwa in dem Ehebruch des beschenkten Ehegatten liegen, der zur Zerrüttung und damit zur Scheidung der Ehe geführt hat.

Der Bundesgerichtshof hatte sich mit diesen in der Literatur erörterten Rückforderungsmöglichkeiten auseinanderzusetzen und ist nunmehr in einer gefestigten Rechtsprechung der Meinung, daß diese Anspruchsgrundlagen im Regelfall bei Scheidung einer Ehe unabhängig davon, ob der gesetzliche Güterstand oder Gütertrennung bestand, nicht zur Anwendung kommen können. Im Anschluß an Manfred Lieb (Die Ehegattenmitarbeit im Spannungsfeld zwischen Rechtsgeschäft, Bereicherungsausgleich und gesetzlichem Güterstand, 1970) sieht der Bundesgerichtshof in Zuwendungen eines Ehegatten an den anderen besondere ehebezogene Rechtsgeschäfte, die sich von den Vertragstypen des Schuldrechts unterscheiden. Derartige Zuwendungen, die der BGH nach Lieb „unbenannte Zuwendungen" nennt, sind zwar ehebezogen, haben jedoch im Sinne von § 812 BGB die Ehe oder die Erwartung des Fortbestandes der Ehe nicht als Rechtsgrund. Deshalb kommt § 812 BGB als Rückforderungsgrundlage von Zuwendungen nicht in Frage. Derartige unbenannte Zuwendungen sind auch keine Schenkung. Ihnen fehlt das typische Merkmal der Schenkung, nämlich die Freigiebigkeit. Sie sind vielmehr ehebedingt und dienen der Verwirklichung der ehelichen Lebensgemeinschaft. Als Anspruchsgrundlage scheidet deshalb auch die Rückforderung der Zuwendung wegen groben Undanks nach § 530 BGB aus.

Natürlich sieht auch der BGH, daß eine ehebedingte Zuwendung eines Ehegatten an den anderen ihren Sinn verloren hat, wenn die Ehe geschieden wird. Nach Meinung des Bundesgerichtshofs ist mit Scheidung der Ehe die Geschäftsgrundlage für derartige Zuwendungen weggefallen. Ein derartiger Wegfall der Geschäftsgrundlage eines Rechtsgeschäfts führt im Schuldrecht dazu, daß der Richter die Möglichkeit erhält, unter Berücksichtigung der in § 242 BGB enthaltenen Grundsätze von Treu und Glauben das Rechtsgeschäft den veränderten Umständen anzupassen. Diese Möglichkeit hat der Richter allerdings nur, wenn nicht das Gesetz in besonderen Bestimmungen gerade diesen Fall des Wegfalls der Geschäftsgrundlage regelt. Solche besonderen Regeln sieht der BGH in den gesetzlichen Vorschriften über den Vollzug des Zugewinnausgleichs. Damit kommt der BGH zu dem Ergebnis, daß bei einer Scheidung zwar die Geschäftsgrundlage von Zuwendungen eines Ehegatten an den anderen entfallen ist, dies jedoch nicht zu einer völligen Gestaltungsfreiheit des Richters auch hinsichtlich der Anordnung von Rückgewährpflichten des Zuwendungsempfängers führt, sondern daß lediglich die gesetzlichen Regeln des Zugewinnausgleichs zur Anwendungen kommen. Diese gesetzlichen Regeln sehen aber, wie eingangs erläutert, eine dingliche Rückabwicklung nicht vor.

Lediglich in dem Ausnahmefall, daß die durch die Zuwendung hergestellte dingliche Rechtslage zu einem extrem ungerechten und unbilligen Ergebnis geführt hat, will der Bundesgerichtshof über § 242 BGB eine Rückforderung zulassen. Dies ist im eingangs geschilderten Fall der Altersvorsorge geschehen. Dabei ist aber zu beachten, daß diese Rückforderung nur Zug um Zug gegen Ersatz des vollen Wertes des zugewendeten Gegenstandes im Rahmen des Zugewinnausgleichs erfolgen kann. Daß also gewissermaßen als Vorfrage die bei Ehescheidung bestehende dingliche Rechtslage im Ausnahmefall über § 242 BGB korrigiert wird, ändert nichts daran, daß auf der Grundlage der so korrigierten dinglichen Rechtslage dann der volle Zugewinnausgleich stattzufinden hat. Der Zugewinnausgleich hätte auch stattzufinden, wenn ausnahmsweise nicht eine unbenannte Zuwendung, sondern eine Schenkung vorläge, und damit die Rückforderung über § 530 BGB zulässig wäre. Der BGH hat hierzu entschieden (FamRZ 1983, 668), daß auch zwischen Ehegatten im Ausnahmefall Schenkungen möglich sind, wenn echte Freigiebigkeit vorliegt. Hier stellt sich dann im Rahmen des § 530 BGB die Frage, ob jedes Fehlverhalten, das zum Scheitern der Ehe geführt hat, als grober Undank im Sinn der Vorschrift anzusehen ist. Nachdem im übrigen Scheidungsverfahren nach dem Verschulden am Scheitern der Ehe nicht mehr gefragt wird, man vielmehr auf die objektive Zerrüttung der Ehe abstellt, würde die Berücksichtigung einer Eheverfehlung im Rahmen des § 530 BGB etwa nach Meinung von Bosch (Festschrift für Beitzke 1979, 121) einen Systembruch darstellen. Dem hat der BGH in der zetierten Entscheidung (FamRZ 1983, 668) widersprochen, ohne allerdings endgültige Grundsätze aufzustellen. Im entschiedenen Fall dürfte durchaus ein exzessives Fehlverhalten vorgelegen haben, wie es Bosch zur Anwendung des § 530 BGB im Rahmen von Ehegattenschenkungen verlangt.

Eine andere Möglichkeit, bei Scheidung der Ehe Zuwendungen rückforderbar zu machen, ist die ausdrückliche Vereinbarung von Rückforderungsrechten. Dies geschieht häufig bei Geschäften über Grundstücke und Eigentumswohnungen, wenn z. B. der betrieblich nicht haftende Ehegatte ein Grundstück vom betrieblich haftenden Ehegatten erhält, letzterer sich aber die Rückforderung des Grundstücks für den Fall der Scheidung vorbehält. Dieses Rückforderungsrecht kann im Grundbuch dinglich abgesichert werden. Über die Möglichkeiten derartiger Rückforderungsrechte beraten die Notare. Zu beachten ist aber auch hier, daß im gesetzlichen Güterstand der Zugewinngemeinschaft nach Rückforderung dann der volle gesetzliche Zugewinnausgleich in Geld stattfindet.

Nach den dargestellten Grundsätzen der Rechtsprechung des Bundesgerichtshofs verbleibt es also im Falle der Scheidung im gesetzlichen Güterstand grundsätzlich bei der bestehenden dinglichen Rechtslage. Trotzdem hat natürlich eine Zuwendung eines Ehegatten an den anderen Auswirkungen auf den Zugewinnausgleich. § 1380 BGB bestimmt hier, daß auf die Ausgleichsforderung eines Ehegatten gegen den anderen angerechnet wird, was ihm vom anderen Ehegatten durch Rechtsgeschäft unter Lebenden mit der Bestimmung zugewendet wurde, daß es auf die Ausgleichsforderung angerechnet werden solle. Bei Zuwendungen, die den Wert von Gelegenheitsgeschenken übersteigen, wird im Zweifel angenommen, daß eine derartige Anrechnungspflicht gewollt war.

Der Mechanismus des § 1380 BGB, wie ihn die oben zitierte Rechtsprechung des Bundesgerichtshofs auslegt, sei an einem einfachen Beispiel erläutert.

In einer Hausfrauenehe haben die Ehegatten während der Ehe aus dem Verdienst des Mannes ein Familieneigenheim im Werte von 200 000 DM erworben und abbezahlt. Da die Ehefrau zum Zeitpunkt des Erwerbes ein Kleinkind zu betreuen hatte, ging der Mann der Einfachheit halber allein zum Notar und erwarb deshalb auch das Heim zu Alleineigentum. Wird jetzt die Ehe geschieden und stellt das Familienheim das einzige Vermögen der Eheleute dar, so behält der Mann das Alleineigentum am Familienheim und hat der Frau als Zugewinnausgleich 100 000 DM zu zahlen.

Wenn wir den Fall dahingehend abwandeln, daß der Ehemann zu einem späteren Zeitpunkt der Ehefrau einen Miteigentumshälfte an dem Familienheim zu Eigentum übertragen hat, so kommt jetzt bei Scheidung der § 1380 BGB zur Anwendung. Der Bundesgerichtshof legt den § 1380 BGB so aus, daß die Zuwendung zur Berechnung des Zugewinnausgleichs dem Vermögen des Mannes hinzugerechnet wird, während sie vom Vermögen der Frau abgezogen wird. Dann wird der Zugewinnausgleichsanspruch an Hand der so berichtigten Vermögen ermittelt. In einem dritten Schritt wird auf diesen Zugewinnausgleichsanspruch des Zuwendungsempfängers der Wert der Zuwendung angerechnet. Am Beispiel bedeutet dies, daß die Eheleute bei Beendigung der Ehe jeder Vermögen im Werte von 100 000 DM haben. Dem Vermögen des Mannes werden nun die 100 000 DM der Frau hinzugeschlagen, während sie vom Vermögen der Frau abgezogen werden. Der Wert des Vermögens des Mannes beträgt damit 200 000 DM, der Wert des Vermögens der Frau 0. Die Frau hat damit einen Zugewinnausgleichsanspruch von 100 000 DM gegen den Mann. Auf diesen Anspruch muß sie sich den Wert der erhaltenen Zuwendung anrechnen lassen, weswegen sie im Ergebnis keinen Zugewinnausgleichsanspruch hat. Aus diesem Beispiel ergibt sich die berechtigte Frage, warum der BGH diese komplizierte Hin- und Herrechnung vornimmt, wo sich doch aus der tatsächlichen Vermögensverteilung bei Beendigung der Ehe ergibt, daß kein Ehegatte einen Anspruch gegen den anderen hat. Dies ist vom Ergebnis her im vorliegenden einfachen Fall richtig. Ganz anders sieht die Rechtslage aber aus, wenn die Ehefrau während der Ehe Zuwendungen erhalten hat, die sich bei Beendigung der Ehe nicht mehr in ihrem Vermögen befinden. Dies sei an folgendem Beispiel erläutert:

Bei Beendigung der Ehe befindet sich im Vermögen des Ehegatten das Alleineigentum am Familienheim im Werte von 200 000 DM. Die Ehefrau hat kein Vermögen. Nach allgemeinen Grundsätzen hätte sie dann einen Zugewinnausgleichsanspruch von 100 000 DM gegen den Mann.

In unserem Fall hatte aber der Mann der Ehefrau während der Ehe eine Eigentumswohnung im Werte von 100 000 DM zugewendet. Diese Eigentumswohnung hat die Ehefrau heimlich verkauft. Den erhaltenen Kaufpreis hat sie nicht wieder dauerhaft angelegt, sondern für verschiedene Verbrauchsgüter und Vergnügungen restlos ausgegeben. In diesem Fall führt die Anwendung von § 1380 BGB zu einem gerechteren Ergebnis. Dem Vermögen des Mannes wird der Wert der Zuwendung der Eigentumswohnung von 100 000 DM hinzugerechnet. Die Wertzahl des Mannesvermögens beträgt damit 300 000 DM. Da die Frau kein Vermögen hat und das Endvermögen rechtlich niemals negativ sein kann, verbleibt es ihrer Vermögensziffer Null. Damit hat die Frau gegen den Mann zunächst einen Zugewinnausgleichsanspruch von 150 000 DM. Auf diesen Anspruch muß sie sich den Wert der Zuwendung von 100 000 DM anrechnen lassen, erhält also nur noch 50 000 DM. Die Anwendung von § 1380 BGB bewirkt somit in diesem Fall, daß sich der Anspruch der Frau auf Zugewinnausgleich um die Hälfte des Wertes der zwischenzeitlich restlos verbrauchten Zuwendung verringert. Insofern trägt also die Frau das wirtschaftliche Schicksal der Zuwendung. Der Wert der Zuwendung bleibt als Rechnungsfaktor im Zugewinnausgleich erhalten und setzt den Zugewinnausgleichsanspruch des Zuwendungsempfängers um die Hälfte herab. Hierdurch soll ein Ehegatte zu Zuwendungen an den anderen Ehegatten ermuntert werden, da er sicher sein kann, daß der Wert der Zuwendung im Zugewinnausgleich erhalten bleibt, auch wenn der Zuwendungsempfänger die Zuwendung in seinem Vermögen schlecht verwaltet.

Übersteigt der Wert der Zuwendung den Zuwendungsausgleichsanspruchs des Zuwendungsempfängers, so kommt § 1380 BGB nach obiger Rechtsprechung des Bundesgerichtshofs überhaupt nicht zur Anwendung. Hat also z. B. der Ehemann vor der

Scheidung aus Haftungsgründen der Ehefrau das zunächst in seinem Alleineigentum stehende Familienheim übertragen, so ist das Vermögen des Ehemannes Null, das Vermögen der Ehefrau 200 000 DM. Der Ehemann hat hier dann gegen die Ehefrau einen Zugewinnausgleichsanspruch in Höhe von 100 000 DM. § 1380 BGB spielt für die Lösung dieses Falles keine Rolle.

Nicht immer sind in der Praxis die Fälle nicht so einfach wie die Berechnungsbeispiele, die hier erläutert wurden. Nach wie vor sind die Fragen der Rückabwicklung von Ehegattenzuwendungen und ihrer Berücksichtigung im Zugewinnausgleich kompliziert und in den Einzelheiten noch streitig. Die erläuterte Rechtsprechung des Bundesgerichtshofs hat hier jedoch weitgehend Klarheit geschafft und gerechte Lösungen ermöglicht. Dem gesetzlichen Zugewinnausgleich ist eine gewisse Vergröberung und Pauschalierung eigen. Ohne diese würde er nicht funktionieren. Die Rechtsprechung des Bundesgerichtshofs hat sich für die Fragen der Ehegattenzuwendungen den Vorstellungen des Gesetzgebers des Zugewinnausgleichs als kongenial erwiesen.

hh) Einbeziehung von übermäßigen Schenkungen, Verschwendung und arglistiger Entäußerung in den Zugewinnausgleich

Nach § 1375 Abs. 2 und 3 BGB muß sich ein Ehegatte zu seinem Endvermögen betragsmäßig das hinzurechnen lassen, was er im Laufe der Ehe aus seinem Vermögen durch unentgeltliche Zuwendung, zu der er nicht durch sittliche oder Anstandspflicht gezwungen war, durch Verschwendung oder durch Handlungen in der Absicht, den anderen Ehegatten zu benachteiligen, entfernt hat. Diese Vorschrift soll verhindern, daß die Zugewinnausgleichsansprüche des anderen Ehegatten durch diese Rechtshandlungen geschmälert werden. Zu beachten ist allerdings, daß eine derartige Zurechnung zum Endvermögen des Ehegatten und damit eine Einbeziehung des Wertes dieser aus dem Vermögen des anderen Ehegatten ausgeschiedenen Gegenstände nur möglich ist, wenn nach der Entäußerung nicht mindestens zehn Jahre vergangen sind. Auch scheidet die Hinzurechnung aus, wenn der andere Ehegatte mit der unentgeltlichen Zuwendung oder der Verschwendung einverstanden war. Unter den Voraussetzungen des § 1390 BGB, auf die verwiesen wird, kann auch eine Rückgabepflicht des Empfängers dieser Leistungen in Betracht kommen. Nach überwiegender Ansicht sind Abfindungsklauseln in Gesellschaftsvermögen, soweit sie alle Gesellschafter gleich treffen, keine Schenkung im Sinne des § 1375 Abs. 2 BGB.

ii) Weitere Bestimmungen

Nach § 1377 BGB können die Ehegatten in jedem Zeitpunkt der Ehe privatschriftlich ein Vermögensverzeichnis aufstellen. Haben sie so den Bestand und den Wert des einem Ehegatten gehörenden Anfangsvermögens und der diesem Vermögen hinzuzurechnenden Gegenstände gemeinsam festgestellt, so wird in ihrem Verhältnis zueinander vermutet, daß das Verzeichnis richtig ist. Soweit kein Verzeichnis aufgenommen ist, wird vermutet, daß das Endvermögen des Ehegatten seinen Zugewinn darstellt, daß also sein Anfangsvermögen gleich Null war. Jeder Ehegatte kann vom anderen Ehegatten verlangen, daß dieser bei Aufnahme des Verzeichnisses mitwirkt. Er kann den Wert der Vermögensgegenstände und der Verbindlichkeiten auf seine Kosten durch Sachverständige feststellen lassen.

Im Rahmen des Scheidungsverfahrens kann das Gericht nach § 1381 BGB einem Ehegatten das Recht geben, die Erfüllung der Ausgleichsforderung zu verweigern, soweit der Ausgleich des Zugewinns nach den Umständen des Falles grob unbillig wäre. Weiterhin kann es nach § 1382 in anderen Fällen eine Stundung der Ausgleichsforderung anordnen.

Nach §§ 1385 f. BGB kann jeder der Ehegatten den sogenannten vorzeitigen Ausgleich des Zugewinns durch Klage geltend machen, wenn die Ehegatten seit mindestens drei Jahren getrennt leben oder wenn in besonderen Fällen durch das Verhalten des anderen Ehegatten sein zukünftiger Zugewinnausgleichsanspruch gefährdet erscheint. Mit Rechtskraft des Urteils über den vorzeitigen Zugewinnausgleich tritt dann Gütertrennung ein.

kk) Der Zugewinnausgleich im Todesfall

Wird die Ehe durch den Tod eines Ehegatten beendet, so wird der Zugewinnausgleich nach § 1371 BGB dadurch verwirklicht, daß sich der gesetzliche Erbteil des überlebenden Ehegatten um ¼ der Erbschaft erhöht. Diese Erhöhung findet unabhängig davon statt, ob die Ehegatten tatsächlich einen ausgleichspflichtigen Zugewinn erzielt haben. Wird der überlebende Ehegatte nicht Erbe oder Vermächtnisnehmer, z. B. weil ihn der verstorbene Ehegatte enterbt hat oder weil er selbst die Erbschaft ausgeschlagen hat, so kann er den rechtsgeschäftlichen Zugewinnausgleich nach allgemeinen Regeln gegen die Erben des verstorbenen Ehegatten geltend machen.

Um Streitigkeiten und Abrechnungsschwierigkeiten zwischen dem überlebenden Ehegatten und den anderen Erben, meist den gemeinschaftlichen Kindern, zu vermeiden, ersetzt der Gesetzgeber für den Fall der Auflösung des Güterstandes durch Tod den rechnerischen Zugewinnausgleich durch eine pauschale Erhöhung des Ehegattenerbteils ohne Rücksicht auf tatsächliche Zugewinnansprüche. Trotz anfänglicher heftiger Kritik der Wissenschaft hat sich diese sogenannte „Erbrechtliche Lösung" in der Praxis bewährt. Die große Mehrzahl aller Fälle wird so reibungslos abgewickelt.

Durch die Erhöhung erbt der überlebende Ehegatte neben Abkömmlingen, also Kindern, Enkeln usw. ½ der Erbschaft, neben den Eltern des Erblassers und deren Abkömmlingen sowie Großeltern ¼ und neben allen sonstigen Verwandten allein.

Beispiel: Der Ehemann verstirbt ohne Hinterlassung eines Testaments. Als Erben sind vorhanden die Ehefrau und zwei Kinder. In diesem Fall betragen unter Berücksichtigung von § 1371 BGB der Erbteil der Frau ½, die Erbteile der Kinder je ¼.

Ist die Ehe kinderlos geblieben, sind die Eltern und Großeltern des Erblassers tot, lebt jedoch noch eine Schwester des Erblassers, so erbt die Ehefrau ¾, diese Schwester ⅓ des Nachlasses.

Aus letzterem ergibt sich die zwingende Folgerung, daß kinderlose Ehegatten unbedingt ein Testament machen müssen, in dem sie sich gegenseitig zu Erben einsetzen. Ohne Testament erben Eltern, Großeltern, Geschwister und Abkömmlinge von Geschwistern mit dem überlebenden Ehegatten zu ¼ mit. Mit Testament haben sie keinerlei Ansprüche, da sie nicht pflichtteilsberechtigt sind.

Haben sich die Ehegatten bei Vorhandensein pflichtteilsberechtigter Erben, also Abkömmlingen oder Eltern, gegenseitig zu Alleinerben eingesetzt, so bestimmen sich auch die Pflichtteilsansprüche dieser Erben nach dem erhöhten Ehegattenerbteil. Allgemein ist der Pflichtteilsanspruch ein Geldanspruch gegen den Erben in Höhe der Hälfte des Wertes des gesetzlichen Erbteils, § 2303 BGB. Pflichtteilsberechtigt sind die Abkömmlinge und Eltern des Erblassers sowie dessen Ehegatte. Diesen besonders eng verwandten Personen will das Gesetz eine geldliche Beteiligung am Nachlaß des Erblassers auch dann verschaffen, wenn der Erblasser unter Übergehung dieser engen Verwandtschaftsbande eine andere Person zum Erben eingesetzt hat.

Beispiel: Die Ehegatten haben sich gegenseitig zu Alleinerben eingesetzt. Der Ehemann verstirbt und hinterläßt einen Miteigentumsanteil von ½ an dem Hausgrundstück, das insgesamt einen Verkehrswert von 200 000 DM hat, Wertpapiere in Höhe von 30 000 DM und Sparguthaben in Höhe von 10 000 DM. Vorhanden sind noch ein Sohn und eine Tochter aus der gemeinschaftlichen Ehe. Auf Grund des Testaments wird die Ehefrau Alleinerbin. Sie wird im Wege der Grundbuchberichtigung allein im Grundbuch eingetragen. Der Sohn und die Tochter haben ihre gesetzlichen Pflichtteilsansprüche. Die Tochter verzichtet, was der Normalfall ist, auf ihre Geltendmachung. Sie vertraut darauf, daß sie ja nach dem Tod der Mutter ihren vollen Kindeserbteil haben wird, und daß sich dieser dann auch auf das Vermögen bezieht, das die Mutter vom verstorbenen Ehemann geerbt hat. Der Sohn möchte jedoch ein Geschäft aufmachen und verlangt deshalb seinen Pflichtteil. Die Erbmasse nach dem verstorbenen Ehemann und Vater beträgt insgesamt wertmäßig 140 000 DM. Ohne Testament hätten die Ehefrau ½, die Kinder je ¼ geerbt. Da der Pflichtteil ½ des Wertes des gesetzlichen Erbteils ist, hat der Sohn gegen seine Mutter einen Geldanspruch in Höhe von 17 500 DM. An der Geltendmachung dieses Pflichtteilsanspruchs kann er nicht gehindert werden. Auch zum Zeitpunkt der Testamentserrichtung konnten die Ehegatten an den gesetzlichen Pflichtteilsansprüchen der Kinder nichts ändern. Lediglich bei besonderen Umständen, z. B. körperlicher Mißhandlung der Eltern oder ehrlosem oder unsittlichem Lebenswandel des Kindes, kann einem Kind auch der Pflichtteil entzogen werden.

Kommt der überlebende Ehegatte durch den rechtsgeschäftlichen Zugewinnausgleich besser weg als durch die Erhöhung des Erbteils um ¼, so kann er die Erbschaft ausschlagen und den rechnerischen Zugewinnausgleich geltend machen. Daneben kann er, da er ja dann nicht Erbe wird, seinen Pflichtteil in Geld verlangen, der sich in diesem Fall aus dem nicht erhöhten gesetzlichen Erbteil berechtigt.

Dieser rechtsgeschäftliche Zugewinnausgleich auch beim Todesfall ist verhältnismäßig selten. Leider zwingt das Erbschaftsteuerrecht den Ehegatten entgegen der früher geltenden Regelung zur rechtsgeschäftlichen Berechnung des Zugewinnausgleichsanspruchs für die Zwecke der Erbschaftsteuer (vgl. dazu S. 75 ff.).

c) Weitere güterrechtliche Folgen des gesetzlichen Güterstandes

aa) Einschränkung der Verfügungsmacht über das Vermögen im ganzen

Nach § 1365 BGB kann sich ein Ehegatte nur mit Einwilligung des anderen Ehegatten verpflichten, über sein Vermögen im ganzen zu verfügen. Hat er sich ohne Zustimmung des anderen Ehegatten verpflichtet, so kann er diese Verpflichtung nur erfüllen, wenn der andere Ehegatte einwilligt. Entspricht das Rechtsgeschäft jedoch den Grundsätzen einer ordnungsgemäßen Vermögensverwaltung, so kann das Vormundschaftsgericht auf Antrag des Ehegatten die Zustimmung des anderen Ehegatten ersetzen, wenn dieser sie ohne ausreichenden Grund verweigert oder durch Krankheit oder Abwesenheit an der Abgabe einer Erklärung verhindert ist, und mit dem Aufschub Gefahr verbunden ist.

Ein ohne die erforderliche Einwilligung abgeschlossener Vertrag ist nach § 1366 BGB schwebend unwirksam und wird erst wirksam, wenn der Ehegatte ihn genehmigt. Wird die Genehmigung verweigert, wird der Vertrag endgültig unwirksam. Bis zur Genehmigung kann der Vertragspartner den Vertrag widerrufen. Hat er jedoch gewußt, daß der Mann oder die Frau verheiratet ist, so kann er nur widerrufen, wenn der Mann oder die Frau ihm gegenüber wahrheitswidrig behauptet hat, der Ehegatte habe eingewilligt. Er kann auch in diesem Fall nicht widerrufen, wenn ihm beim Abschluß des Vertrages bekannt war, daß der Ehegatte nicht eingewilligt hatte. Der Vertragspartner kann den Ehegatten auffordern, die erforderliche Genehmigung des anderen Ehegatten zu beschaffen. Wird die Genehmigung dann nicht innerhalb von zwei Wochen erklärt, so gilt sie als verweigert.

Die Vorschrift dient der Erhaltung der wirtschaftlichen Grundlagen der Familie dadurch, daß besonders erhebliche Vermögensdispositionen eines Ehegatten der Zustimmung des anderen Ehegatten bedürfen. Gleichzeitig werden dem anderen Ehegatten durch sie etwaige Zugewinnausgleichsansprüche erhalten.

Hervorzuheben ist, daß die Verfügung als solche bzw. die Verpflichtung zu ihr der Zustimmung bedarf, auch wenn die Gegenleistung, z. B. als Kaufpreis für ein veräußertes Grundstück, in das Vermögen des veräußernden Ehegatten fließt und die Gegenleistung dem Wert des veräußerten Gegenstandes entspricht oder ihn sogar übertrifft.

Schwierigkeiten in der Praxis machen vor allem Verfügungen über Grundstücke. Verkauft ein Ehegatte ein Grundstück, so kann dies nach § 1365 BGB zustimmungspflichtig sein, wenn dieses Grundstück im wesentlichen sein gesamtes Vermögen ausmacht. Insofern kann also ein einzelner Vermögensgegenstand das gesamte Vermögen im Sinne der Vorschrift sein. Der BGH (BGHZ 77, 299 = NJW 1980, 2350) hat entschieden, der Tatbestand des § 1365 BGB sei jedenfalls dann nicht erfüllt, wenn dem verfügenden Ehegatten Werte von 15% seines ursprünglichen Gesamtvermögens verblieben.

Allerdings muß nach herrschender Lehre der Vertragspartner, also z. B. der Käufer, wenigstens die Umstände kennen, aus denen sich ergibt, daß das Grundstück das Gesamtvermögen des verfügenden Ehegatten in diesem Sinne ist (BGHZ 43, 174; 64, 246). Auch die Belastung eines Grundstücks mit einer Hypothek kann den Wert des Grundstücks als Gesamtvermögen ausschöpfen und damit zustimmungspflichtig sein.

In der Praxis verlangen die Notare zum Schutz des Vertragspartners, also z. B. des Käufers oder der Bank, regelmäßig die Mitwirkung des anderen Ehegatten an Grundstücksgeschäften. § 1365 BGB ist weitgehend nicht bekannt und wird von den Beteiligten schwer eingesehen, wenn es sich z. B. um ererbten oder vorehelichen Grundbesitz handelt. Hier hilft dann nur die Abbedingung der Vorschrift in notariellem Ehevertrag.

Im Gesellschaftsrecht kann § 1365 BGB bei wichtigen Entscheidungen wie Einbringung von Vermögen in die Gesellschaft, Umwandlung der Gesellschaft oder Vertragsänderung hinsichtlich von Abfindungsregelungen hinderlich sein. Hier fordert die Praxis von den Gesellschaftern regelmäßig die Abbedingung von § 1365 durch Ehevertrag (vgl. MünchKomm/Gernhuber Rdn. 67 ff. zu § 1365).

bb) Verfügung über Haushaltsgegenstände, Eigentum an Ersatzgegenständen

Entsprechend § 1365 BGB bestimmt § 1369 BGB, daß ein Ehegatte über ihm gehörende Gegenstände des ehelichen Haushalts nur verfügen kann und sich zu einer solchen Verfügung auch nur verpflichten kann, wenn der andere Ehegatte einwilligt. Auch im übrigen ist die Vorschrift entsprechend § 1365 gestaltet. Ihr Zweck ist der Schutz der wirtschaftlichen Grundlagen des ehelichen Haushalts und daneben auch der Zugewinnausgleichsansprüche des Ehegatten.

Demselben Zweck dient § 1370 BGB. Nach dieser Vorschrift werden Haushaltsgegenstände, die anstelle von nicht mehr vorhandenen oder wertlos gewordenen Gegenständen angeschafft werden, Eigentum des Ehegatten, dem die nicht mehr vorhandenen oder wertlos gewordenen Gegenstände gehört haben. Da jeder Ehegatte aus dem Prinzip der ehelichen Gemeinschaft heraus verpflichtet ist, die ihm gehörenden Haushaltsgegenstände zur gemeinsamen Benutzung und damit auch Abnutzung zur Verfügung zu stellen, sollen Ersatzgegenstände unabhängig von den Vorstellungen beim Erwerb auch wieder allein in das Eigentum des Ehegatten fallen, dem der ursprüngliche Gegenstand gehört hat, auch wenn der Ersatzgegenstand aus gemeinsamen Mitteln oder Mittels des anderen Ehegatten erworben wurde.

Die Vorschrift kann zu Überraschungen führen. Hatte etwa die Ehefrau als Aussteuer ein wertloses Stahlbesteck mit in die Ehe gebracht und wird dieses im Laufe der Ehe durch ein Silberbesteck ersetzt, so steht das Silberbesteck im alleinigen Eigentum der Ehefrau. Entsprechendes gilt etwa für die Ersetzung der von der Ehefrau als Aussteuer mitgebrachten minderwertigen Polstergarnitur durch eine hochwertige Ledergarnitur.

§ 1370 kann im Einzelfall durch die Ehegatten beim Erwerb formlos abbedungen werden. Seine generelle Abbedingung ist nur in notariellem Ehevertrag möglich.

d) Überblick über die Möglichkeiten ehevertraglicher Vereinbarungen im gesetzlichen Güterstand

Die grundsätzliche Wahlmöglichkeit, die sich in der Praxis zunächst anbietet, ist der Ausschluß des gesetzlichen Güterstandes insgesamt durch Vereinbarung von Gütertrennung oder Gütergemeinschaft. Insbesondere jedoch als Alternative zum gänzlichen Ausschluß der Zugewinngemeinschaft und damit zur Vereinbarung der Gütertrennung bieten sich Abwandlungen des gesetzlichen Güterstandes nur in einzelnen Punkten in vielen Fällen als sachgerecht an.

Es soll deshalb im Folgenden überblicksmäßig dargestellt werden, welche Bestimmungen des gesetzlichen Güterstandes durch Ehevertrag ausgeschlossen werden können, wobei andere

Bestimmungen des gesetzlichen Güterstandes durchaus bestehen bleiben können.

Die Verfügungsbeschränkungen der §§ 1365 und 1369 können durch Ehevertrag ausgeschlossen oder eingeengt werden. Auch die Befreiung nur eines Ehegatten von diesen Beschränkungen ist möglich. Vereinbart werden kann auch die Befreiung von den Verfügungsbeschränkungen in Ansehung lediglich bestimmter Gegenstände oder von Inbegriffen von Gegenständen, etwa für das Handelsgewerbe. Diese Gegenstände können aus dem Anwendungsbereich der Vorschriften gegenständlich herausgenommen werden (Staudinger/Thiele Anm. 21 zu § 1363 BGB).

Die Vorschrift des § 1370 über den Ersatz von Haushaltsgegenständen ist abdingbar.

§ 1371 Abs. 1 BGB betreffend die erbvertragliche Lösung des Zugewinnausgleichs durch Erhöhung des Erbteils des überlebenden Ehegatten um ¼ kann völlig ausgeschlossen werden. Streitig ist, ob hier der Zusatzerbteil von ¼ auch ehevertraglich ermäßigt werden kann (vgl. Gernhuber MüKo Anm. 17 zu § 1371). Erhöht werden kann der Zusatzerbteil jedenfalls nicht.

Beim rechtsgeschäftlichen Zugewinnausgleich nach §§ 1372 f. BGB kann ehevertraglich vereinbart werden der Ausschluß bestimmter Gegenstände aus dem Zugewinnausgleich, die Begrenzung der Ausgleichsforderung durch einen Höchstbetrag und auch die Änderung der vom Gesetz vorgesehenen hälftigen Beteiligung als Ausgleichsquote. Die Schranke bildet hier das allgemeine Recht mit dem Verbot sittenwidriger Vereinbarungen nach § 138 BGB, die immer bei einseitiger Begünstigung lediglich eines Ehegatten zu prüfen ist (MünchKomm/Gernhuber Rdn. 9 zu § 1373).

§ 1374 BGB hinsichtlich der Berechnung des Anfangsvermögens ist nachgiebiges Recht. Es kann im Ehevertrag vereinbart werden, daß die Anfangsvermögen eines oder beider Ehegatten gegenständlich oder numerisch fixiert werden, daß weitere privilegierte Erwerbe möglich sein sollen und daß § 1374 Abs. 2 über die privilegierten Erwerbe numerisch, gegenständlich, nach Erwerbsgründen oder Erwerbsanlässen eingeschränkt oder abbedungen wird. Streitig ist, ob die Eheleute den Berechnungszeitpunkt für das Anfangsvermögen auf einen Zeitpunkt vor der Eheschließung verlegen können (dazu mit weiteren Nachweisen Staudinger/Thiele Anm. 39 zu § 1375).

Das Endvermögen nach § 1375 Abs. 1 BGB kann wie das Anfangsvermögen durch Ehevertrag abweichend festgelegt werden. Die Ehegatten können vereinbaren, daß bestimmte Gegenstände bei der Erfassung des Endvermögens außer Ansatz bleiben sollen oder daß die Summe des Endvermögens durch einen Höchstbetrag limitiert werden soll.

Die Vorschrift des § 1375 Abs. 2 BGB hinsichtlich der Anrechnung beeinträchtigender Veräußerungen beim Endvermögen des veräußernden Ehegatten ist nach Gernhuber (MünchKomm Rdn. 35 zu § 1375, anderer Ansicht Staudinger/Thiele Anm. 40 zu § 1375) zwingend und nicht abänderbar.

Bei der Bewertung nach § 1376 spielen Eheverträge eine erhebliche Rolle. Wegen der unübersehbaren Schwierigkeiten, die insbesondere bei der Bewertung von Unternehmen und Unternehmensbeteiligungen auftauchen, ist hier eine ehevertragliche Festlegung sogar dringend anzuraten. Sie kann sich auf den Bewertungsmaßstab, das Bewertungsverfahren und den Bewertungsstichtag beziehen (Staudinger/Thiele Anm. 41 zu § 1376).

Die Vermutungswirkungen des Vermögensverzeichnisses nach § 1377 Abs. 1 und Abs. 3 sind nach herrschender Lehre zwingendes Recht (MünchKomm/Gernhuber Rdn. 25 ff. zu § 1377). Nach herrschender Lehre (vgl. auch Staudinger/Thiele Anm. 25 zu 1377) kann aber die Mitwirkungspflicht des § 1377 Abs. 2 bei der Errichtung eines Vermögensverzeichnisses ausgeschlossen werden, womit die Ehegatten dann im Ergebnis für die Vermutung des § 1377 Abs. 3 votieren.

Die Ausgleichsquote des § 1378 Abs. 1 ist durch Ehevertrag abänderbar. Wie der Zugewinnausgleich ehevertraglich ganz ausgeschlossen werden kann, ist auch nur eine die Beteiligungsquote betreffende Änderung möglich. Die Ehegatten können vereinbaren, daß die Ausgleichsforderung mehr oder weniger als die Hälfte des Überschusses betragen soll, sie können dem ausgleichspflichtigen Ehegatten eine bestimmte Quote des Überschusses vorab belassen und lediglich den Rest hälftig teilen, sie können auch ganz oder teilweise Sachleistungen vereinbaren (Staudinger/Thiele Anm. 36 zu § 1378). Die Vorschriften der §§ 1378 Abs. 2 und 3 sind dagegen nach allgemeiner Ansicht als Schutzvorschriften zwingenden Rechts.

Die Auskunftsverpflichtung nach § 1379 BGB jedes Ehegatten über die Höhe seines Zugewinns kann nicht abbedungen werden.

Im Rahmen von § 1380 BGB können die Ehegatten eine Anrechnung von Schenkungen unter Ehegatten grundsätzlich nicht ausschließen (MünchKomm/Gernhuber Rdn. 24 zu § 1380 BGB). Sie können jedoch vereinbaren, daß die Anrechnung stets einer ausdrücklichen Anordnung bedarf und für diese Anrechnung auch eine besondere Form festlegen. Auch wenn bei einer Zuwendung eine solche Anordnung nicht getroffen ist, kann nachträglich in der Form des Ehevertrages bestimmt werden, daß die Zuwendung anrechnungspflichtig ist.

Das Leistungsverweigerungsrecht gemäß § 1381 BGB ist zwingend. Bei dem Stundungsrecht nach § 1382 ist dies streitig (MünchKomm/Gernhuber Rdn. 65 ff. zu § 1382 BGB).

Die Möglichkeit des Familiengerichts, gemäß § 1383 einem Ehegatten unter Anrechnung auf den Zugewinnausgleich bestimmte Gegenstände zuzuteilen, kann als Schutzvorschrift nicht abbedungen werden. Zusätzlich können jedoch die Beteiligten ehevertraglich vereinbaren, daß der Zugewinn durch Zuteilung bestimmter Gegenstände zu erfolgen hat.

Die Vorschrift des § 1384 BGB über den Berechnungszeitpunkt ist dispositiv.

Die Vorschriften über den vorzeitigen Zugewinnausgleich bei Getrenntleben gemäß §§ 1385 und 1386 BGB sind jedoch zwingend.

§ 1387 ist wie § 1384 dispositiv. Streitig ist, ob § 1388 dispositiv ist (dazu Staudinger/Thiele Anm. 12 zu § 1388).

§ 1389 ist zwingend, bei § 1390 ist dies streitig (Thiele, Staudinger, BGB Anm. 37 zu § 1390).

e) In der Praxis tatsächlich angewendete und empfehlenswerte Möglichkeiten der Änderung der güterrechtlichen Vorschriften der Zugewinngemeinschaft durch Ehevertrag

Obwohl, wie der vorstehende Überblick ergibt, die Möglichkeiten ehevertraglicher Abwandlung der Zugewinngemeinschaft groß sind, wird von ihnen in der Praxis nur zurückhaltend Gebrauch gemacht. Die grundsätzliche Entscheidung, die selbstverständlich den Vorzug der Einfachheit hat, lautet immer noch: Wird der gesetzliche Güterstand insgesamt beibehalten oder wird er durch die Gütertrennung ersetzt? Dennoch sind in vielen Fällen Abwandlungen des gesetzlichen Güterstandes bei Beibehaltung des grundsätzlichen Systems des Zugewinnausgleichs sach

gerecht. Sie haben, wie alle differenzierenden Lösungen, den
Nachteil, daß sie den Beteiligten selbst und den mit ihnen in
Rechtsverkehr tretenden Personen kompliziert erscheinen mö-
gen. So wird etwa die Bank einen Kreditkunden fragen, welchen
Güterstand er hat. Erklärt der Kunde, er habe den gesetzlichen
Güterstand oder er habe durch Ehevertrag den Güterstand der
Gütertrennung vereinbart, so ist die Bank zufrieden. Muß jedoch
der Kunde sagen, er habe zwar grundsätzlich den gesetzlichen
Güterstand, durch Ehevertrag jedoch diese oder jene Vorschrift
abbedungen oder geändert, so wird der Bankkaufmann zunächst
hinsichtlich seiner rechtlichen Kenntnisse überfordert sein.
Trotzdem ist dies nur ein Problem der Gewöhnung des Rechtsverkehrs an differenziertere Lösungen. So wie die eheliche Rollenverteilung nach Abschaffung des Leitbilds der Hausfrauenehe
komplizierter und einzelfallbezogener geworden ist, sollte man
sich auch im ehelichen Güterrecht daran gewöhnen, daß abgesehen von der traditionellen Unterscheidung zwischen gesetzlichem Güterstand und Gütertrennung Ehegatten auch Modifizierungen des gesetzlichen Güterstandes mit gutem Grund vereinbaren.

Im folgenden sollen deshalb Empfehlungen dazu gegeben werden, welche Vorschriften des gesetzlichen Güterstandes bei
grundsätzlicher Beibehaltung der übrigen Vorschriften im Einzelfall abbedungen werden können oder sollten.

Bei Beteiligung eines Ehegatten an Handelsgesellschaften im
Rechtsverkehr üblich und weitgehend auch von den Mitgesell-
schaftern gefordert ist die Abbedingung des § 1365 BGB durch
jeden Gesellschafter. Diese erfolgt am einfachsten natürlich durch
Vereinbarung von Gütertrennung, bei bei der § 1365 nicht gilt.
Den gleichen Zweck erreicht jedoch hier auch die grundsätzliche
Beibehaltung der Zugewinngemeinschaft und die Abbedingung
des § 1365 als Einzelvorschrift in der Form des notariellen Ehevertrags.

Von geringerer Bedeutung, jedoch immer dann zu erwägen,
wenn man sowieso einen Ehevertrag abschließen möchte, ist der
Ausschluß des § 1370 BGB hinsichtlich der Eigentumsverhältnisse an Ersatzgegenständen. Wie wir gesehen haben, ist der Eigentumserwerb desjenigen Ehegatten, der geringwertige Haushaltsgegenstände in die Ehe eingebracht hat, an den Gegenständen, die
als Ersatz für diese Haushaltsgegenstände erworben wurden, oft

ungerecht. Diesen Rechtsfolgen, die auch von den Eheleuten regelmäßig nicht gewollt sind, entgeht man durch Abbedingung des § 1370 BGB.

Eines der hauptsächlichen Argumente für die grundsätzliche Beibehaltung der Zugewinngemeinschaft an Stelle der kategorischen Vereinbarung der Gütertrennung ist die Möglichkeit, zwar den Zugewinnausgleich bei Scheidung ehevertraglich auszuschließen, jedoch den erbrechtlichen Zugewinnausgleich des § 1371 BGB beizubehalten. Hier werden die Ungerechtigkeiten des Zugewinnausgleichs etwa bei verschiedenen Einkommen und Arbeitseinsatz der Ehegatten im Falle der Scheidung neutralisiert, während es bei der erbrechtlichen Wohltat des § 1371 BGB für den überlebenden Ehegatten im Todesfall verbleibt.

Beim rechtsgeschäftlichen Zugewinnausgleich der §§ 1372 ff. BGB gibt es wie gezeigt viele Möglichkeiten der Abänderung, für die in der Praxis jedoch zumeist kein Bedürfnis besteht. Abzuraten ist im Regelfall von einer Begrenzung der Ausgleichsforderung eines oder beider Ehegatten durch Vereinbarung eines Höchstbetrages. Dieser Höchstbetrag wäre in einem nominellen Geldbetrag festzusetzen und würde sehr schnell der Inflation unterliegen. Die Wertsicherung dieses Betrages wäre, ganz abgesehen von ihrer Zulässigkeit nach dem Währungsgesetz, zu kompliziert.

Ebenfalls kaum zu empfehlen ist eine Änderung der vom Gesetz vorgesehenen hälftigen Zugewinnausgleichsquote. Es ließen sich wohl kaum triftige Begründungen dafür finden, warum und mit welchem Ziel etwa die Ausgleichsquote auf ⅓ oder ¼ ermäßigt werden solle.

Befinden sich im Vermögen eines Ehegatten Anteile an Handelsgesellschaften oder sonstiges Betriebsvermögen, so ist regelmäßig deren gegenständliche Ausnahme aus dem Zugewinnausgleich sehr zu empfehlen. Will man aus Gründen der Gerechtigkeit des Zugewinnausgleichs Betriebsvermögen nicht ganz aus dem Zugewinnausgleich ausklammern, sollte man zumindest die Kriterien seiner Bewertung im Falle der Auseinandersetzung festsetzen. Etwa bei Gesellschaftsanteilen käme hier die Vereinbarung einer betriebswirtschaftlich anerkannten und praktikablen Bewertungsmethode oder die Vereinbarung der Bewertungsmethode, die vom Finanzamt für die Zwecke der Vermögensteuer angewendet wird, zur Zeit des sogenannten „Stuttgarter Verfahrens" in Betracht. Auch kann man etwa die Steuerbilanz oder auch die Handelsbilanz für maßgeblich erklären. Es kann festgelegt werden, ob stille Reserven, good will und laufende Geschäfte bei der Festlegung des Zugewinnausgleichs berücksichtigt oder nicht berücksichtigt werden sollen.

Bei in die Ehe eingebrachten geschenkten oder ererbtem Grundbesitz empfiehlt sich dessen dingliche Herausnahme aus dem Zugewinn wegen der dargestellten Möglichkeit, daß eine echte Wertsteigerung ausgleichspflichtig wird. Dies ist ebenso bei Antiquitäten und Kunstgegenständen, deren dingliche Herausnahme ebenfalls zu erwägen ist.

Wie dargestellt, liegt ein wesentlicher Streitpunkt bei der Auseinandersetzung des ehelichen Vermögens oft darin, wer von den Ehegatten die Möglichkeit haben soll, etwa das gemeinsame Haus oder die gemeinsame Eigentumswohnung gegen Auszahlung des anderen Ehegatten oder Anrechnung auf den Zugewinnausgleichsanspruch zu übernehmen. Hier wäre es oft zweckmäßig, zum Zwecke der Erhaltung des Familienheimes für einen Ehegatten ein Übernahmerecht für den Ehemann oder die Ehefrau zu vereinbaren, oder festzulegen, daß derjenige das Übernahmerecht hat, dem die Kinder zugesprochen werden oder schließlich derjenige, den ein Schiedsgutachter nach billigem Ermessen benennt.

f) Steuerfragen zum Zugewinnausgleich

aa) Grundsätze

Nachdem den Ehegatten die Möglichkeit der Zusammenveranlagung bei der Einkommensteuer offensteht, und in der Praxis regelmäßig von dieser Möglichkeit Gebrauch gemacht wird, ist der jeweilige Güterstand, gleichgültig ob es der gesetzliche Güterstand, die Gütertrennung, oder die Gütergemeinschaft ist, für die laufende Besteuerung ohne Belang. Die Einkünfte beider Ehegatten werden zusammengerechnet und an Hand einer besonderen Tabelle, der sogenannten Splitting-Tabelle, besteuert, sodaß es im Ergebnis der Besteuerung bei der Einkommensteuer gleichgültig ist, von welchem Ehegatten die Einkünfte stammen. Dies gilt auch für die Vermögensteuer, die Gewerbesteuer und die Umsatzsteuer.

Steuerliche Probleme beim gesetzlichen Güterstand können

erst bei Beendigung des Güterstandes durch Vereinbarung, Scheidung oder Tod entstehen.

bb) Grunderwerbsteuer bei Grundstücksauseinandersetzung

Nach neuem Grunderwerbsteuerrecht sind Rechtsgeschäfte zwischen Ehegatten allgemein von der Grunderwerbsteuer ausgenommen. Die bisherigen Schwierigkeiten mit der Grunderwerbsteuerpflicht bei Auseinandersetzungsverträgen anläßlich der Scheidung sind damit entfallen.

cc) Übertragung von Betriebsvermögen

Grundsätzlich wird bei der Einkommensteuer und den Verkehrssteuern eine Vermögensübertragung im Rahmen des Zugewinnausgleichs als ein Vorgang nicht in der steuerbaren Einkommenssphäre, sondern in der steuerfreien Privatsphäre betrachtet. Muß jedoch im Rahmen der Auseinandersetzung Betriebsvermögen auf einen Ehegatten übertragen werden, so kann hierin eine steuerpflichtige Entnahme im Sinne der §§ 15 und 18 EStG liegen. Auch umsatzsteuerlich und gewerbesteuerlich können hier Steuernachteile entstehen. Es ist deshalb zu raten, bei der Auseinandersetzung anläßlich des Zugewinnausgleichs die Ausgleichsforderungen möglichst nicht durch Übertragung betrieblich genutzter Gegenstände zu befriedigen.

dd) Erbschaftsteuer und erbrechtlicher Zugewinnausgleich

Vor dem Gesetz zur Reform der Erbschaft- und Schenkungsteuerrechts 1974 lag einer der großen Vorteile der Zugewinngemeinschaft darin, daß beim Tod eines Ehegatten der Zusatzerbteil von ¼ des überlebenden Ehegatten nach § 6 Abs. 1 ErbStG a. F. sowohl bei der gesetzlichen als auch bei der testamentarischen Erbfolge immer steuerfrei blieb. Wie bei der zivilrechtlichen Betrachtungsweise wurde hier auch erbschaftsteuerlich nicht danach gefragt, ob der überlebende Ehegatte tatsächlich überhaupt einen Zugewinnausgleichsanspruch gegen den verstorbenen Ehegatten hatte oder ob er ihn tatsächlich in Höhe von ¼ der Erbschaft hatte. Der Zusatzerbteil von ¼ der Erbschaft konnte immer vorweg erbschaftsteuerfrei abgezogen werden. Lediglich für den Rest der Erbschaft mußte dann geprüft werden, ob der Erwerb des Ehegatten über die relativ hohen Freibeträge des Erbschaftsteuergesetzes hinausging und damit zu einer Steuerpflicht führte.

Vorgeblich aus Gründen der Steuergerechtigkeit hat die Reform der Erbschaftsteuer im Jahre 1974 hier die Übereinstimmung des Steuerrechts mit dem Zivilrecht beseitigt. Nach § 5 Abs. 1 ErbStG neuer Fassung bleibt nun lediglich noch der tatsächliche Zugewinnanspruch, wie er sich bei güterrechtlicher Lösung nach § 1371 Abs. 2 BGB ergäbe, steuerfrei. Bei größeren Nachlässen, die über die Freigrenzen des ErbStG für den Erwerb von Ehegatten hinausgehen, muß also der überlebende Ehegatte dem Finanzamt durch eine mit diesem zum Zwecke der Steuer durchzuführende rechtsgeschäftliche Zugewinnausgleichsberechnung nachweisen, daß und in welcher Höhe er tatsächlich Zugewinnausgleichsansprüche hat. Es ist also zur Bestimmung des Umfangs der Steuerfreiheit auch bei erbrechtlicher Lösung die fiktive Ausgleichsforderung der güterrechtlichen Lösung zu ermitteln.

In der Literatur sind verschiedentlich Vorschläge zu steuergünstigen Güterstandsvereinbarungen gemacht worden, die ganz oder teilweise wieder den alten Rechtszustand der pauschalen Abzugsfähigkeit des Zusatzerbteils des überlebenden Ehegatten bei der Erbschaftsteuer durch Vereinbarung herbeiführen wollen (Nachweise bei Meincke DStR 1986, 135). Die Finanzverwaltung steht derartigen Vorschlägen ablehnend gegenüber (Einführungserlaß zum ErbStG, BStBl. 1976 I, 145). Die Gerichte haben noch nicht entschieden. Es ist deshalb sehr fraglich, ob die in der Literatur weiterhin vertretenen Vereinbarungsmöglichkeiten (vgl. Kapp, Kommentar zur Erbschaftsteuer und Schenkungsteuer, 9. Aufl. 1984, § 5 ErbStG Rz. 23.1 und 39; Kapp, Festschrift für Meilicke, 1985, 70/71; Knobbe-Keuk, Bilanz- und Unternehmenssteuerrecht, 5. Aufl. 1985, 736) praktisch durchsetzbar und empfehlenswert sind (ablehnend Meincke aaO).

5. Der Wahlgüterstand der Gütertrennung

a) Begründung durch Ehevertrag

Anstelle des gesetzlichen Güterstandes der Zugewinngemeinschaft stellt der Gesetzgeber den Eheleuten zur Wahl, durch Ehevertrag die Gütertrennung oder die Gütergemeinschaft zu vereinbaren. Beide bedürfen also der ausdrücklichen Vereinbarung in einem in notarieller Form zu schließenden Ehevertrag. Mit diesem Ehevertrag können außer den rein güterrechtlichen Bestimmungen andere Vereinbarungen, insbesondere über die eheliche Rollenverteilung, und auch erbrechtliche Vereinbarungen, wie etwa die gegenseitige Erbeinsetzung, verbunden werden. Die einfachste Form eines Wahlgüterstandes ist die völlige Gütertrennung. Für sie brauchte das Gesetz nur einen Paragraphen, nämlich den § 1414 BGB, der die Gütertrennung als Wahlgüterstand zuläßt. Inhaltliche Regelungen der Gütertrennung hielt der Gesetzgeber nicht für erforderlich.

b) Wesen der Gütertrennung

Bei Gütertrennung sind und bleiben die Vermögen von Mann und Frau vollkommen voneinander getrennt. Jeder Ehegatte hat sein eigenes Vermögen. Ein ehebedingtes gemeinschaftliches Vermögen gibt es nicht. Jeder Ehegatte kann sein Vermögen allein verwalten und über es alleine und ohne Zustimmung des anderen Ehegatten verfügen. Jeder Ehegatte hat seine eigenen Verbindlichkeiten hinsichtlich seines Vermögens, mit denen der andere Ehegatte nichts zu tun hat.

Wie zwischen Fremden auch, sind jedoch auch zwischen in Gütertrennung lebenden Ehegatten gemeinschaftliche Vermögensgegenstände oder Inbegriffe von Vermögensgegenständen denkbar. So können natürlich auch die Ehegatten, die in Gütertrennung leben, etwa ein Grundstück zu Miteigentum von je ½ erwerben. Sie bilden dann eine Miteigentümergemeinschaft, die nach den allgemeinen rechtlichen Regeln für derartige Gemeinschaften behandelt wird. Natürlich können die Ehegatten auch bewegliche Gegenstände, etwas Einrichtungsgegenstände der ehelichen Wohnung, zu Miteigentum erwerben. Wie Fremde auch können die Ehegatten bei Gütertrennung miteinander Gesellschaften vereinbaren. Sie können einzelne Vermögensgegenstände in Gesellschaft bürgerlichen Rechts erwerben oder etwa ein Handelsgeschäft gemeinsam in der Form der offenen Handelsgesellschaft betreiben. Hier werden die Gegenstände des Gesellschaftsvermögens dann gemeinschaftliches Vermögen der Gesellschafter, sogenanntes „Gesamthandsvermögen", über das die Gesellschafter nur gemeinsam verfügen können.

Alle diese Formen gemeinschaftlichen Eigentums an einzelnen Gegenständen oder Vermögensinbegriffen haben jedoch mit dem Güterstand nichts zu tun. Sie können wie gesagt genausogut zwischen völlig Fremden bestehen. Wie Fremde auch können sich die in Gütertrennung lebenden Ehegatten gemeinsam für eine Schuld verhaften. Nimmt einer der Ehegatten ein Darlehen auf und verlangt die Bank, daß der andere Ehegatte die Mitschuld übernimmt, so haften beide Ehegatten als sogenannte Gesamtschuldner, d. h. die Bank kann sich nach ihrer Wahl wegen der gesamten Schuld an jeden der Ehegatten wenden. Auch diese gemeinsame Schuldenhaftung wurde von den Ehegatten rechtsgeschäftlich auf Grund freien Entschlusses eingegangen und hat mit dem ehelichen Güterstand der Gütertrennung nichts zu tun.

c) Unterschiede der Gütertrennung zum gesetzlichen Güterstand

Da auch der gesetzliche Güterstand grundsätzlich eine Gütertrennung ist, bestehen hinsichtlich der Vermögensmassen und der Schuldenhaftung keinerlei Unterschiede zwischen der Zugewinngemeinschaft und der Gütertrennung. Auch die §§ 1353 bis 1359 BGB über die Pflicht zur ehelichen Lebensgemeinschaft, den gemeinsamen Ehe- und Familiennamen, die Haushaltsführung und Erwerbstätigkeit, die gegenseitige Schlüsselgewalt und den Umfang der ehelichen Sorgfaltspflicht gelten ohne Rücksicht auf den Güterstand ebenso für Ehegatten in Gütertrennung. Dies gilt auch für den Familienunterhalt gemäß §§ 1360 bis 1361 BGB sowie die Eigentumsvermutung des § 1362 BGB.

Der wesentliche Unterschied der Gütertrennung von der Zugewinngemeinschaft liegt darin, daß bei Gütertrennung ein Zugewinnausgleich weder bei Scheidung oder sonstiger Auflösung des Güterstandes noch bei Tod stattfindet. Werden also in Gütertrennung lebende Ehegatten geschieden, so haben sie grundsätzlich aus der Ehe keine vermögensrechtlichen Ansprüche gegeneinander. Jeder geht mit dem Vermögen aus der Ehe, das ihm gehört, ohne dem anderen aus Ehegüterrecht in irgendeiner Weise ausgleichspflichtig zu sein. Hierin liegt eine der großen Gefahren der Gütertrennung. Die Zufälle der Vermögensverteilung während der Ehe können im Scheidungsfall zu Ungerechtigkeiten führen. Hat etwa bei einer Ehe in Gütertrennung der Ehemann das von ihm ersparte Geld, das wirtschaftlich gesehen auch das ersparte Familieneinkommen darstellt, lediglich in Sparbüchern oder Wertpapieren oder sonstigen Geldanlagen auf seinen Namen angelegt, so behält er dieses Vermögen im Falle der Scheidung, ohne daß der Ehefrau insoweit Ausgleichsansprüche zustehen würden. Die Gütertrennung muß also in diesen Fällen zu erhöhter Wachsamkeit der Ehegatten führen. Insbesondere der wirtschaftlich schwächere Ehegatte muß bei Gütertrennung darauf achten, daß er während der Ehe nicht zu kurz kommt und nicht im Falle der Scheidung das Risiko eingeht, mit geringem Zuerwerb aus der Ehe gedrängt zu werden. In der Praxis funktionieren Ehen mit Gütertrennung dennoch gut. Die Ehegatten sind regelmäßig darauf bedacht, den Zugewinn mal für den einen, mal für den anderen Ehegatten anzulegen, um die Benachteiligung eines Ehegatten zu vermeiden. Aus Gründen der Haftung wird oft der Kern des Privatvermögens auf den am Betrieb nicht beteiligten Ehegatten übertragen, womit dieser dann auch im Scheidungsfall sehr gut dasteht und eher ein Bedürfnis zum Schutze des wirtschaftlich stärkeren Ehegatten besteht.

Im Falle der Auflösung der Ehe durch Tod entfällt bei der Gütertrennung auch der erbrechtliche Zugewinnausgleich des § 1371 BGB. Bei Gütertrennung erhöht sich also der Erbteil des Ehegatten nicht um das pauschale Erbteilsviertel des § 1371 BGB. Der überlebende Ehegatte erbt deshalb neben Verwandten der ersten Ordnung grundsätzlich nur ¼, neben Verwandten der zweiten Ordnung, also den Eltern des Erblassers und deren Abkömmlingen etwa den Geschwistern des Erblassers, oder neben Großeltern nur die Hälfte der Erbschaft. Hier ist also unbedingt ein gegenseitiges Testament erforderlich, um diese Nachteile der Gütertrennung auszugleichen. Allerdings mildert § 1931 Abs. 4 BGB bei den häufigen Fällen, daß als Erben neben dem überlebenden Ehegatten Kinder aus der Ehe vorhanden sind, die Härten dieser Rechtsfolgen dahingehend ab, daß der überlebende Ehegatte neben einem Kind zur Hälfte der Erbschaft, neben zwei Kindern zu ⅓ der Erbschaft berechtigt ist. Neben drei und mehr Kindern erbt er allerdings nur das ihm grundsätzlich zustehende Viertel der Erbschaft. Entsprechend werden auch die Pflichtteile von Abkömmlingen und Eltern berechnet. Sie sind also bei Gütertrennung mit Ausnahme des Pflichtteilsanspruches des Einzelkindes höher als im gesetzlichen Güterstand. Auch dies ist eine Rechtsfolge, die bei Vereinbarung von Gütertrennung zu bedenken ist.

Schließlich ist noch zu vermerken, daß bei Gütertrennung die Verfügungsbeschränkungen des § 1365 und § 1369 BGB sowie die Eigentumsvermutung bei Ersatzgegenständen des Haushaltes nach § 1370 BGB nicht gelten. Insofern werden also die Ehegatten bei Gütertrennung wie Fremde behandelt.

d) Die Rückabwicklung von Ehegattenzuwendungen bei Gütertrennung

Zur Problematik der Rückabwicklung von Zuwendungen eines Ehegatten an den anderen im Falle der Scheidung wurde beim gesetzlichen Güterstand (S. 54 ff.) an Hand der Rechtsprechung des Bundesgerichtshofs erläutert, daß beim Scheitern der Ehe die Geschäftsgrundlage für derartige Zuwendungen entfällt. Während beim gesetzlichen Güterstand die hier entstehende Regelungslücke durch die Regeln des Zugewinnausgleichs ausgefüllt wird, hat der Bundesgerichtshof (NJW 1982, 2236) für die Gütertrennung entschieden, daß jetzt dem Richter über die Grundsätze von Treu und Glauben des § 242 BGB die Möglichkeit zur Regelung der Rückforderungsproblematik unter Berücksichtigung der Besonderheiten des Einzelfalles eröffnet ist. Das bedeutet, daß der Richter bei Gütertrennung durchaus anordnen kann, daß ein Ehegatte dem anderen Zuwendungen zurückzugeben hat. Ob und in welcher Form ein derartiger Anspruch gegeben ist, hängt nach dem Bundesgerichtshof von den besonderen Umständen des Einzelfalles, insbesondere der Dauer der Ehe, dem Alter der Parteien, Art und Umfang der erbrachten Leistungen, der Höhe der dadurch bedingten und noch vorhandenen Vermögensmehrung und von den Einkommens- und Vermögensverhältnissen der Eheleute ab.

Durch diese Rechtsprechung, die nicht nur für die reine Gütertrennung, sondern auch für den Fall der modifizierten Zugewinngemeinschaft in der Form gilt, daß der Zugewinnausgleich bei Scheidung nicht stattfindet, ist eine nicht unerhebliche Rechtsunsicherheit entstanden (Tiedtke DNotZ 1983, 161). In noch stärkerem Maße als beim gesetzlichen Güterstand muß deshalb empfohlen werden, bei jeder größeren Zuwendung zwischen Ehegatten, insbesondere im Grundstücksbereich, die Frage der Rückforderung im Scheidungsfall vertraglich ausdrücklich zu regeln.

Dem Bundesgerichtshof muß allerdings zugegeben werden, daß der von ihm entschiedene Einzelfall für den zuwendenden Ehegatten erhebliche Ungerechtigkeiten mit sich gebracht hätte, wenn es bei der bei Beendigung der Ehe bestehenden Vermögensverteilung geblieben wäre. Es ging in diesem Fall nicht nur um die Zuwendung von Vermögensgegenständen im engeren Sinne, also etwa Geld oder Grundbesitz, sondern vor allem um die Zuwendung von Arbeitskraft. Der Ehemann war als Polier in der Tiefbauunternehmung des Vaters der Ehefrau angestellt gewesen. Er heiratete im Jahre 1972 die Tochter seines Chefs, die in der Firma als Bautechnikerin und später als Kommandititistin beschäftigt und beteiligt war. Bei Eheschluß wurde Gütertrennung vereinbart. Im Jahre 1975 erwarb die Ehefrau ein Hausgrundstück für rund 126.000 DM, das auf sie als Alleineigentümerin im Grundbuch eingetragen wurde. Zu diesem Erwerb steuerte der Ehemann aus eigenen Mitteln etwa die Hälfte bei. Die Eheleute bauten das Haus mit erheblichem Aufwand um, wobei der Ehemann nach seinen Angaben etwa 900 unbezahlte Arbeitsstunden auf den Ausbau aufwendete. Ende 1976 trennten sich die Eheleute. Die Ehefrau zog mit den Kindern in das Haus. Ende 1978 wurde die Ehe geschieden. Der Ehemann verlangt von der Ehefrau die Rückzahlung seiner auf das Haus verwendeten Geldmittel und den Ersatz der kostenlos geleisteten Arbeit in Geld.

Hinsichtlich der erbrachten Arbeitsleistung sah sich der Bundesgerichtshof vor der Schwierigkeit, daß die Systematik des BGB nur die Zuwendung von Vermögenssubstanz, nicht jedoch die Zuwendung von Arbeitskraft als Vermögenswert kennt. Parallel zur Annahme unbenannter Zuwendungen im Vermögensbereich (S. 54ff.) sieht der Bundesgerichtshof hier in der ehebedingten Zuwendung von Arbeitskraft einen familienrechtlichen Vertrag besonderer Art, dessen Geschäftsgrundlage bei Scheidung der Ehe weggefallen sei, was dann zu einem billigen Ausgleich in Geld führen müsse. Die Lösung über den Wegfall der Geschäftsgrundlage erspart dem Bundesgerichtshof die Heranziehung gesellschafts- oder gemeinschaftsrechtlicher Regeln, die im Verhältnis zwischen Ehegatten immer als besonders problematisch empfunden wurde (vgl. BGH NJW 1982, 170). Allerdings besteht hier eine gewisse Diskrepanz zur Lösung der Auseinandersetzungsproblematik bei der nichtehelichen Lebensgemeinschaft, wo der BGH sich nicht der Regeln über den Wegfall der Geschäftsgrundlage, sondern gesellschaftsrechtlicher Regeln bedient (S. 144ff.).

Für die Praxis ist aus der geschilderten Rechtsprechung des BGH die Folgerung zu ziehen, daß der Güterstand der Gütertrennung noch mehr als bisher ein Güterstand für wache und wachsame Eheleute geworden ist. In diesem Güterstand müssen die Eheleute den Vermögensbereich, auch wenn die Ehe noch bestens funktioniert, sehr nüchtern sehen und immer auch die Auswirkungen etwaiger Zuwendungen auf die Auseinandersetzungsproblematik im Scheidungsfall berücksichtigen. Die Einholung von Rechtsrat ist im Einzelfall immer zu empfehlen. Bei Grundstücksgeschäften geben die Notare Auskunft und empfehlen auch entsprechende Vertragsgestaltungen, die spätere Überraschungen vermeiden helfen.

6. Die Gütergemeinschaft

a) Grundsätze

Der zweite Wahlgüterstand, den das Gesetz den Ehegatten zur Verfügung stellt, ist die eheliche Gütergemeinschaft. Sie muß ebenfalls durch notariellen Ehevertrag abgeschlossen werden. Obwohl eine Vermögensgemeinschaft der Ehegatten in der Weise, daß zumindestens alles das, was während der Ehe erworben wird, gemeinschaftliches Vermögen der Ehegatten wird, dem natürlichen Empfinden der meisten Eheleute von der Einheit der Ehe entspricht, ist die Gütergemeinschaft nicht der einfachste, sondern juristisch der komplizierteste Güterstand. Dies ergibt sich schon daraus, daß das Gesetz für die Gütertrennung lediglich einen Paragraphen benötigt, während zur Regelung der Gütergemeinschaft fast 100 Paragraphen erforderlich waren. Die eheliche Gütergemeinschaft des BGB einschließlich ihrer Besonderheiten ist rechtlich so kompliziert, daß sie der Laie eigentlich nicht verstehen kann. Sie führt abgesehen hiervon auch zu Haftungsproblemen und sonstigen Schwierigkeiten, die die beiden anderen Güterstände vermeiden. Dies hat dazu beigetragen, daß der Anwendungsbereich der Gütergemeinschaft in der Praxis erheblich zurückgegangen ist. Von der Mehrzahl der Fachleute, insbesondere der Notare, wird die Gütergemeinschaft heute nicht mehr als sachgerechter Güterstand angesehen. Dies steht in merkwürdigem Gegensatz zu dem Bestreben ausländischer Rechte, Systeme der Gütergemeinschaft an Stelle der Gütertrennung neu einzuführen, wie dies etwa in Ländern des romanischen Rechtskreises geschehen ist. In unserem Rechtssystem jedenfalls sind die Nachteile der Gütergemeinschaft mittlerweile so gravierend geworden, daß grundsätzlich zu ihrer Vereinbarung nicht mehr geraten werden kann. Bevor hierauf jedoch näher eingegangen werden kann, müssen die Grundsätze der ehelichen Gütergemeinschaft kurz erläutert werden.

b) Die Vermögensmassen bei Gütergemeinschaft

Durch die ehevertragliche Vereinbarung von Gütergemeinschaft wird, wie schon der Name sagt, grundsätzlich das gesamte Vermögen des Mannes und der Frau ohne Rücksicht darauf, ob es bereits bei Begründung der Gütergemeinschaft vorhanden ist oder später hinzu erworben wurde, gemeinschaftliches Vermögen beider Eheleute, § 1416 BGB. Bei diesem gemeinschaftlichen Vermögen handelt es sich um ein sogenanntes gesamthänderisches Vermögen. Dieser Begriff, der dem Laien nur schwer zugänglich ist und der aus dem germanischen Recht stammt, besagt, daß das gesamte gemeinsame Vermögen gewissermaßen in einen gemeinsamen Topf fällt. Es ist nicht so, daß die einzelnen Vermögensgegenstände den Eheleuten etwa zu ½ Miteigentum gehören würden. Vielmehr gehört jeder Gegenstand zunächst zum sogenannten ehelichen Gesamtgut. An diesem ehelichen Gesamtgut, nicht an den einzelnen Vermögensgegenständen, haben die Ehegatten jeweils gleiche Anteile. Während des Bestehens der Ehe kann jedoch kein Ehegatte allein über einzelne Vermögensgegenstände oder über seinen Anteil am Gesamtgut verfügen. Jede Verfügung, etwa der Verkauf von Gegenständen, muß von beiden Ehegatten gemeinsam vorgenommen werden. Jeder neu erworbene Gegenstand fällt grundsätzlich in das Gesamtgut als das gemeinschaftliche Eigentum der Ehegatten. Während der Dauer der Ehe hat also kein Ehegatte getrennte Vermögensrechte, über die er ohne Zustimmung des anderen verfügen könnte.

Dies gilt jedoch nur grundsätzlich. Auch beim Güterstand der Gütergemeinschaft gibt es eigenes Vermögen jedes Ehegatten, und zwar in den Formen des Vorbehaltsgutes und des Sondergutes. Über dieses eigene Vermögen kann jeder Ehegatte unbeschränkt allein verfügen.

Bei der ehelichen Gütergemeinschaft des deutschen Rechts sind also fünf verschiedene Vermögensmassen zu unterscheiden:
Das gemeinschaftliche Vermögen beider Ehegatten, Gesamtgut, das Vorbehaltsgut des Mannes,

das Vorbehaltsgut der Frau,
das Sondergut des Mannes,
das Sondergut der Frau.

Allerdings müssen nicht unbedingt Vorbehaltsgut und Sondergut in jeder Ehe vorkommen. Bei vielen Ehen gibt es nur eine Vermögensmasse, nämlich das Gesamtgut.

Das bei Abschluß des Ehevertrages auf Gütergemeinschaft in jedem Vermögen vorhandene und das später entgeltlich oder unentgeltlich hinzu erworbene Vermögen jeder Art des Mannes und der Frau wird kraft Gesetzes ohne besonderes Zutun der Eheleute Gesamtgut als gemeinschaftliches Vermögen. Jeder Ehegatte kann also während der Ehe Gegenstände alleine erwerben, die dann jedoch nicht in sein Alleineigentum fallen, sondern in das Gesamtgut. Befinden sich die Gegenstände einmal im Gesamtgut, so können nur beide Ehegatten gemeinsam über sie verfügen.

Beispiel: Beim Abschluß eines Kaufvertrages über ein Grundstück erklärt der ohne seine Ehefrau erschienene Käufer, er sei in Gütergemeinschaft verheiratet. Dann kann er den Kaufvertrag alleine abschließen und auch die Auflassung des Grundstücks entgegennehmen, das Grundstück wird jedoch Teil des Gesamtgutes. Im Grundbuch werden die Ehegatten in Gütergemeinschaft eingetragen. Soll das Grundstück später belastet oder verkauft werden, so müssen beide Ehegatten zum Notar und die entsprechenden Erklärungen abgeben.

Vorbehaltsgut sind nach § 1418 BGB ausschließlich die Gegenstände, die durch Ehevertrag zum Vorbehaltsgut eines Ehegatten erklärt sind,

die ein Ehegatte durch Erbschaft erwirbt, oder die ihm von einem Dritten unentgeltlich zugewendet werden, wenn der Erblasser durch letztwillige Verfügung oder der Dritte bei der Zuwendung bestimmt hat, daß der Erwerb Vorbehaltsgut sein soll,

die ein Ehegatte auf Grund eines zu seinem Vorbehaltsgut gehörenden Rechtes oder als Ersatz für die Zerstörung, Beschädigung oder Entziehung eines zum Vorbehaltsgut gehörenden Gegenstandes erwirbt.

Die Ehegatten können also ehevertraglich vereinbaren, daß ein bestimmter Vermögensgegenstand eines Ehegatten, etwa das gewerbliche Unternehmen, als Vorbehaltsgut in dessen alleinigem Eigentum verbleiben soll. Dann werden auch alle Gegenstände, die zu diesem Vermögensgegenstand als Ersatz hinzuerworben werden oder auch die Erträge dieses Vermögensgegenstandes

Vorbehaltsgut dieses Ehegatten. Weiterhin wird Vorbehaltsgut, was ein Ehegatte ererbt oder geschenkt erhält, wenn der Zuwendende dies bestimmt hat. Nachträglich können die Ehegatten jedoch ehevertraglich bestimmen, daß auch diese Erbschaft oder diese Schenkung in das Gesamtgut fallen soll. Hierzu ist bei Grundstücken dann noch die Auflassung erforderlich. In der Begründung von Vorbehaltsgut liegt die wichtigste Möglichkeit, die Gütergemeinschaft den besonderen Verhältnissen der Eheleute anzupassen. Erklärt man das beiderseitige voreheliche Vermögen zum Vorbehaltsgut, so beschränkt man das Gesamtgut nur auf das während der Ehezeit erworbene Vermögen und erreicht so den Güterstand der sog. ,,Errungenschaftsgemeinschaft", wie ihn neuerdings viele ausländische Rechtsordnungen als gesetzlichen Güterstand eingeführt haben.

Die Erklärung vorehelichen Vermögens, von Schenkungen und Erbschaften zum Vorbehaltsgut stellt sicher, daß diese Vermögensgegenstände bei Scheidung nicht auseinandersetzungs- und ausgleichspflichtig sind. Verwendungen aus dem Gesamtgut auf diese im Alleineigentum eines Ehegatten stehenden Vermögensgegenstände sind jedoch dem Gesamtgut nach § 1445 BGB zu ersetzen. Dies ist sachgerecht. Insofern stellt die Gütergemeinschaft mit Vorbehaltsgut eine Alternative zur gegenständlichen Herausnahme etwa des ererbten Hauses aus dem Zugewinnausgleich (oben S. 54 ff.) dar, bei der Ersatzansprüche der obigen Art mangels ausdrücklicher Vereinbarung nicht bestehen (Hinweis von Liedel FamRZ 1981, 1020).

Sondergut eines Ehegatten sind Gegenstände, die durch Rechtsgeschäft nicht übertragen werden können. Hierzu gehört etwa ein Nießbrauch, eine Leibrente, ein Schmerzensgeldanspruch oder eine Gesellschaftsbeteiligung, die nach dem Gesetz oder Gesellschaftsvertrag nicht übertragbar ist.

Hinsichtlich der Schuldenhaftung gilt, daß sich die Gläubiger des Mannes oder der Frau an das Gesamtgut halten können. Neben dem Gesamtgut haftet auch derjenige Ehegatte, der das Gesamtgut verwaltet, persönlich für die Verbindlichkeiten des Gesamtguts. Weiterhin sind Vermögensbeziehungen zwischen dem Gesamtgut und dem jeweiligen Vorbehalts- oder Sondergut eines Ehegatten denkbar, die die Rechtslage noch zusätzlich komplizieren.

c) Verwaltungs- und Verfügungsrechte

Nach der Regel des § 1421 BGB verwalten die Eheleute das Gesamtgut gemeinschaftlich. Sie können jedoch durch Ehevertrag vereinbaren, daß das Gesamtgut nur von einem von ihnen verwaltet wird. Dann kann dieser über einzelne bewegliche Gegenstände des Gesamtguts auch alleine nach außen hin verfügen, nicht jedoch über das Gesamtgut im ganzen, über den Grundbesitz und im Wege der Schenkung. Auch zu diesen Verfügungen kann der das Gesamtgut verwaltende Ehegatte jedoch in einer ausdrücklichen Vollmacht im Ehevertrag ermächtigt werden. Eine solche Vollmacht zum Abschluß von Schenkungen wird jedoch nicht als zulässig angesehen. Ob eine derartige Vollmacht, etwa zu entgeltlichen Verfügung über Grundstücke, im Ehevertrag als unwiderrufliche Vollmacht möglich ist, ist sehr streitig. Grundsätzlich muß dem Ehegatten der Widerruf dieser Vollmacht jedenfalls aus wichtigem Grund offenstehen. Die Verwaltung des Gesamtgutes nur durch einen Ehegatten, verbunden etwa noch mit derartigen Vollmachten, führt zu einer völligen vermögensmäßigen Bevormundung und Enteignung des anderen Ehegatten. Sie entspricht in keinem Fall einer modernen Auffassung der Ehe. Außerdem kehrt sie das Prinzip der Gütergemeinschaft als einer Vermögensgemeinschaft freier Ehegatten in ihr Gegenteil um.

Sein Vorbehaltsgut und sein Sondergut verwaltet jeder Ehegatte selbständig und kann auch über es selbständig verfügen.

d) Auseinandersetzung der ehelichen Gütergemeinschaft

Die eheliche Gütergemeinschaft wird beendet durch Auflösung der Ehe durch Scheidung oder Tod, durch Abschluß eines güterstandsändernden Ehevertrages oder in Ausnahmefällen durch gerichtliches Urteil nach Aufhebungsklage eines Ehegatten. Bei Beendigung der Gütergemeinschaft ist das Gesamtgut auseinanderzusetzen. Dabei sind zunächst die Verbindlichkeiten des Gesamtguts zu bereinigen. Dann hat jeder Ehegatte das Recht, von ihm eingebrachte, ererbte, oder durch Schenkung oder Ausstattung erworbene Gesamtgutsgegenstände gegen Wertersatz bzw. unter Anrechnung auf sein Auseinandersetzungsguthaben zu übernehmen. Im übrigen ist das Gesamtgut jedoch im Zweifel zu Geld zu machen, bei Grundstücken notfalls durch Versteigerung. Der verbleibende Erlös ist unter die Ehegatten hälftig zu verteilen.

Tritt die Beendigung des Güterstandes durch den Tod eines Ehegatten ein, so muß der überlebende Ehegatte das Gesamtgut mit den etwaigen Miterben auseinandersetzen. In den Nachlaß fällt die Hälfte des Gesamtgutes des verstorbenen Ehegatten sowie dessen Vorbehalts- und Sondergut. Auch diese Vermögensauseinandersetzung kann zu erheblichen rechtlichen und wirtschaftlichen Schwierigkeiten führen. Bei Grundstücken ist bei jeder Auseinandersetzung, wenn diese Grundstücke vom Gesamtgut in das Vermögen eines der Beteiligten übergehen sollen, notarielle Beurkundung eines Auseinandersetzungsvertrages und Auflassung des Grundstückes vom Gesamtgut in das Einzeleigentum eines der Beteiligten erforderlich. Hiermit sind selbstverständlich auch erhöhte Kosten verbunden.

e) Fortgesetzte Gütergemeinschaft

Durch Ehevertrag können die Ehegatten vereinbaren, daß die Gütergemeinschaft beim Tod eines Ehegatten zwischen dem überlebenden Ehegatten und den Kindern fortgesetzt wird. Dann fällt der hälftige Anteil des verstorbenen Ehegatten am Gesamtgut nicht in sein Erbe. Insbesondere erbt der überlebende Ehegatte insoweit nichts. Vielmehr fällt diese Gesamtgutshälfte den Kindern an, die an Stelle des verstorbenen Ehegatten die Gütergemeinschaft hinsichtlich des Gesamtguts mit dem überlebenden Ehegatten fortsetzen. Für das Rechtsverhältnis zwischen dem überlebenden Ehegatten und den Kindern hinsichtlich des fortgesetzten Gesamtgutes gelten dann in etwa die gleichen Regeln wie zwischen den Ehegatten bei bestehender Ehe. Insbesondere kann also über die Gegenstände des fortgesetzten Gesamtguts nur gemeinsam vom überlebenden Ehegatten und den Kindern verfügt werden. Der überlebende Ehegatte hat bei Anordnung der fortgesetzten Gütergemeinschaft die Möglichkeit, diese durch Erklärung gegenüber dem Nachlaßgericht abzulehnen. Dann fällt auch der Anteil des verstorbenen Ehegatten am Gesamtgut in den Nachlaß. Auf jeden Fall fällt in seinen Nachlaß sein Vorbehaltsgut. Die fortgesetzte Gütergemeinschaft wurde früher aus erbrechtlichen und auch aus steuerrechtlichen Gründen häufiger vereinbart. Mittlerweile ist sie zu Recht völlig außer Übung gekommen.

f) Nachteile der Gütergemeinschaft

Im vorstehenden konnte nur ein sehr großer Überblick über das Recht der Gütergemeinschaft gegeben werden. Eine eingehende Darstellung könnte einen ganzen Band füllen und wäre so kompliziert, daß sie auch manchem Juristen nur schwer zugänglich wäre. Dieser und andere Nachteile der Gütergemeinschaft berechtigen zu der Feststellung, daß zur Gütergemeinschaft als Wahlgüterstand grundsätzlich nicht mehr geraten werden kann.

Die Gütergemeinschaft ist gerade bei sorgfältiger und differenzierender vertraglicher Ausgestaltung, die bei Ausnutzung ihrer möglichen Vorteile erforderlich ist, so kompliziert, daß sie für die Beteiligten nicht mehr praktikabel ist. Bei Ausnutzung ihrer Möglichkeiten bestehen bei Gütergemeinschaft fünf verschiedene Vermögensmassen mit gegenseitigen Ansprüchen. Die Übertragung einzelner Vermögensgegenstände von einer Masse auf die andere bedarf des Rechtsgeschäfts, bei Grundstücken regelmäßig der Auflassung in notarieller Form, ebenso die bei Beendigung der Gütergemeinschaft erforderliche Auseinandersetzung. Für das moderne Empfinden unerträglich ist die Haftungsgemeinschaft der Ehegatten, insbesondere die Gesamthaftung für unerlaubte Handlungen und die Gesamthaftung für Unterhaltsschulden beider Ehegatten.

Beispiel: Der Ehemann verursacht einen großen Verkehrsunfall, bei dem Personen zu erheblichem Körperschaden kommen und in Folge dessen er in einer Höhe schadensersatzpflichtig wird, die durch seine Haftpflichtversicherung nicht mehr gedeckt ist. Dies ist heute, etwa wenn laufende Renten an die Geschädigten zu zahlen sind, durchaus denkbar. Ist der Ehemann im gesetzlichen Güterstand oder in Gütertrennung verheiratet, so haftet die Ehefrau mit ihrem Vermögen für diese Schulden des Ehemannes nicht. Die Unfallopfer werden nicht besser behandelt, als wären sie von einem nichtverheirateten Mann geschädigt worden. Ist auf die Frau ein Kern des Privatvermögens, etwa in Vollzug der Gütertrennung, übertragen worden, so ist dieses Vermögen dem Zugriff der Gläubiger nicht ausgesetzt.

Lebt der den Unfall verursachende Ehemann jedoch in Gütergemeinschaft, so haftet für diese Schulden das eheliche Gesamtgut. Über diesen Weg muß also die Frau mit ihrem Vermögen für Verbindlichkeiten des Ehegatten mit haften. Die Unfallopfer können hier in einer für die Ehefrau ungerechten Weise auf das eheliche Vermögen insgesamt zurückgreifen.

Noch ungerechter ist die Gesamthaftung im Unterhaltsrecht. Werden etwa die Eltern der Ehefrau unterhaltsbedürftig, so muß diese sie nach allgemeinem Unterhaltsrecht im Rahmen ihrer Möglichkeiten unterhalten. Sie muß hierzu auf ihr Vermögen zurückgreifen. Wird der Unterhalt von einer öffentlichen Stelle, etwa vom Sozialamt, gewährt, so kann dieses in das Vermögen der Tochter vollstrecken. Bei Gütertrennung und im gesetzlichen Güterstand bezieht sich diese Vollstreckungsmöglichkeit nur auf das getrennte Vermögen der Ehefrau. Bei Gütergemeinschaft haftet jedoch auch für die Unterhaltsschulden nur eines Ehegatten das eheliche Gesamtgut. Auf diesem Umweg haftet dann also der andere Ehegatte auch für den Unterhalt von Schwiegereltern, Stiefkindern und Abkömmlingen von Stiefkindern.

Probleme bringen auch die Verwaltungsregelungen. Der gesetzliche Grundsatz der gemeinsamen Verwaltung ist gerade bei vertraglich differenzierterer Ausgestaltung der Gütergemeinschaft oft unzweckmäßig. Haftungsgründe führen hier dann zur vermögensmäßigen Entmündigung eines Ehegatten und mitunter zum Streit um Regelung der Verwaltung.

Trotz des scheinbar vorherrschenden Gemeinschaftsgedankens nimmt der andere Ehegatte bei Gütergemeinschaft nicht am Zugewinn des Vorbehalts- und Sonderguts des anderen Ehegatten teil. Gerade bei größeren Vermögen werden aber regelmäßig erhebliche Vermögensteile, etwa das gewerbliche Unternehmen, Vorbehaltsgut eines Ehegatten sein. Hinsichtlich des Vorbehaltsguts tritt bei Gütergemeinschaft erbrechtlich auch keine Erbteilserhöhung des anderen Ehegatten ein, auch nicht in beschränktem Umfang neben einem oder zwei Kindern wie bei Gütertrennung.

Verstirbt der bei Eingehung der Ehe unbemittelte Ehegatte vor dem Ehegatten, der erhebliches Vermögen in das Gesamtgut eingebracht hat, so muß, soweit die Freigrenzen des Erbschaftsteuergesetzes überschritten werden, der überlebende Ehegatte sein eigenes eingebrachtes Vermögen bei der Erbschaftsteuer versteuern, da es in Höhe der Gesamtgutshälfte des Verstorbenen formell von diesem kommt.

Auch steuerlich hat die Gütergemeinschaft unter Umständen erhebliche Nachteile. So können einkommensteuerlich regelmäßig Arbeitsverhältnisse zwischen Ehegatten, die in Gütergemeinschaft leben, nur dann anerkannt werden, wenn der Gewerbebetrieb zum Vorbehaltsgut des Arbeitgeber-Ehegatten gehört. Gehört der Gewerbebetrieb zum Gesamtgut, so sind die Ehegatten Mitunternehmer und Arbeitsverhältnisse zwischen ihnen können nicht anerkannt werden.

Erbschaftsteuerlich kann im Gegensatz zur Rechtslage vor 1974 die Vereinbarung von Gütergemeinschaft zur Schenkungsteuerpflicht führen, wenn der Vermögenserwerb eines Ehegatten durch die Vereinbarung der Gütergemeinschaft über die Freigrenzen des Gesetzes hinausgeht, § 7 Abs. 1 Nr. 4 ErbStG. Die Bereicherungsabsicht wird vom Gesetz unwiderlegbar unterstellt.

Lediglich die fortgesetzte Gütergemeinschaft bietet erbschaftsteuerlich noch Vorteile. Hier wird der Anteil des verstorbenen Ehegatten am Gesamtgut nach § 4 ErbStG den Abkömmlingen zugerechnet und von diesen sofort versteuert. Ein Zwischenerwerb des überlebenden Ehegatten scheidet aus, während die Abkömmlinge die vollen Freibeträge beim Tod beider Eltern jeweils für die Hälfte des Gesamtguts ausnutzen können. Auch dieser Vorteil ändert jedoch nichts daran, daß die fortgesetze Gütergemeinschaft grundsätzlich nachteilig und zu meiden ist. Sie führt bei zunehmender Lebenserwartung und abnehmender Familienbindung zu einer auf die Dauer beiden Teilen unzumutbaren Vermögensgemeinschaft zwischen überlebenden Elternteil und Abkömmlingen.

III. Die Verbindung des Ehevertrages mit erbrechtlichen Vereinbarungen

In der Praxis weithin üblich und zweckmäßig ist die Verbindung eines notariellen Ehevertrages mit einem Erbvertrag, einem Erbverzichtsvertrag oder einem Pflichtteilsverzichtsvertrag.

Es sind hier von der Interessenlage her zwei grundsätzlich verschiedene Fälle zu unterscheiden. Im Normalfall des Ehevertrages will man etwa durch Vereinbarung der Gütertrennung Vorsorge für den Scheidungsfall treffen. Für den Fall der Auflösung der Ehe durch Tod soll es jedoch so sein, daß der überlebende Ehegatte unabhängig vom Güterstand das gesamte Vermögen des verstorbenen Ehegatten erben soll. Dies wird auch dann meistens gewünscht sein, wenn gemeinsame Kinder vorhanden sind. Hier soll der überlebende Ehegatte zunächst in den Vollbesitz des Vermögens des verstorbenen Ehegatten kommen, ehe er seinerseits bei seinem Tod von den gemeinschaftlichen Kindern beerbt wird. Dies sind die Fälle der gegenseitigen Erbeinsetzung. Hier empfiehlt sich die Verbindung des Ehevertrages mit einem Erbvertrag des Inhalts, daß der überlebende Ehegatte den zuerst versterbenen Ehegatten allein beerbt.

Hiervon zu unterscheiden sind die Fälle, in denen durch Ehevertrag nicht nur die volle vermögensmäßige Trennung zu Lebzeiten, sondern auch eine erbrechtliche Trennung bewirkt werden soll. Es sind dies die Fälle, in denen Ehegatten im vorgerückten Alter sich wieder verheiraten, wobei beide Ehegatten Abkömmlinge haben, denen das jeweilige Vermögen ihres Elternteiles voll erhalten bleiben soll. Wollen sich die Ehegatten in diesen Fällen überhaupt nicht mehr beerben, so ist dies der Fall des gegenseitigen Erbverzichtsvertrages. Oft wird jedoch gewünscht, daß ein Ehegatte den anderen auch in diesen Fällen in einzelnen Beziehungen beerben soll oder ein Vermächtnis hinsichtlich einzelner Vermögensgegenstände des anderen Ehegatten erhalten soll. Lediglich seine gesetzlichen Pflichtteilsrechte als Ehegatte sollen der sachgerechten Regelung dieser erbrechtlichen Interessenlage nicht entgegenstehen. In diesen Fällen ist an die Vereinbarung eines Pflichtteilsverzichtsvertrages zu denken, bei dem jeder

Ehegatte auf den Tod des anderen auf seine gesetzlichen Pflichtteilsrechte verzichtet.

In beiden Fällen ist die Verbindung der entsprechenden erbrechtlichen Vereinbarungen mit dem Ehevertrag erforderlich und üblich. Sie ist in den Fällen des Ehe- und Erbvertrages auch kostengünstig, da hier der Erbvertrag bei den Notargebühren keine gesonderte Gebühr hervorruft, also lediglich die Gebühr für den Ehevertrag zu entrichten ist. Im Unterschied hierzu bewirkt der Erbverzichtsvertrag oder Pflichtteilsverzichtsvertrag eine besondere Notargebühr, die jedoch zur sachgerechten Regelung der Interessenlage in Kauf genommen werden muß.

Eheverträge und Erb- sowie Pflichtteilsverzichtsverträge sind in den Einzelheiten so schwierig und vielgestaltig wie das Erbrecht selbst. Im Rahmen dieser Darstellung des Ehevertrages kann nur ein Überblick über die Grundzüge des Erbrechts sowie die häufigsten Fallgestaltungen bei der Erbfolge zwischen Ehegatten gegeben werden.

1. Ehegattenerbrecht neben Abkömmlingen

Neben Abkömmlingen des verstorbenen Ehegatten, und zwar unabhängig davon, ob diese auch seine Abkömmlinge sind oder nicht, erbt der Ehegatte beim gesetzlichen Güterstand der Zugewinngemeinschaft die Hälfte des Nachlasses. Hiervon stellt ¼ seinen Zugewinnausgleich dar, der wie dargestellt im Falle der Auflösung der Ehe durch Tod pauschal im Rahmen der sogenannten erbrechtlichen Lösung ermittelt wird. Hinterläßt der verstorbene Ehegatte also im gesetzlichen Güterstand die Ehefrau und zwei Kinder, so erhält die Ehefrau ½ seines Nachlasses, die Kinder je ¼

Bei ehevertraglich vereinbarter Gütergemeinschaft erbt der Ehegatte neben Abkömmlingen des verstorbenen Ehegatten lediglich ¼ des Nachlasses. In den Nachlaß des verstorbenen Ehegatten fällt hier sein Anteil von ½ am Gesamtgut der Gütergemeinschaft. Daneben gehört zu seinem Nachlaß sein Vorbehaltsgut insgesamt. Die restlichen ¾ des Nachlasses werden zu gleichen Teilen den Kindern des verstorbenen Ehegatten vererbt. In obigem Beispielsfall würde also bei Bestehen von Gütergemeinschaft der überlebende Ehegatte ¼, die Kinder je ⅜ des Nachlasses erben.

Bei ehevertraglich vereinbarter Gütertrennung erbt der Ehegatte neben Abkömmlingen des Erblassers mindestens ¼. Sind neben ihm jedoch nur ein oder zwei Kinder des Erblassers zur Erbfolge berufen, so erbt der Ehegatte nach der Sonderregelung des § 1931 Abs. 4 BGB neben diesen Abkömmlingen zu gleichen Teilen. Ist also bei Gütertrennung neben dem überlebenden Ehegatten nur ein Kind des Erblassers vorhanden, so erben Ehegatten und Kind zu je ½. Sind zwei Kinder vorhanden, erben Ehegatten und Kinder zu je ⅓. Bei drei oder mehr Kindern verbleibt es bei dem Erbteil von ¼, während die Kinder des Erblassers sich die übrigen ¾ zu gleichen Teilen teilen.

2. Ehegattenerbrecht neben sonstigen Verwandten

Im gesetzlichen Güterstand erbt der Ehegatte neben Eltern, Geschwistern und Abkömmlingen von Geschwistern sowie neben Großeltern des Erblassers ¾ des Nachlasses. Das andere Viertel geht hier an diese Verwandten. Bei Gütergemeinschaft oder Gütertrennung erbt der Ehegatte neben diesen Verwandten nur ½ des Nachlasses. Sind also in einer Ehe keine Kinder vorhanden, so müssen die Ehegatten, wenn sie das Erbrecht sonstiger Verwandter, insbesondere der Geschwister der Ehegatten, neben dem Ehegatten ausschließen wollen, unbedingt ein Testament machen. Es sind dies gerade die Fälle, wo regelmäßig mit dem Ehevertrag die gegenseitige Erbeinsetzung im Rahmen eines Erbvertrages verbunden werden muß.

3. Pflichtteilsrechte

Pflichtteilsrechte von Abkömmlingen, Eltern und Ehegatten setzen der Testierfreiheit Schranken. Der Erblasser kann zwar diese Personen in jeder Weise übergehen und den Anfall seines Vermögens an andere Personen herbeiführen, jedoch haben diese Pflichtteilsberechtigten einen grundsätzlich unentziehbaren Anspruch gegen den Erben auf Zahlung einer Geldsumme in Höhe der Hälfte des Wertes ihres gesetzlichen Erbteils. Die Höhe dieses gesetzlichen Erbteils bestimmt sich nach den oben dargestellten Grundsätzen. Der Sinn des Pflichtteilsrechts ist, dem Erblasser einerseits die Möglichkeit zur freien letztwilligen Verfügung auch unter Übergehung seiner nächsten Verwandten zu geben, diesen nächsten Verwandten jedoch auch gegen den Willen des Erblassers eine angemessene wertmäßige Beteiligung am Nachlaß zu garantieren. Die Pflichtteilsberechtigten erhalten lediglich schuldrechtliche Geldansprüche gegen den Erben, ohne Miterben zu werden. Zu beachten ist, daß Pflichtteilsrechte nicht nur bei völliger Enterbung in Betracht kommen, sondern immer auch dann, wenn der Pflichtteilsberechtigte auf Grund des Testamentes weniger erhält, als sein Pflichtteil ausmachen würde.

Pflichtteilsansprüche von Abkömmlingen bestehen auch, was den Beteiligten oft unbekannt ist, beim Versterben des ersten Ehegatten, wenn sich die Ehegatten gegenseitig zu Erben eingesetzt haben. Eine Entziehung des Pflichtteilsrechts ist nur im Ausnahmefall, etwa bei strafrechtlichen Vergehen der Abkömmlinge gegen die Eltern oder bei sittenlosem oder ehrlosem Lebenswandel möglich. Sollen solche Pflichtteilsrechte nicht in Betracht kommen, so müssen die pflichtteilsberechtigten Personen in notarieller Form durch Pflichtteilsverzichtsvertrag auf ihren Pflichtteil verzichten.

4. Der Erbvertrag

Während Testamente im Normalfall einseitige letztwillige Verfügungen sind, die vom Erblasser jederzeit aufgehoben, geändert oder widerrufen werden können, führt der Erbvertrag zur rechtsgeschäftlichen Bindung des Erblassers. Bei der gegenseitigen Erbeinsetzung in Verbindung mit einem Ehevertrag handelt es sich um einen gegenseitigen Erbvertrag, an den beide Ehegatten gebunden sind. Sie können diesen Erbvertrag grundsätzlich nur gemeinsam aufheben oder ändern. Nach dem Tode eines Ehegatten ist der andere Ehegatte an etwaige weitere erbvertraglich vereinbarte Verfügungen gebunden. Dies gilt insbesondere dann, wenn die Ehegatten auf den Tod des Letztversterbenden von ihnen die gemeinsamen Kinder als Erben zu gleichen Teilen eingesetzt haben. Ist hier der eine Ehegatte verstorben, so kann der andere Ehegatte kein abweichendes Testament mehr machen. Auch wenn sich eines der Kinder besonders um ihn kümmert, während die anderen ihn vernachlässigen, kann er dieses Kind durch Testament nicht mehr gegenüber den anderen bevorzugen. Dem Nachteil dieser Bindungswirkung steht jedoch als Vorteil gegenüber, daß der zuerst versterbende Ehegatte dann, wenn der Überlebende nicht wieder heiratet und keine weiteren Kinder bekommt, die Sicherheit hat, daß der überlebende Ehegatte kein abweichendes Testament zu Nachteil der gemeinsamen Kinder mehr machen kann. Die Erbeinsetzung der gemeinsamen Kinder auf den Tod des letzten Ehegatten verhindert in der Praxis oft, daß die Kinder schon beim Tod des ersten Ehegatten den Pflichtteil verlangen. Diese Chance kann dadurch verstärkt werden, daß in den Erbvertrag sogenannte Pflichtteils- und Wiederverheiratungsklauseln eingefügt werden. Die Pflichtteilsklausel hat den Inhalt, daß bestimmt wird, daß das Kind, das beim Tod des erstversterbenden Ehegatten schon seinen Pflichtteil verlangt, auch beim Tod des letztversterbenden Ehegatten nicht Erbe werden soll. Mit der Wiederverheiratungsklausel wird bestimmt, daß der überlebende Ehegatte durch Wiederverheiratung zwar von der erbvertraglichen Bindung hinsichtlich der Einsetzung der gemeinsamen Kinder auf seinen Tod frei werden soll, daß er aber in diesem Fall bei Wiederverheiratung den gemeinsamen Kindern zum Zeitpunkt der Wiederverheiratung Vermächtnisse in Höhe ihres gesetzlichen Erbteils auf den Tod des erstverstorbenen Ehegatten auszuzahlen hat. Dies sind die häufigsten Inhalte von Pflichtteils- und Wiederverheiratungsklauseln. Varianten, auf die hier nicht eingegangen werden kann, sind möglich.

Eine Alternative zur gegenseitigen Erbeinsetzung der Ehegatten mit Einsetzung der gemeinschaftlichen Kinder als Schlußerben auf den Tod des letztversterbenden Ehegatten ist die Vereinbarung von Vor- und Nacherbschaft. Das Recht der Vor- und Nacherbschaft ist eines der kompliziertesten Gebiete des Erbrechts. Es ist in seinen erbrechtlichen Einzelheiten dem Laien kaum zugänglich. Vor- und Nacherbschaft bedeutet, daß der Erblasser zweimal beerbt wird. Der Nacherbe wird erst dann Erbe des Erblassers, wenn die Vorerbschaft beendet ist. Zunächst wird der Vorerbe Erbe des Erblassers. Möglich ist die Einsetzung mehrerer Nacherben hintereinander. Im Recht der Vor- und Nacherbschaft ist bestimmt, daß der Vorerbe grundsätzlich das Vermögen des Erblassers für den Nacherben zu erhalten hat. Er hat also die Stellung lediglich eines Nutznießers, wobei er den Stamm des Vermögens des Erblassers nicht angreifen darf. In diesem Sinne wird der überlebende Ehegatte oft lediglich als Vorerbe eingesetzt, während die gemeinsamen Abkömmlinge Nacherben werden. Hier fällt das gesamte Vermögen des erstverstorbenen Ehegatten dem anderen Ehegatten an, darf jedoch von diesem in seinem Bestand grundsätzlich nicht angegriffen werden und geht mit dessen Tod auf die gemeinsamen Kinder über. Der überlebende Ehegatte ist aber durch die lebenslange Nutznießung am Vermögen des erstverstorbenen Ehegatten versorgt.

Als Alternativen zur Vor- und Nacherbschaft kommen Vermächtnisse für den überlebenden Ehegatten in Betracht, insbesondere das Nießbrauchsvermächtnis und das Rentenvermächtnis. Hier werden Erben des erstverstorbenen Ehegatten direkt und sofort die gemeinsamen Abkömmlinge. Diese haben jedoch dem überlebenden Ehegatten lebenslange unentgeltliche Nutzungsrechte in der Form des Nießbrauchs am Vermögen des verstorbenen Ehegatten insgesamt oder an einzelnen Vermögensgegenständen, wie etwa Grundstücken, zu bestellen. Der Nießbrauch des überlebenden Ehegatten erlischt mit seinem Tod.

Beim Rentenvermächtnis werden die gemeinsamen Abkömmlinge ebenfalls sofort und voll Erben des erstverstorbenen Ehegatten, haben dem überlebenden Ehegatten jedoch eine lebenslange Rente zu zahlen. Diese Rente kann auf Grundstücken des Nachlasses dinglich abgesichert werden. Sie kann durch Anordnung sogenannter Wertsicherungsklauseln auch in ihrer Höhe den jeweiligen Veränderungen der Kaufkraft des Geldes angepaßt werden. Sowohl das Nießbrauchsvermächtnis als auch das Rentenvermächtnis sind einfacher als die Vor- und Nacherbschaft und im Regelfall auch steuerlich günstiger. Wer derartige letztwillige Anordnungen erwägt, muß sich vom Notar und Steuerberater eingehend beraten lassen.

5. Erb- und Pflichtteilsverzicht

Pflichtteilsberechtigte Verwandte, insbesondere also auch der Ehegatte, können durch notariellen Vertrag mit dem Erblasser auf ihr gesetzliches Erbrecht verzichten. Der Verzicht kann auch auf das Pflichtteilsrecht beschränkt werden. Letzteres bedeutet, daß der Pflichtteilsberechtigte zwar auf Pflichtteilsansprüche aller Art aus dem Nachlaß des Erblassers verzichtet, andererseits aber als testamentarisch eingesetzter Erbe die Erbschaft oder als testamentarisch eingesetzter Vermächtnisnehmer das Vermächtnis annehmen kann. Der Pflichtteilsverzicht hat also die Wirkung, daß Pflichtteilsansprüche aller Art ausgeschlossen sind. Auf die sonstige erbrechtliche Stellung des Pflichtteilsberechtigten hat er keinen Einfluß. Sowohl der Erb- als auch der Pflichtteilsverzicht erstreckt sich, soweit nichts anderes bestimmt wird, auch auf die Abkömmlinge des Verzichtenden. Der Erbverzicht empfiehlt sich immer dann, wenn sich die Ehegatten überhaupt nicht beerben wollen. Dies kann, wie bereits angedeutet, bei Ehen älterer Eheleute der Fall sein, wenn jeder Ehegatte nicht vom anderen Ehegatten ganz oder teilweise beerbt werden soll, sondern wenn seine Erben lediglich seine Abkömmlinge sein sollen. Der Pflichtteilsverzicht ist dann zweckmäßig, wenn zwar grundsätzlich andere Personen als der Ehegatte erben sollen, wenn aber dem Ehegatten teilweise letztwillige Zuwendungen gemacht werden sollen. So können Ehegatten gegenseitig auf ihre Pflichtteilsansprüche verzichten, jeder setzt seine einseitigen Abkömmlinge zu Erben ein, vermacht jedoch jeweils dem anderen Ehegatten das lebenslange Nutzungsrecht in der Form des Nießbrauchs an seiner Miteigentumshälfte an dem gemeinsam bewohnten Familienheim. Hier geht das gesamte Vermögen des erstversterbenden Ehegatten auf seine einseitigen Abkömmlinge über. Es verbleibt dem überlebenden Ehegatten jedoch die lebenslange Nutzung des gemeinsamen Heims.

Ein Pflichtteilsverzicht ist auch teilweise möglich, etwa gegenständlich beschränkt auf den Gewerbebetrieb eines Ehegatten, der von einem Kind weitergeführt werden soll, ohne daß aus diesem Rechtsübergang auf das Kind dem überlebenden Ehegatten irgendwelche geldlichen Ansprüche zustehen sollen, die zu einer geldlichen Belastung des Gewerbebetriebes führen könnten. Hier kann im Rahmen des Ehevertrages der andere Ehegatte einen gegenständlich beschränkten Pflichtteilsverzicht des Inhalts erklären, daß er auf jegliche Pflichtteilsrechte hinsichtlich des Gewerbebetriebes des anderen Ehegatten verzichtet.

IV. Der Versorgungsausgleich

1. Grundzüge

Der durch das Reformgesetz 1977 in das Scheidungsfolgenrecht eingefügte Versorgungsausgleich ist eine eigenständige Rechtsschöpfung des deutschen Gesetzgebers ohne Vorbild im deutschen oder ausländischen Recht. Sein Gegenstand sind die in der Ehezeit erworbenen Anwartschaften der Ehegatten auf Versorgungsleistungen bei Invalidität und im Ruhestand, also z. B. die Anwartschaften auf Rente aus der gesetzlichen Rentenversicherung, auf Beamtenpension, aus betrieblicher Altersversorgung, Zusatzversorgung des öffentlichen Dienstes usw. Wie beim Zugewinnausgleich im Ehevermögensrecht wird auch beim Versorgungsausgleich geprüft, welche Versorgungsanwartschaften jeder Ehegatte in der Ehe erworben hat, wobei dann derjenige Ehegatte, der mehr Anwartschaften erworben hat als der andere, diesem die Hälfte des Überschusses abzugeben hat. Der Gesetzgeber dehnt so den Gedanken des Zugewinnausgleichs, nämlich die hälftige Teilung des gemeinsam erarbeiteten Vermögens, auch auf die erarbeitete Alters- und Invaliditätsicherung aus.

Neben dem Ziel des gerechten Ausgleichs zwischen den Ehegatten verfolgt der Gesetzgeber auch das sozialpolitische Ziel, dem schwächeren Ehegatten eine eigene Versorgung zu verschaffen. Gerade bei der nach altem Recht als Leitbild der Ehe geltenden Hausfrauenehe war die Hausfrau nach der Scheidung auf Unterhaltszahlungen des geschiedenen Ehemannes angewiesen und stand deshalb z. B. bei dessen Tod ohne jede Altersversorgung da. Nach neuem Recht erhält sie aufgrund des vom Familiengericht im Verbund des Scheidungsverfahrens durchgeführten Versorgungsausgleichs eigene Versorgungsanwartschaften übertragen. Die übertragenen Anwartschaften gehen dem anderen Ehegatten verloren. Er kann in der gesetzlichen Rentenversicherung oder Beamtenversorgung verlorene Anwartschaften durch Zahlung von Einmalbeiträgen wieder auffüllen. Beide Ehegatten können die erworbenen oder belassenen Anwartschaften durch Erwerbstätigkeit nach der Scheidung weiter ausbauen.

Im Zusammenhang mit der Einführung des Versorgungsausgleichs ist die bisherige Geschiedenen-Witwenrente in der gesetzlichen Rentenversicherung entfallen. Die geschiedene Ehefrau ist also auf ihre eigene Altersversorgung angewiesen. Eine abgeleitete Altersversorgung in der Form einer Witwenrente auch für die geschiedene Ehefrau gibt es nicht mehr.

Die gesetzgeberische Alternative zum Versorgungsausgleich wäre die ,,Hausfrauenrente'' gewesen, die die Rentenversicherung und damit die Solidargemeinschaft aller Versicherten natürlich erheblich belastet hätte. Angesichts der Schwierigkeiten der Gesetzlichen Rentenversicherung bei der Finanzierung schon der bisher anfallenden Renten und angesichts der teueren Rentendynamik hat der Gesetzgeber es vorgezogen, die Versorgung des geschiedenen Ehegatten der fortgesetzten Solidargemeinschaft der Ehe so zu überlassen, daß die während der Ehe erworbenen Versorgungsanwartschaften zu gleichen Teilen auf die Ehegatten verteilt werden.

Die sozialpolitische Zielsetzung des Versorgungsausgleichs, dem unversorgten oder nur mangelhaft versorgten Ehegatten eigene Anwartschaften auf Alters- und Invaliditätsversorgung zu verschaffen, erlaubt es grundsätzlich nicht, den Eheleuten die Möglichkeit von abweichenden Vereinbarungen über den Versorgungsausgleich zuzugestehen. Es war deshalb nur folgerichtig, daß es zu Beginn und über weite Strecken des Gesetzgebungsverfahrens abgelehnt wurde, Vereinbarungen über den Versorgungsausgleich bis hin zu dessen Ausschluß, also der vertraglichen Herstellung des alten Rechtszustandes, zuzulassen. Schließlich wurde die Möglichkeit von Vereinbarungen dennoch in das Gesetz aufgenommen. Die auch im Ehevermögensrecht geltende Vertragsfreiheit wurde folgerichtig auf den Versorgungsausgleich erstreckt und den Ehegatten so die Möglichkeit gegeben, auch hinsichtlich des Versorgungsausgleichs ein vom Gesetz abweichendes Ehemodell zu vereinbaren.

Die Gesetzesvorschrift hierüber ist § 1408 Abs. 2 BGB, nach dessen Wortlaut die Ehegatten in einem Ehevertrag durch ausdrückliche Vereinbarung den Versorgungsausgleich ausschließen können. Eine derartige Vereinbarung ist zeitlich schon vor Eheschließung möglich, wird aber unwirksam, wenn innerhalb eines Jahres nach ihr Scheidungsantrag gestellt wird. Im Zusammenhang mit der Scheidung können die Ehegatten nach § 1587o BGB

Vereinbarungen über den Versorgungsausgleich treffen, die aber der Genehmigung des Familiengerichts bedürfen. Dieses prüft anhand des Zusammenhangs mit der sonstigen Vermögensauseinandersetzung und der Regelung des nachehelichen Unterhalts nach, ob nicht der versorgungsschwächere Ehegatte durch die Vereinbarung offensichtlich benachteiligt wird.

2. Verfassungsmäßigkeit des Versorgungsausgleichs

Die Einführung des Versorgungsausgleichs wurde nicht allgemein kritiklos hingenommen. Sie hat vielmehr zu zahlreichen Verfassungsbeschwerden und Vorlagebeschlüssen der Familiengerichte an das Bundesverfassungsgericht zur Überprüfung der Verfassungsmäßigkeit einzelner Regelungen geführt. Die Angriffe gegen den Versorgungsausgleich bezogen sich auf die folgenden drei Schwerpunkte.

a) Zwingende Einführung des Versorgungsausgleichs auch für Altehen

Als der Gesetzgeber im Jahre 1956 den Zugewinnausgleich einführte, konnte jeder Ehegatte durch einseitige Erklärung den Eintritt der Zugewinngemeinschaft mit der Folge ablehnen, daß für seine Ehe Gütertrennung eintrat. Diese einseitige Ablehnungsmöglichkeit hat der Gesetzgeber beim Versorgungsausgleich aus den erörterten sozialpolitischen Zielen heraus nicht zugelassen. Hierin wurde von vielen ein unzulässiger Eingriff in bereits erworbene und zukünftige Vermögenswerte gesehen. Das Bundesverfassungsgericht hat jedoch in BVerfGE 53, 257 = NJW 1980, 692 die Verfassungsmäßigkeit der Erstreckung des Versorgungsausgleichs auch auf Altehen bejaht.

b) Härtefälle

In extremen Fällen führte der Versorgungsausgleich vor Verabschiedung des Gesetzes zur Regelung von Härten im Versorgungsausgleich im versicherungsrechtlichen Bereich zu unerträglichen Härten für die Beteiligten.

Beispiel: Im Zeitpunkt der Scheidung sind die Ehegatten beide etwa 55 Jahre alt. Die Ehefrau war nie berufstätig. Der Ehemann ist seit 40 Jahren rentenversichert. Er hat während der 30jährigen Ehe einen Rentenanspruch in Höhe von 1200 DM monatlich erworben. Hiervon muß er der Ehefrau 600 DM abtreten. Kurz nach der Scheidung verstirbt die Ehefrau. Hier hat der Ehemann dann nur noch Versorgungsansprüche in Höhe von 600 DM, die weder zum Leben noch zum Sterben reichen. Eine Rückübertragung der durch den Tod der Ehefrau entgangenen Versorgungsansprüche war nicht möglich.

Weiteres Beispiel: Bei der Scheidung ist der Ehemann 64, die Ehefrau 45. Der Versorgungsausgleich wird ausgeführt. Der Ehemann wird mit 65 Rentner und muß mit der erheblichen reduzierten Rente vorliebnehmen. Seine Ehefrau wird das Rentenalter erst in 15 Jahren erreichen. Solange muß der Ehemann ihr aus seiner geminderten Rente neben dem stattgefundenen Versorgungsausgleich auch noch Unterhalt zahlen.

Auf der Grundlage der Entscheidung des Bundesverfassungsgerichts vom 28. 2. 1980 hat der Gesetzgeber durch das Gesetz zur Regelung von Härten im Versorgungsausgleich vom 21. 2. 1983 (Härteregelungsgesetz HRG, BGBl I S. 105) Korrekturen des gesetzlichen Versorgungsausgleichs vorgenommen. Durch dieses Gesetz wurde die Bareinzahlungspflicht des § 1587b Abs. 3 S. 1 BGB durch die Realteilung von Betriebsrenten bzw. das Quasi-Splitting und letztlich den schuldrechtlichen Versorgungsausgleich ersetzt. Soweit der Versorgungsausgleich nicht, wie bei Anwartschaften aus der gesetzlichen Rentenversicherung und aus Beamtenversorgung, durch Begründung eigener Anwartschaften des Berechtigten in der gesetzlichen Rentenversicherung erfolgen konnte, war er bis zum HRG so durchzuführen, daß der Verpflichtete den Berechtigten in die gesetzliche Rentenversicherung durch Zahlung eines Einmalbeitrags „einkaufte". Er mußte hierzu erhebliche Beträge aufwenden. Eine Anwartschaft auf 100,– DM Rente erfordert zur Zeit einen Einmalbeitrag von etwa 20 000,– DM. Diese besonders für die betriebliche Altersversorgung anzuwendende Ausgleichsmethode wurde überwiegend als verfassungswidrige Härte für den Ausgleichsverpflichteten, der sich zur Durchführung des Versorgungsausgleichs nicht selten hoch verschulden mußte, angesehen. In § 1 HRG hat der Gesetzgeber deshalb vorgesehen, daß Versorgungsanrechte außerhalb der gesetzlichen Rentenversicherung real zu teilen sind, soweit das betreffende Versorgungswerk eine derartige Teilung zuläßt. Bei Zusatzversorgungen, die sich gegen einen öffentlich-rechtlichen Versorgungsträger richten, wurde das Quasi-Splitting sinngemäß angeordnet.

Soweit das private, regelmäßig betriebliche Versorgungswerk eine Realteilung nicht vorsah, trat an deren Stelle der schuldrechtliche Versorgungsausgleich. Die Praxis hat gezeigt, daß die Träger der betrieblichen Altersversorgungen überwiegend nicht zur Zulassung der Realteilung bereit waren. Das Gesetz über weitere Maßnahmen auf dem Gebiet des Versorgungsausgleichs vom 8. 12. 1986 (BGBl 1986 I S. 2317) hat deshdalb den schuldrechtlichen Versorgungsausgleich im Sinne einer Geschiedenen-Witwenrente verstärkt.

Das HRG hat weiterhin in §§ 4ff. mit Rückwirkung auf die Einführung des Versorgungsausgleichs angeordnet, daß keine Kürzung der Versorgungsanwartschaften des ausgleichspflichtigen Ehegatten eintritt, wenn der ausgleichsberechtigte Ehegatte vor Eintritt seines Rentenfalles verstirbt, und daß die Rente des ausgleichspflichtigen Ehegatten solange nicht gekürzt wird, wie beim ausgleichsberechtigten Ehegatten, der vom ausgleichspflichtigen Ehegatten Unterhalt erhält, der Rentenfall noch nicht eingetreten ist. Damit sind die verfassungswidrigen Härten der ursprünglichen gesetzlichen Regelung des Versorgungsausgleichs beseitigt.

3. Die Durchführung des Versorgungsausgleichs

Der Versorgungsausgleich wird anläßlich des Scheidungsverfahrens vom Familiengericht durchgeführt. Er erfolgt in vier Stufen. Zunächst stellt das Familiengericht die Versorgungsanwartschaften jedes Ehegatten fest. Dann werden diese Versorgungsanwartschaften bewertet. Anschließend werden die Versorgungsanwartschaften beider Ehegatten einander gegenübergestellt und in ihrem Wert verglichen. In der letzten Stufe vollzieht dann das Gericht den Versorgungsausgleich.

a) Feststellung der Versorgungsanwartschaften

Bei der ersten Stufe des Verfahrens zur Durchführung des Versorgungsausgleichs stellt das Familiengericht fest, welche Versorgungsanwartschaften jedes Ehegatten dem Versorgungsausgleich unterliegen. Grundsätzlich unterliegen dem Versorgungsausgleich
– Versorgungsanwartschaften aus öffentlich-rechtlichen Dienst-

verhältnissen, etwa die Pensionen der Beamten, Richter und Soldaten,
- Renten und Rentenanwartschaften aus der gesetzlichen Rentenversicherung, die den gesetzlichen Rentenanpassungen unterliegen,
- Versorgungsanwartschaften aus betrieblicher Altersversorgung jeder Art, also etwa aus Pensionszulagen, Pensionsrückstellungen, Pensionskassen, Unterstützungskassen und aus Direktversicherung durch den Arbeitgeber bei einem Versicherungsunternehmen, auch soweit diese in der Form der Kapitalversicherung vorgenommen wurde,
- Rentenanwartschaften aus Privatsicherungsverträgen, die zu Versorgungszwecken eingegangen sind.

Nicht unter den Versorgungsausgleich fallen Kapitalversicherungen bei privaten Versicherungsunternehmen, auch wenn sie mit einem Rentenwahlrecht verbunden sind. Der Gesetzgeber ist hier davon ausgegangen, daß der Versorgungszweck bei Kapitalversicherungen in der Regel nicht eindeutig nachweisbar sein wird. Oft werden solche Kapitalversicherungen bei ihrer Auszahlung zu anderen Zwecken, etwa zum Erwerb von Immobilien, verwendet. Solche Kapitalversicherungen unterliegen deshalb nicht dem Versorgungsausgleich, wohl jedoch dem Zugewinnausgleich. Dies gilt auch für die befreiende Lebensversicherung in der Form der Kapitalversicherung.

Weiterhin unterliegen nicht dem Versorgungsausgleich alle Entschädigungsleistungen wie Unfallrenten, Kriegsopferrenten und Leistungen nach sonstigen Entschädigungsgesetzen.

b) Bewertung der Versorgungsanwartschaften

Wie der Überblick über die ausgleichspflichtigen Versorgungsanwartschaften gezeigt hat, sind diese zum Teil wesensverschieden. Die Anwartschaften aus öffentlich-rechtlichen Dienstverhältnissen und die Rentenanwartschaften der gesetzlichen Rentenversicherung sind dynamisch in dem Sinne, daß sie sich der allgemeinen Einkommensentwicklung anpassen. Andere Versorgungsanwartschaften, wie etwa Rentenanwartschaften aus Privatversicherungsverträgen oder betrieblicher Altersversorgung sind grundsätzlich statisch, passen sich also nicht automatisch der allgemeinen Einkommensentwicklung an. Der Versorgungsausgleich selbst wird nun in der Form vorgenommen, daß dem aus-

gleichberechtigten Ehegatten ein monatlicher Rentenbetrag übertragen wird, der der dynamischen Rente der Rentenversicherung
entspricht. Der Versorgungsausgleich verläuft deshalb stets hin
zur Rentenversicherung. Wertmaßstab ist damit die dynamische
Rente aus der gesetzlichen Rentenversicherung. Die zweite Stufe
des Verfahrens zur Durchführung des Versorgungsausgleichs
dient dazu, die verschiedenen Versorgungsanwartschaften auf
den Nenner der dynamischen gesetzlichen Rentenversicherung
„umzurechnen". Das Verfahren zur Berechnung des Wertes der
jeweiligen Versorgungsanwartschaften richtet sich nach deren Ei-
genart. Es zielt darauf ab, Werteinheiten für die Ermittlung einer
dynamischen gesetzlichen Rente zu erhalten. Deshalb müssen
nicht-dynamische Versorgungsanwartschaften in dynamische
umgerechnet werden. Dies geschieht, indem ihr Barwert ermittelt
und festgestellt wird, welche dynamische gesetzliche Rente dieser
Barwert ergeben würde, wenn man ihn in die gesetzliche Rentenversicherung einzahlen würde. Zu ermitteln ist dabei immer der
Wert der Versorgungsanwartschaften, der auf die Ehezeit entfällt.
Als Ehezeit gilt die Zeit vom Beginn des Monats, in dem die Ehe
geschlossen wurde, bis zum Ende des Monats, der dem Eintritt
der Rechtshängigkeit des Scheidungsantrags vorausgeht, § 1587
Abs. 2 BGB.

aa) Wertbestimmung bei der gesetzlichen Rentenversicherung

Bei der gesetzlichen Rentenversicherung wird die während der
Ehezeit erworbene Rente eines Ehegatten mit Hilfe der sogenannten Rentenformel berechnet. Dabei wird zunächst die Erfüllung der Wartezeit unterstellt. Liegt der für die Rentenberechtigung maßgebliche Anfangszeitpunkt vor dem Zeitpunkt der Eheschließung, hat also etwa der Ehegatte schon vor Eheschließung
Rentenanwartschaften erworben, so ist der Zeitraum zwischen
diesem Anfangszeitpunkt und dem Zeitpunkt der Eheschließung
auszuscheiden, da nur die auf die Ehezeit entfallenden Versorgungsanwartschaften auszugleichen sind. Die nach der Rentenformel auf den Zeitpunkt des Scheidungsantrags berechnete Rente ist also aufzuteilen. Diese Aufteilung geschieht nach Werteinheiten. Werteinheiten bezeichnen das Verhältnis des persönlichen
versicherungspflichtigen Einkommens des Ehegatten zum
Durchschnittseinkommen aller Versicherten im jeweiligen Kalenderjahr. Sie sind also Prozentzahlen.

Beispiel: In einem bestimmten Kalenderjahr betrug das Durchschnittseinkommen aller Versicherten 10000 DM. Das persönliche Einkommen
des Ehegatten in diesem Jahr betrug 15000 DM. Der Ehegatte hat damit
150% des Durchschnittseinkommens aller Versicherten in diesem Jahr
verdient. Die zu berücksichtigende Werteinheit für dieses Jahr beträgt
also 150.

Nach diesem Verfahren werden so die Werteinheiten für jedes
Jahr des Versicherungszeitraumes des Ehegatten ermittelt. Diese
Werteinheiten werden dann addiert. So erhält man die Gesamt-
zahl der Werteinheiten des Ehegatten. Ihr werden die in der Ehe-
zeit erworbenen Werteinheiten gegenübergestellt. Nach dem
Verhältnis dieser beiden Summen wird die ausgleichspflichtige
Rente ermittelt.

Beispiel: Die Rente eines Ehegatten beträgt, mit der Rentenformel auf
den Zeitpunkt des Scheidungsantrags berechnet, monatlich 900 DM. An
Werteinheiten hat der Ehegatte insgesamt 1200 erworben. Hiervon entfallen auf die Ehezeit 400 Werteinheiten. Ausgleichspflichtig ist also ein
Drittel der Rente, also 300 DM. Unter der Voraussetzung, daß der andere
Ehegatte in der Ehe keinerlei Versorgungsanwartschaften erworben hat,
überträgt der Familienrichter dem ausgleichsberechtigten Ehegatten eine
monatliche Rente von 150 DM. Der Rentenversicherungsträger belastet
das Konto des ausgleichspflichtigen Ehegatten mit den übertragenen
Werteinheiten. Dem ausgleichsberechtigten Ehegatten schreibt er die
übertragenen Werteinheiten, die einer Rente von 150 DM monatlich zum
Zeitpunkt des Scheidungsantrags entsprechen, gut. Mit diesen Werteinheiten sowie mit den nach der Ehescheidung weiter erworbenen Rentenanwartschaften nimmt dann der ausgleichsberechtigte Ehegatte an der
Rentendynamik teil. Beim späteren Eintritt des Versorgungsfalles erhält
er also nicht etwa den ihm vom Familienrichter zugesprochenen Betrag
von 150 DM monatlich als Rente, sondern er erhält den Betrag, der angesichts der inzwischen stattgefundenen Dynamik einer Rente von 150 DM
zum Zeitpunkt der Ehescheidung entspricht. Je nachdem wie sich die
Einkommen aller Versicherten entwickelt haben, und wie die Geldentwertung fortgeschritten ist, kann deshalb im Rentenfall aus den übertragenen Werteinheiten, die im Zeitpunkt der Scheidung einer Rente von
150 DM monatlich entsprochen haben, eine Rente von vielleicht 300 oder
500 DM geworden sein. Mit den übertragenen Versorgungsanwartschaften nimmt also der ausgleichsberechtigte Ehegatte an der Rentendynamik
voll teil.

bb) Wertbestimmung bei öffentlich-rechtlichen Versorgungen

Bei öffentlich-rechtlichen Versorgungen, z. B. der Pension eines Beamten, ist die fiktive Pension zu errechnen, die sich auf der Grundlage des bei Scheidung bezogenen Gehaltes ergäbe, wenn zu diesem Zeitpunkt die Altersgrenze erreicht wäre. Diese fiktive Pension ist im Verhältnis der gesamten ruhegehaltsfähigen Dienstzeit zur Ehezeit aufzuteilen.

Beispiel: Die Pension eines Beamten beträgt auf der Grundlage seines bei Ehescheidung erreichten Gehaltes und bei Fiktion des Erreichens der Altersgrenze 2000 DM monatlich. Die ruhegehaltsfähige Dienstzeit beträgt 40 Jahre. Die Ehezeit hat 20 Jahres betragen. Damit beträgt die in der Ehezeit erworbene Pension 1000 DM. Hiervon stehen dem anderen Ehegatten, wenn er keine eigene Altersversorgung erworben hat, 500 DM zu. Zu beachten ist, daß in diesem Fall der ausgleichsberechtigte Ehegatte nicht etwa eine Versorgungsanwartschaft beim Dienstherren des Beamten, also eine Beamtenpension erhält. Vielmehr wird für ihn in Höhe der ausgleichspflichtigen Pension, hier also in Höhe von 500 DM, eine Rentenanwartschaft in der gesetzlichen Rentenversicherung begründet. Dieser monatliche Rentenbetrag wird dann bei Eintritt des Rentenfalles wieder, wie oben dargestellt, mit Werteinheiten zur Berechnung der dynamischen Rente in der gesetzlichen Altersversorgung berechnet. Die Pensionsberechtigung des ausgleichspflichtigen Ehegatten wird im Scheidungsverfahren entsprechend der übertragenen Rente gekürzt.

cc) Wertbestimmung bei sonstigen Versorgungsanwartschaften

Sonstige Versorgungsanwartschaften, die durchweg nicht dynamisch sind, werden auf den Nenner der gesetzlichen Rentenversicherung umgerechnet. Es wird errechnet, welche Rente der Ehegatte bekäme, wenn man den Wert der in der Ehezeit erworbenen sonstigen Versorgungsanwartschaft in die gesetzliche Rentenversicherung einbezahlen würde. Dabei wird der Wert der sonstigen Versorgung nach deren Deckungskapital oder in Ermangelung eines Deckungskapitals nach deren sogenannten Barwert ermittelt. Durch die fiktive Einzahlung dieses Wertes in die gesetzliche Rentenversicherung erhält man dann eine fiktive dynamische gesetzliche Monatsrente, die ausgeglichen wird.

c) Vergleich der Versorgungsanwartschaften der Ehegatten

Die dritte Stufe des Verfahrens zur Durchführung des Versorgungsausgleichs dient dem Vergleich der Versorgungsanwartschaften beider Ehegatten. Innerhalb der zweiten Stufe, der Wertbestimmung, wurden die Versorgungsanwartschaften beider Ehegatten, gleich aus welchem Rechtsgrund, auf den gemeinsamen Nenner der dynamischen gesetzlichen Rente, ausgedrückt in einer Monatsrente in DM gebracht. Sie sind nunmehr vergleichbar. Es ist jetzt sehr einfach zu ermitteln, welcher Ehegatte in der Ehezeit mehr Versorgungsanwartschaften erworben hat als der andere. Ergibt der Vergleich der beiderseits erworbenen Versorgungsanwartschaften, daß ein Ehegatte mehr Anwartschaften erworben als der andere, so findet der Versorgungsausgleich in der vierten Stufe statt.

d) Der Vollzug des Versorgungsausgleichs

Das Gesetz gibt dem Familienrecht die Möglichkeit, mit bindender Wirkung für die Ehegatten und für die jeweiligen Träger der Versorgungen den Versorgungsausgleich so vorzunehmen, daß dem einen Ehegatten Ansprüche auf Versorgung mit unmittelbarer Wirkung entzogen und diese dem anderen Ehegatten endgültig zu eigenem Recht zugeteilt werden. Dieser Versorgungsausgleich findet in der Form des öffentlich-rechtlichen Versorgungsausgleichs, des sogenannten Wertausgleichs nach §§ 1587a ff. BGB, statt. Hierbei werden für den ausgleichsberechtigten Ehegatten eigene Versorgungsanwartschaften in der gesetzlichen Rentenversicherung begründet, während der andere Ehegatte die entsprechenden Teile seiner Versorgung verliert. Nur hilfsweise in den Fällen, in denen der öffentlich-rechtliche Versorgungsausgleich nicht möglich oder nicht zweckmäßig ist, findet der schuldrechtliche Versorgungsausgleich nach §§ 1587ff. BGB statt. Hier erhält der berechtigte Ehegatte keine eigenen Rentenanwartschaften, sondern lediglich einen unterhaltsähnlichen Anspruch gegen den verpflichteten Ehegatten auf Zahlung einer Geldrente in Höhe des ausgleichspflichtigen Betrages. Der verpflichtete Ehegatte behält zunächst seine Versorgungsanwartschaften ungeschmälert weiter. Beim Eintritt des Rentenfalles ist er jedoch verpflichtet, dem anderen Ehegatten die bezeichnete Rente zu überlassen.

aa) Formen des Wertausgleichs

Zum Vollzug des öffentlich-rechtlichen Versorgungsausgleichs gemäß § 1587b BGB stehen dem Familiengericht drei Möglichkeiten zur Verfügung. Die technisch einfachste Form des Wertausgleichs findet dann statt, wenn es sich bei der auszugleichenden Versorgungsanwartschaft um eine Rentenanwartschaft in der gesetzlichen Rentenversicherung handelt. Hier werden vom Versicherungskonto des ausgleichspflichtigen Ehegatten die dem anderen zu übertragenden Rentenanwartschaften auf ein Versicherungskonto des ausgleichsberechtigten Ehegatten übertragen. Diese Übertragung nennt man „Splitting". Es werden einfach die während der Ehe erworbenen Anwartschaften in der gesetzlichen Rentenversicherung aufgeteilt.

Handelt es sich bei den ausgleichspflichtigen Versorgungsanwartschaften um Versorgungsanwartschaften aus einem öffentlich-rechtlichen Dienstverhältnis, also etwa um Beamtenpensionen, so begründet das Familiengericht mit unmittelbar öffentlich-rechtlicher Wirkung gegenüber dem Träger der öffentlich-rechtlichen Versorgung und dem Träger der Rentenversicherung eine Versicherungsanwartschaft des berechtigten Ehegatten in der gesetzlichen Rentenversicherung. In Höhe des Wertes dieser neu begründeten Versorgungsanwartschaft verliert der Angehörige des öffentlichen Dienstes seine Pensionsanwartschaften. Der Träger der öffentlich-rechtlichen Versorgung hat dem Rentenversicherungsträger dessen Aufwendungen für die Einrichtung des Versicherungskontos des ausgleichsberechtigten Ehegatten zu erstatten. Er kürzt deshalb die Pensionsansprüche des ausgleichsverpflichteten Ehegatten sofort entsprechend. Diese Form des Wertausgleichs nennt man „Quasi-Splitting".

Bei anderen Versorgungsanwartschaften, wie etwa betrieblichen Altersversorgungen, bei denen eine direkte Aufteilung der Anwartschaften nicht möglich ist, konnte zunächst das Familiengericht den ausgleichspflichtigen Ehegatten verpflichten, auf ein neu zu errichtendes Versicherungskonto des ausgleichberechtigten Ehegatten bei der gesetzlichen Rentenversicherung die Geldbeträge einzuzahlen, die zur Begründung einer Versorgungsanwartschaft in Höhe der zugesprochenen Rente erforderlich sind. Dieses Einkaufen in die gesetzliche Rentenversicherung ist entfallen. An seine Stelle ist der schuldrechtliche Versorgungsausgleich getreten, soweit eine reale Teilung der Versorgungsanwartschaften nicht möglich ist. Für den Verpflichteten bedeutet dies eine erhebliche Entlastung. Für den Berechtigten ist damit eine ebenso erhebliche Verschlechterung seiner Rechtsstellung verbunden, soweit er auf den schuldrechtlichen Versorgungsausgleich verwiesen wird.

Das im Gesetzgebungsverfahren zunächst vorgesehene begrenzte ,,Supersplitting" bis zu 60% ist nicht Gesetz geworden. Das Gesetz über weitere Maßnahmen auf dem Gebiet des Versorgungsausgleichs läßt jetzt aber ein begrenztes Supersplitting zu, mit dem die Mehrzahl der praktischen Schwierigkeiten gelöst werden können (Ruland, FamRZ 1987, 345/348).

bb) Auswirkung des Wertausgleichs

Beim Splitting und Quasi-Splitting verliert der verpflichtete Ehegatte die übertragenen Versorgungsanwartschaft. Dies ist auch dann der Fall, wenn der berechtigte Ehegatte nicht in den Genuß der übertragenen Anwartschaften gelangt, etwa weil er vor Erreichen des Rentenalters verstirbt oder weil er die erforderlichen Wartezeiten der gesetzlichen Rentenversicherung nicht erfüllt. Hier liegt also für die Träger der Rentenversicherung ein nicht unerheblicher Vorteil. Der ausgleichspflichtige Ehegatte kann seine Altersversorgung durch Nachentrichtung von Beiträgen in der gesetzlichen Rentenversicherung oder Ausgleichszahlung an den Träger der sonstigen öffentlich-rechtlichen Versorgung wieder auf den vorherigen Stand aufstocken. Er hat dazu erhebliche Beträge aufzuwenden. Im Jahre 1977 waren zur Begründung einer Rentenanwartschaft von 100 DM monatlich 15 576 DM als einmalige Beitragszahlung aufzuwenden. 1982 waren es schon rund 18 000 DM. Der Betrag steigt jährlich entsprechend dem Durchschnittsverdienst aller Versicherten.

cc) Versorgungsausgleich in anderer Form

Das Gesetz gibt dem Familiengericht die Möglichkeit, den Versorgungsausgleich in anderer Form als dem Wertausgleich vorzunehmen, wenn der Wertausgleich für den Berechtigten sich nicht günstig auswirken würde oder unwirtschaftlich wäre. Ein derartiger sonstiger Versorgungsausgleich kann dann in der Form des schuldrechtlichen Versorgungsausgleichs oder der Abfindung der Versorgungsansprüche durch Übertragung von Vermögensgegenständen, Abschluß einer Lebensversicherung oder anderem erfolgen. Vom Gesetz hier eingehend geregelt ist der sogenannte schuldrechtliche Versorgungsausgleich.

Beim schuldrechtlichen Versorgungsausgleich erhält der ausgleichsberechtigte Ehegatte keine eigenen Versorgungsansprüche in der gesetzlichen Rentenversicherung, sondern lediglich einen unterhaltsähnlichen schuldrechtlichen Anspruch gegen den verpflichteten Ehegatten auf Zahlung einer laufenden Geldrente, § 1587g BGB. Voraussetzung des Anspruchs auf Geldrente ist, daß bei beiden Ehegatten der Versorgungsfall eingetreten ist. Zu diesem Zeitpunkt kann der berechtigte Ehegatte verlangen, daß ihm in Höhe der zu zahlenden Rente die Ansprüche des verpflichteten Ehegatten gegen dessen Rentenversicherungsträger abgetreten werde. Der schuldrechtliche Versorgungsausgleich kann anstelle des Wertausgleichs vereinbart werden, um dem ausgleichspflichtigen Ehegatten den sofortigen Verlust der auszugleichenden Versorgungsanwartschaften zu ersparen. In der Praxis ist die Vereinbarung des schuldrechtlichen Versorgungsausgleichs anstelle des Wertausgleichs jedoch selten geblieben, da der schuldrechtliche Versorgungsausgleich den Ausgleichsberechtigten zu sehr benachteiligte. Das Gesetz über weitere Maßnahmen auf dem Gebiet des Versorgungsausgleichs vom 8. 12. 1986 (BGBl 1986 I 2317) hat den schuldrechtlichen Versorgungsausgleich dadurch verstärkt, daß jetzt dem ausgleichsberechtigten Ehegatten beim Tod des ausgleichspflichtigen Ehegatten eine Hinterbliebenenversorgung in der Höhe zusteht, wie er sie hätte beanspruchen können, wenn die Ehe nicht geschieden worden wäre. Hierdurch ist der entscheidende Nachteil des schuldrechtlichen Versorgungsausgleichs beseitigt worden. Der Versorgungsfall braucht beim verstorbenen ausgleichspflichtigen Ehegatten noch nicht vorzuliegen. Der Versorgungsträger kann die Zahlung des verlängerten schuldrechtlichen Versorgungsausgleichs durch eine Realteilung oder durch eine sonstige Sicherung des geschiedenen Ehegatten abwenden. Eine solche Sonderregelung stellt im Bereich der Beamtenversorgung der unverändert fortgeltende § 22 Abs. 2 BeamtVG dar.

Weiterhin führt das Gesetz über weitere Maßnahmen auf dem Gebiet des Versorgungsausgleichs die durch das HRG abgeschaffte Beitragszahlung wieder ein. Ihre Anordnung darf nur erfolgen, wenn der Wertausgleich nicht möglich ist und liegt im Ermessen des Familiengerichts.

Das Gesetz über weitere Maßnahmen auf dem Gebiet des Versorgungsausgleichs hat in § 10a auch die Möglichkeit der späteren Abänderung rechtskräftiger Versorgungsausgleichsentscheidungen zur Fehlerkorrektur oder zur Anpassung an unvorhergesehene Entwicklungen in den Versorgungsanwartschaften der geschiedenen Eheleute eingeführt. Hierdurch ist das sowieso schon komplizierte Recht des Versorgungsausgleichs weiter verkompliziert worden. Es ist ein Rechtsgebiet, auf dem sich der Laie wie der nicht spezialisierte Jurist nur noch mit Hilfe des Fachmannes zurechtfinden.

Grundsätzlich allerdings ist festzustellen, daß die Idee des Versorgungsausgleichs, also der hälftigen Teilung der in der Ehezeit erworbenen Versorgungsanwartschaften, von der Bevölkerung mittlerweile akzeptiert wurde. Der auf den Versorgungsbereich ausgedehnte Gedanke des Zugewinnausgleichs wird regelmäßig als gerechtfertigt angesehen.

4. Ehevertragliche Vereinbarungen über den Versorgungsausgleich

Nach § 1408 Abs. 2 BGB können die Ehegatten in einem Ehevertrag durch eine ausdrückliche Vereinbarung auch den Versorgungsausgleich ausschließen. Der Ausschluß ist unwirksam, wenn innerhalb eines Jahres nach Vertragsschluß Antrag auf Scheidung der Ehe gestellt wird. Auch Verlobte können in ihrem Ehevertrag für ihre zukünftige Ehe entsprechende Vereinbarungen treffen.

Die Vorschrift des § 1408 Abs. 2 BGB ist im Zusammenhang zu sehen mit der Vorschrift des 1587o BGB. Nach letzterer Vorschrift können die Ehegatten im Zusammenhang mit der Scheidung eine Vereinbarung über den Ausgleich von Anwartschaften oder Anrechten auf eine Versorgung wegen Alters- oder Berufs- oder Erwerbsunfähigkeit schließen. Die Vereinbarung bedarf der Genehmigung des Familiengerichts. Das Gesetz trennt hier also streng zwischen Vereinbarungen über den Versorgungsausgleich im Rahmen eines anhängigen Scheidungsverfahrens und vorsorgenden Vereinbarungen bei oder nach Eheschluß für den Fall einer zukünftigen Scheidung. So ist auch die Bestimmung des § 1408 Abs. 2 Satz 2 zu verstehen, nach der der Ausschluß des Versorgungsausgleichs unwirksam ist, wenn innerhalb eines Jahres nach Vertragsschluß Antrag auf Scheidung der Ehe gestellt wird. Das Gesetz bestimmt dies zum Schutz desjenigen Ehegatten, der sich arglos auf eine ehevertragliche Vereinbarung über den Versorgungsausgleich eingelassen hat, während der andere Ehegatte schon die Scheidung im Sinn hatte. Hier soll eine Übervorteilung des arglosen Ehegatten vermieden werden. In einem solchen Fall entfällt die Vereinbarung gemäß § 1408 Abs. 2 BGB. Die Ehegatten müssen eine neue Scheidungsvereinbarung über den Versorgungsausgleich gemäß § 1587o BGB schließen, bei der ihnen beiden das Risiko dieser Vereinbarung angesichts der Scheidung bewußt ist, die im Zusammenhang mit den sonstigen Vereinbarungen anläßlich der Scheidung steht und gemeinsam mit diesen auszuhandeln ist und die zudem der Genehmigung des Familiengerichts bedarf. Diese Genehmigung erfolgt nur, wenn angesichts des Gesamtzusammenhangs der Scheidung die Vereinbarung über den Versorgungsausgleich sachgerecht ist, und nicht ein Ehegatte übervorteilt wird.

Aus der verschiedenen Funktion und dem verschiedenen Wortlaut der Vorschriften der §§ 1408 Abs. 2 BGB und 1587o BGB hat sich ein Streit über die Tragweite beider Vorschriften ergeben. Während bei § 1587o BGB einhellig alle denkbaren und nach dem öffentlichen Renten- und Versorgungsrecht zulässigen Modifizierungen des Versorgungsausgleichs für zulässig gehalten werden, wurde § 1408 Abs. 2 BGB zunächst sehr einschränkend ausgelegt.

Im Gesetzgebungsverfahren war sehr umstritten, ob man den Eheleuten überhaupt eine Dispositionsbefugnis über den Versorgungsausgleich zugestehen sollte. Starke Gruppierungen innerhalb der Abgeordneten waren der Meinung, man müsse den Versorgungsausgleich für alle Ehen zwingend anordnen. Schließlich setzte sich jedoch die Meinung durch, die angesichts der Vertragsfreiheit im übrigen Eherecht auch den Versorgungsausgleich der vertraglichen Vereinbarung der Beteiligten unterwerfen wollte. Es mag mit diesen Schwierigkeiten zusammenhängen, daß die sprachliche Fassung des § 1408 Abs. 2 BGB mißglückt ist. Das Gesetz spricht hier davon, daß die Ehegatten den Versorgungsausgleich durch Vereinbarung ausschließen können. Von diesem Wortlaut her wurde in der Literatur teilweise zunächst argumentiert, nur der vollständige, beiderseitige Ausschluß des Versorgungsausgleichs sei zulässig (Literaturnachweise bei Kanzleiter MüKo, 1. Ergänzungslieferung zu § 1408, Langenfeld Vereinbarungen über den Versorgungsausgleich in der Praxis, NJW 1978,

1503). Teilweise wurde zwar nur der vollständige beiderseitige
Ausschluß des Versorgungsausgleichs für zulässig angesehen, jedoch zugestanden, diesen unter Bedingungen, Befristungen, Zeit-
bestimmungen oder Rücktrittsrechten zu vereinbaren. Nach einer weiteren Auffassung sind alle Abwandlungen des Versorgungsausgleichs zulässig, soweit sie sich noch als teilweise Ausschluß des Versorgungsausgleichs verstehen lassen. Mittlerweile
hat sich jedoch die Auffassung durchgesetzt, daß nach § 1408
Abs. 2 BGB auch in einem vorsorgenden Ehevertrag der Versorgungsausgleich in gleichem Umfang ausgeschlossen, mit Neben-
stimmungen versehen und abgeändert werden kann wie bei einer
Scheidungsvereinbarung nach § 1587o BGB. Der BGH hat sich
dieser Auffassung angeschlossen (BGH FamRZ 1986, 890). Wie
jede größere Freiheit ist auch die Vertragsfreiheit im Rahmen des
Versorgungsausgleichs mit Risiken behaftet. Jeder Verlobte oder
Ehegatte, der sich ganz oder teilweise seiner gesetzlichen Rechte
hinsichtlich des Versorgungsausgleichs begibt, muß wissen, daß
er damit Rechtspositionen aufgibt und sein Lebensrisiko erhöht.
Andererseits gibt es aber auch beim Versorgungsausgleich wie
beim Zugewinnausgleich Fälle, in denen der gesetzliche Versorgungsausgleich zu Ungerechtigkeiten führen muß. Dies sind die
Fälle des Ehevertrags über den Versorgungsausgleich. Dazwi-
schen liegen wie beim Zugewinnausgleich viele Varianten. Es ist
die Aufgabe der Rechtsberater, insbesondere der Notare, die
Übervorteilung eines Ehegatten oder Verlobten durch den anderen zu verhindern und zu vernünftigen ehevertraglichen Vereinbarungen über den Versorgungsausgleich zu raten. Grundsätzlich
hat der Gesetzgeber eine richtige Entscheidung getroffen, wenn
er auch den Versorgungsausgleich der Vereinbarung der Beteiligten überlassen hat. Wenn die Beteiligten und ihre Berater die
Gefahren von Vereinbarungen über den Versorgungsausgleich sehen, werden sie zu sachgerechten Lösungen kommen.

Der Ausschluß des Versorgungsausgleichs bringt für den Verlobten oder Ehegatten, der keine eigenen Versorgungsansprüche
hat, die Gefahr mit sich, jegliche Alters- und Invaliditätsversorgung zu verlieren. Er erhält in Zukunft keinerlei Leistungen aus
der Sozialversicherung wie Rehabilitationsmaßnahmen, Kran-
kenversicherungsschutz und Rente. Die Geschiedenen-Witwenrente nach § 1265 RVO ist mit Inkrafttreten des ersten Eherechts-
reformgesetzes weggefallen. Nur die geschiedene Beamtenwitwe

hat nach § 22 Abs. 2 Beamtenversorgungsgesetz eigene Ansprüche.

Für den Ehegatten, der während des Bestehens der Ehe höhere Anwartschaften auf Versorgungsausgleich erworben hat, kann der Versorgungsausgleich dann ungerecht oder objektiv unsachlich sein, wenn er kraft besserer Ausbildung und höherer Arbeitsleistung mehr Versorgungsansprüche erworben hat, als sein Ehegatte je hätte erwerben können. Der Versorgungsausgleich ist wie der Zugewinnausgleich am Modell der Hausfrauenehe orientiert. Sobald dieses Modell nicht mehr gegeben ist, hat man ehevertragliche Regelungen auch des Versorgungsausgleichs in Betracht zu ziehen. Im äußersten Fall kann ein Ausschluß oder eine Modifizierung des Versorgungsausgleichs aus Gründen der Gerechtigkeit geradezu geboten erscheinen. Eine nach Inkrafttreten des Reformgesetzes zunächst vertretene Meinung, nach der jeder Ausschluß des Versorgungsausgleichs ohne direkte Gegenleistung wegen Sittenwidrigkeit nichtig sei, ist zwischenzeitlich überwunden.

a) Mögliche Vereinbarungen über den Versorgungsausgleich

Nachdem sich der BGH (FamRZ 1986, 890) der in der Literatur herrschenden Auffassung angeschlossen hat, daß die Vereinbarungsfreiheit im Rahmen des § 1408 Abs. 2 BGB denselben Umfang hat wie die Vereinbarungsmöglichkeiten bei einer Scheidungsvereinbarung nach § 1587 o BGB, sind folgende Vereinbarungen über den Versorgungsausgleich denkbar:

Der Versorgungsausgleich kann ohne Bedingungen und Gegenleistungen gegenseitig insgesamt ausgeschlossen werden. Dies kann zweckmäßig sein bei der Doppelverdienerehe kinderloser Ehegatten oder bei Eheschließung in höherem Alter. Grundsätzlich möglich ist auch der einseitige Ausschluß des Versorgungsausgleichs nur für einen Ehegatten. Hier müssen aber besondere Umstände hinzutreten, etwa entsprechende Gegenleistungen für diesen Ehegatten, um diese Vereinbarung rechtlich haltbar zu machen.

Zulässig ist auch der Ausschluß des Versorgungsausgleichs unter Bedingung oder Zeitbestimmung. So kann der Versorgungsausgleich ausgeschlossen werden unter der Bedingung, daß eine zur erwartende Erbschaft oder ein anderer Vermögenszufall anfällt. Tritt dieser zukünftige Vermögenserwerb dann nicht ein, bleibt es beim gesetzlichen Versorgungsausgleich. Bei der Doppelverdienerehe kann der Versorgungsausgleich unter der Bedingung ausgeschlossen werden, daß es bei der beiderseitigen Berufstätigkeit verbleibt und daß der Ausschluß dann wegfällt, wenn ein Ehegatte seine Berufstätigkeit aus Gründen der Krankheit oder wegen des Wohls der Familie, etwa zur Aufziehung von Kindern, aufgibt.

Eine oft zweckmäßige Bedingung ist auch die, daß ein Versorgungsausgleich dann nicht stattfinden wird, wenn die Ehe nur von kurzer Dauer war. Vorgeschlagen wird hier der Ausschluß des Versorgungsausgleichs für den Fall der Ehescheidung innerhalb der ersten fünf oder der ersten zehn Ehejahre. Für einen Fall des Ausschlusses des Versorgungsausgleichs, falls die Ehe nicht mindestens fünf Jahre dauert, hat das Landgericht Kassel (MittBayNot 1979, 26 mit ablehnender Anmerkung Geßeler) irrigerweise Sittenwidrigkeit dieser Vereinbarung angenommen, weil sie den sozialschwächeren Ehegatten nötige, trotz Scheiterns der Ehe bis zum Ablauf der Frist in der Ehe durchzuhalten. Dieses Argument tritt jedoch gegenüber den unbestreitbaren Vorteilen einer derartigen Vereinbarung zurück. Bei kurzer Ehedauer sind Verfahren über den Versorgungsausgleich im Ergebnis meist unergiebig. Außerdem ist es ein richtiger Gedanke, den Versorgungsausgleich nur dann durchzuführen, wenn sich die Ehe bewährt hat. Schließlich wird das Verfahren bei den vielen Frühscheidungen erleichtert.

Der Ausschluß des Versorgungsausgleichs unter einer Bedingung hat den Nachteil, daß bei Eintritt der Bedingung die Vereinbarung über den Ausschluß zwangsläufig und automatisch wegfällt. In vielen Fällen sind hier Rücktrittsrechte sachgemäßer. Anstelle des automatischen Wegfalls der Vereinbarung durch Bedingungseintritt kann im Ehevertrag vereinbart werden, daß jeder Ehegatte bei Eintritt bestimmter Ereignisse das Recht haben soll, von der Vereinbarung über den Ausschluß oder die Abwandlung des Versorgungsausgleichs zurückzutreten. Mit diesem Rücktritt entfällt dann die Vereinbarung und findet der volle Versorgungsausgleich statt. Hinsichtlich der Form des Rücktritts empfiehlt sich die Vereinbarung, daß dieser zu notarieller Urkunde zu erklären ist und dem Vertragspartner zuzustellen ist (§ 2296 BGB analog). Allerdings ist nicht zu übersehen, daß die Vereinbarung eines Rücktrittsrechts anstelle einer Bedingung eine Hemmschwelle für den berechtigten Ehegatten setzen kann. Bei der Bedingung oder Zeitbestimmung fällt der Versorgungsausgleich beim Eintritt der Voraussetzung automatisch weg. Beim Rücktrittsrecht muß sich der zum Rücktritt berechtigte Ehegatte dazu aufraffen, den Rücktritt auch tatsächlich zu erklären. Er kann sich hierdurch den Unwillen seines Ehepartners zuziehen und wird deshalb in vielen Fällen trotz Vorliegens der Voraussetzungen von einem Rücktritt absehen. Soweit sich also die Voraussetzungen des Wegfalls des Versorgungsausgleichs einwandfrei formulieren lassen, dürfte eine Bedingung oder Zeitbestimmung regelmäßig dem Rücktrittsrecht vorzuziehen sein.

Möglich ist auch der Ausschluß des Versorgungsausgleichs hinsichtlich bestimmter Zeiträume der Ehe, etwa für die Zeiten eines früheren oder etwaigen zukünftigen Getrenntlebens oder für die Zeiten beiderseitiger Berufstätigkeit. So hat sich die Vereinbarung, daß der Versorgungsausgleich ausgeschlossen wird mit Ausnahme der Zeiträume, in denen ein Ehegatte familienbedingt, etwa zwecks Betreuung gemeinsamer Kinder, keiner Erwerbstätigkeit nachgeht, als häufig gewünscht erwiesen. Durch eine derartige Vereinbarung wird allerdings das ohnehin schon komplizierte Gerichtsverfahren zur Feststellung des Versorgungsausgleichs noch mehr erschwert.

Zu einer Erleichterung des Versorgungsausgleichsverfahrens führt regelmäßig jedoch die zulässige Vereinbarung, daß einzelne Anwartschaften aus dem Versorgungsausgleich ausgenommen sein sollen. Hier ließe sich etwa die betriebliche Altersversorgung eines Ehegatten ausnehmen. Für sie kann auch eine Pauschalierung vereinbart werden.

Anstelle des öffentlich-rechtlichen Versorgungsausgleichs kann vereinbart werden, daß bei Scheidung nur der schuldrechtliche Versorgungsausgleich stattfinden soll. Die Vereinbarung des schuldrechtlichen Versorgungsausgleichs anstelle des öffentlich-rechtlichen Versorgungsausgleichs bringt für den schwächeren Ehegatten sicherlich Nachteile mit sich. Er erhält keine eigenen Versorgungsanwartschaften, sondern nur einen schuldrechtlichen Versorgungsanspruch gegen den geschiedenen Ehegatten mit unterhaltsähnlichem Charakter. Für den verpflichteten Ehegatten hat der schuldrechtliche Versorgungsausgleich jedoch unter Umständen erhebliche Vorteile. Bei ihm tritt die Zahlungspflicht des Verpflichteten erst ein, wenn beide Ehegatten Versorgung zu beanspruchen haben. Zudem sind auch die Veränderungen der beiderseitigen Versorgungsanwartschaften zwischen Scheidung und Eintritt des beiderseitigen Versorgungsfalles zu berücksichtigen. Durch die Verlängerung des schuldrechtlichen Versorgungsausgleichs um Rentenansprüche gegen Ausgleichsträger, wie sie das Gesetz über weitere Maßnahmen auf dem Gebiet des Versorgungsausgleichs vom 8. 12. 1986 mit sich gebracht hat, ist der schuldrechtliche Versorgungsausgleich auch für vorsorgende Vereinbarungen wieder interessanter geworden. Zumindest in Verbindung mit anderen vermögensrechtlichen Dispositionen stellt der Ausschluß lediglich öffentlich-rechtlichen Versorgungsausgleichs und damit der Eintritt des schuldrechtlichen Versorgungsausgleichs bei Scheidung eine erwägenswerte Möglichkeit vertraglicher Gestaltung des Versorgungsausgleichs dar.

Schließlich sei auf die überwiegend bejahte Möglichkeit hingewiesen, die Ausgleichsquote beim öffentlich-rechtlichen Versorgungsausgleich zu verändern. Für einen oder für beide Ehegatten kann vereinbart werden, daß statt des vom Gesetz vorgesehenen hälftigen Ausgleichs eine andere Ausgleichsquote maßgeblich sein soll. Die Ausgleichsquote kann ermäßigt oder erhöht werden. Sachliche Gründe hierfür werden jedoch nur im Ausnahmefall vorliegen.

b) Gegenleistungen für die Modifikation oder den Ausschluß des Versorgungsausgleichs

In den Fällen der kinderlosen Doppelverdienerehe oder der Spätehe bereits versorgter Ehegatten taucht das Problem der Gegenleistung für Vereinbarungen über den Versorgungsausgleich nicht auf. In vielen anderen Fällen wird jedoch ein teilweiser oder sogar ganzer Ausschluß des Versorgungsausgleichs von der Vereinbarung geeigneter Abfindungen abhängen. Kaum ein Verlobter oder Ehegatte wird, wenn ihm nicht am Eheschluß oder der Eheerhaltung um jeden Preis gelegen ist, einer einschneidenden Verschlechterung seiner gesetzlichen Position ohne entsprechende Kompensation zustimmen. In Betracht kommt die Übertragung von Vermögen, insbesondere Grundbesitz, auf den versorgungsschwächeren Ehegatten, die Begründung oder Aufstockung und die Erhaltung eigener Rentenanwartschaften, die betriebliche Altersversorgung im Betrieb des anderen Ehegatten oder der Abschluß geeigneter privater Lebensversicherungen als Altersversorgung für diesen Ehegatten.

c) Verhältnis zu anderen Vereinbarungen

Eine Vereinbarung über den Versorgungsausgleich wird selten den einzigen Inhalt eines Ehevertrages bilden. Wer es nicht beim gesetzlichen Versorgungsausgleich belassen will, der hat regelmäßig auch Vorstellungen über die sonstige ehevertragliche Gestaltung seiner Ehe. Als gesetzliche Regel bestimmt § 1414 Satz 2 BGB, daß anstelle des gesetzlichen Güterstandes Gütertrennung eintritt, wenn der Versorgungsausgleich ausgeschlossen wird. Ungeklärt ist, ob diese Wirkung nur bei völligem Ausschluß des Versorgungsausgleichs eintritt. In jedem Fall sollte deshalb im Ehevertrag ausdrücklich bestimmt werden, ob gleichzeitig Gütertrennung vereinbart wird oder ob es entgegen der Vermutung des § 1414 Satz 2 BGB bei der Zugewinngemeinschaft in ihrer gesetzlichen oder einer vertraglich modifizierten Form verbleiben soll. Wie oben erwähnt, fällt der Ausschluß des Versorgungsausgleichs durch Antrag auf Scheidung innerhalb eines Jahres nach Vertragsschlusses weg. Diese Möglichkeit ist immer zu berücksichtigen. Es muß deshalb im Ehevertrag auch ausdrücklich bestimmt werden, ob bei Wegfall der Vereinbarung über den Versorgungsausgleich die übrigen Teile des Ehevertrages unverändert in Kraft bleiben sollen oder nicht, § 139 BGB. Regelmäßig empfiehlt sich die Vereinbarung, daß bei Wegfall oder Unwirksamkeit einer der Bestimmungen des Ehevertrages die übrigen Vereinbarungen bestehenbleiben sollen.

Nach § 10 a Abs. 9 des Gesetzes über weitere Maßnahmen auf dem Gebiet des Versorgungsausgleichs vom 8. 12. 1986 (BGBl 1986 I S. 2317) steht dem Familiengericht auch bei Vereinbarungen über den Versorgungsausgleich das Recht zur Abänderung auf Antrag eines Ehegatten zu, wenn die Ehegatten die Abänderung nicht ausgeschlossen haben. Dies soll nicht nur für Modifizierungen, sondern auch für den völligen Verzicht auf den Versorgungsausgleich gelten (vgl. Hahne FamRZ 1987, 217/221). Es empfiehlt sich deshalb regelmäßig, in die Vereinbarung aufzunehmen, daß die Abänderung ausgeschlossen wird.

V. Unterhalt nach der Scheidung

1. Grundzüge

Die Einführung des Zerrüttungsprinzips in das Scheidungsrecht erlaubt es auch dem wirtschaftlich stärkeren, allein schuldigen Ehegatten, sich gegen den Willen des anderen Ehegatten nach längstens fünf Jahren Getrenntleben von der Ehe zu lösen. Zum Schutz des wirtschaftlich schwächeren und unter Umständen an der Scheidung unschuldigen Ehegatten war die Reform des Unterhaltsrechts also notwendig. Während früher die Pflicht zur Gewährung von Unterhalt wesentlich vom Scheidungsverschulden abhing, ist nach Aufgabe des Verschuldensprinzips auch das Unterhaltsrecht folgerichtig nunmehr ebenfalls verschuldensunabhängig geregelt. Dies ist verfassungsmäßig (BVerfGE 57, 361).

Als Grundsatz bestimmt § 1569 BGB, daß ein Ehegatte, wenn er nach der Scheidung nicht selbst für seinen Unterhalt sorgen kann, gegen den anderen Ehegatten einen Anspruch auf Unterhalt hat. Wer gegen wen Unterhaltsansprüche hat, richtet sich also ohne Rücksicht auf etwaiges Scheidungsverschulden rein nach Bedürftigkeit bzw. Leistungsfähigkeit.

Hiermit hat sich das Eherechtsreformgesetz aber nicht begnügt. Es hat das Unterhaltsrecht auch inhaltlich erheblich ausgeweitet. In der neuen Form kann das Unterhaltsrecht zum Schicksal der geschiedenen Ehegatten werden. Auf der einen Seite kann der verpflichtete Ehegatte auf Jahrzehnte hinaus unterhaltspflichtig bleiben, während auf der anderen Seite der berechtigte Ehegatte unter Umständen sein Lebensrisiko auf den verpflichteten Ehegatten für den Rest seines Lebens verlagern kann. Der unterhaltsbedürftige Ehegatte kann im Extremfall hintereinander aus verschiedenen Rechtsgründen Unterhalt fordern und sich so für den Rest seines Lebens von einem Unterhaltsanspruch zum anderen hangeln. So ist es denkbar und gar nicht wirklichkeitsfern, daß die geschiedene Frau zunächst Unterhaltsansprüche wegen Kindererziehung hat, dann Unterhalt zur eigenen, wegen der Eheschließung nicht verwirklichten Berufsausbildung verlangen kann, dann wegen Arbeitslosigkeit unterhaltsberechtigt ist, dann wegen

Krankheit und schließlich wegen Alters bis zu ihrem Tod. Sie ist unter der Voraussetzung, daß der geschiedene Ehemann brav weiter verdient und leistungsfähig bleibt, lebenslang versorgt. Dies gilt grundsätzlich auch, wenn die Ehe in jungen Jahren geschlossen wurde und nicht allzu lange, vielleicht fünf bis zehn Jahre, gedauert hat.

Kritiker haben aus diesen Tatbeständen gefolgert, an die Stelle der Ehe als Versorgungsinstitut sei nunmehr die Ehe auf Zeit als Versorgungsinstitut getreten. Die Gerichte sind bemüht, mit Hilfe der im Gesetz enthaltenen Härteklauseln Mißbräuche zu vermeiden, ohne dabei mit dem Zerrüttungsgrundsatz in Konflikt zu geraten.

Wie bei den anderen Scheidungsfolgen sind auch hinsichtlich des nachehelichen Unterhalts vertragliche Vereinbarungen möglich und oft empfehlenswert. Zunächst soll jedoch ein Überblick über die einzelnen Unterhaltstatbestände gegeben werden.

a) Unterhalt wegen Kinderbetreuung

Der eigene Unterhaltsanspruch des geschiedenen Ehegatten wegen Kinderbetreuung nach § 1570 BGB ist eine der zentralen Vorschriften des neuen Unterhaltsrechts. Nach ihr kann ein geschiedener Ehegatte von dem anderen Unterhalt verlangen, solange und soweit von ihm wegen der Pflege oder Erziehung eines gemeinschaftlichen Kindes eine Erwerbstätigkeit nicht erwartet werden kann. Das Gesetz privilegiert diesen Unterhaltsbestand dadurch, daß auch bei grober Unbilligkeit der Unterhaltsgewährung überhaupt, etwa weil die Ehe lediglich von kurzer Dauer war, ein Ausschluß dieses Unterhaltsanspruchs nicht in Betracht kommt, § 1579 BGB. Nicht nur das Gesetz, sondern auch die bisherige Praxis bestätigt die Bedeutung dieses Anspruchs. In so manchem Scheidungsverfahren ist der Kampf um die Zuteilung der gemeinschaftlichen Kinder gleichzeitig auch der Kampf um die Versorgung. Wem die Kinder zugeteilt werden, der hat unter Umständen den Unterhaltsanspruch wegen Kinderbetreuung. Der andere muß arbeiten und gleichzeitig an den geschiedenen Ehegatten und die Kinder Unterhalt zahlen. Denn die gemeinsamen Kinder haben neben dem Unterhaltsanspruch des geschiedenen Ehegatten wegen Kinderbetreuung selbständige Unterhaltsansprüche. Der Unterhaltsanspruch wegen Kinderbetreuung tritt also neben die Ansprüche der Kinder und stellt einen eigenen

Anspruch des Ehegatten dar, der ihm die angemessene Betreuung der Kinder ohne eigene Erwerbstätigkeit ermöglichen soll.

Wann von dem geschiedenen Ehegatten eine Berufstätigkeit oder eine teilweise Berufstätigkeit trotz der Betreuung gemeinschaftlicher Kinder erwartet werden kann, ist noch eine völlig offene Frage. Nach Ansicht vieler kann sich die Hausfrau, die sich auch in der Ehe lediglich auf die Kinderversorgung konzentriert hat und einen Beruf nicht ausgeübt hat, auch nach der Ehe auf die Kinderversorgung beschränken. Dagegen kann sich die schon in der Ehe ganz oder halbtägig berufstätige Frau nicht ohne weiteres nach der Scheidung allein der Versorgung der Kinder widmen. Dies kann jedoch anders sein, wenn in der Ehe eine Arbeitsteilung stattgefunden hat, die nach Scheidung nicht mehr möglich ist. Es ist also durchaus der Fall denkbar, daß der während der Ehe voll berufstätige Ehegatte, dem die Kinder zugesprochen werden, nunmehr seine Berufstätigkeit wegen der Kinderbetreuung gänzlich einstellt und über § 1570 seinen Unterhalt vom anderen geschiedenen Ehegatten verlangt.

Unstreitig ist wohl, daß Kleinkinder mangels anderer Betreuungsmöglichkeit die volle Betreuung durch den Elternteil erfordern. Schon bei Kindergartenkindern kann je nach den Umständen eine Halb- oder Ganztags-Berufstätigkeit zumutbar sein. Die Rechtsprechung hierzu ist noch uneinheitlich.

b) Unterhalt wegen Alters

Nach § 1571 BGB kann ein geschiedener Ehegatte von dem anderen Unterhalt dann verlangen, wenn von ihm im Zeitpunkt der Scheidung oder der Beendigung der Pflege oder Erziehung gemeinschaftlicher Kinder oder nach Wegfall seiner Unterhaltsrechte wegen Krankheit oder Berufsausbildung wegen seines Alters eine Erwerbstätigkeit nicht mehr erwartet werden kann. Zu beachten ist dabei, daß der Unterhaltsanspruch wegen Alters nicht nur für den Ehegatten gegeben sein kann, der bei der Scheidung bereits im Rentenalter war, sondern auch für den erheblich jüngeren Ehegatten, der zunächst Unterhaltsansprüche wegen Kinderbetreuung oder aus den folgenden Tatbeständen hatte. Insofern ist also der Unterhaltsanspruch wegen Alters ein echter Anschlußtatbestand, der bei seinem Eintritt dem bedürftigen Ehegatten bis zu seinem Tode Unterhaltsansprüche sichern kann.

c) Unterhalt wegen Krankheit

Nach § 1572 BGB kann ein geschiedener Ehegatte von dem anderen Unterhalt verlangen, solange und soweit von ihm vom Zeitpunkt der Scheidung, der Beendigung der Pflege oder Erziehung eines gemeinschaftlichen Kindes, der Beendigung der Ausbildung, Fortbildung oder Umschulung oder der Arbeitslosigkeit an wegen Krankheit oder anderer Gebrechen oder Schwäche seiner körperlichen oder geistigen Kräfte eine Erwerbstätigkeit nicht erwartet werden kann. Auch dieser Unterhaltsanspruch ist also ein echter Anschlußtatbestand. Die Krankheit oder das Gebrechen braucht im Zeitpunkt der Scheidung noch nicht vorhanden gewesen zu sein. Es genügt ihr Eintritt nach Ausfall eines anderen Unterhaltstatbestandes. Ehebedingt braucht die Krankheit nicht zu sein. Auch Geisteskrankheit, Rauschgiftsucht und Alkoholismus sind Krankheiten im Sinne der Vorschrift.

d) Unterhalt wegen Arbeitslosigkeit

Auch wenn eine Ehegatte nach den bereits dargestellten Tatbeständen keinen Unterhaltsanspruch hat, kann er gleichwohl Unterhalt verlangen, solange und soweit er nach der Scheidung keine angemessene Erwerbstätigkeit zu finden vermag. Reichen die Einkünfte aus einer angemessenen Erwerbstätigkeit zum vollen Unterhalt nicht aus, so kann er den Unterschiedsbetrag zwischen seinen Einkünften und dem erforderlichen Unterhalt von dem anderen geschiedenen Ehegatten verlangen. Zu beachten ist im Rahmen dieses Unterhaltstatbestandes, daß der geschiedene Ehegatte nach § 1574 BGB nur eine ihm angemessene Erwerbstätigkeit auszuüben braucht. Angemessen ist nur eine Erwerbstätigkeit, die der Ausbildung, den Fähigkeiten, dem Lebensalter und dem Gesundheitszustand des geschiedenen Ehegatten sowie den ehelichen Lebensverhältnissen entspricht. Bei den ehelichen Lebensverhältnissen sind die Dauer der Ehe und die Dauer der Kinderbetreuung zu berücksichtigen. Soweit es zur Aufnahme einer angemessenen Erwerbstätigkeit erforderlich ist, hat der geschiedene Ehegatte die Pflicht, sich auszubilden, fortzubilden oder umschulen zu lassen, wenn ein erfolgreicher Abschluß der Ausbildung zu erwerben ist.

Bei der Beurteilung der Angemessenheit einer Erwerbstätigkeit kommt es also einmal auf die persönlichen Verhältnisse des geschiedenen Ehegatten und zum anderen auf die ehelichen Lebensverhältnisse an.

Unter Berücksichtigung ihrer persönlichen Verhältnisse braucht die Lehrerin also nicht als Kindergartenhilfe, die gelernte Verkäuferin nicht als Putzfrau zu arbeiten. Auch während der Ehe erworbene und ausgeübte berufliche Fähigkeiten können die persönlichen Verhältnisse bestimmen. So braucht die Frau des mittelständischen Unternehmers, die im gemeinschaftlichen Betrieb über Jahre hinaus die Buchhaltung mit Erfolg geführt hat, nach der Scheidung nicht wieder ihren ehemaligen Beruf als Verkäuferin auszuüben.

Noch gravierender ist der Einfluß der ehelichen Lebensverhältnisse auf die Angemessenheit beruflicher Tätigkeit. Danach braucht die medizinisch technische Angestellte, die 20 Jahre lang als Ehefrau des Chefarztes ein großes Haus geführt hat, nach der Scheidung nicht mehr in ihren Beruf zurück. Der Segellehrer, der die Industriellentochter geheiratet hat und während längerer Ehe als Privatier auf großem Fuß gelebt hat, braucht nicht wieder Knotenknüpfen zu lehren. Umgekehrt kann die Lehrerin, die einen Arbeiter geheiratet hat und sich während der Ehe von ihm unterhalten ließ, nicht von diesem Unterhalt verlangen, weil sie eine Anstellung im Schuldienst nicht mehr findet.

Es ergibt sich also im Unterhaltsrecht die wohl doch wenig demokratische und zeitgemäße Erscheinung, daß man unterhaltsmäßig herauf- oder herunter-heiraten kann, daß man in der Ehe mit Folgen für nachehelichen Unterhalt einen Status erwerben oder verlieren kann. Viele betrachten dies als anachronistisches Nebenprodukt des neuen Scheidungsrechts.

Das Risiko der Auffindung und Erhaltung einer angemessenen Erwerbstätigkeit seines geschiedenen Ehegatten trägt der andere Ehegatte erst dann nicht mehr, wenn der Unterhalt durch die Erwerbstätigkeit nach der Scheidung nachhaltig gesichert war. Lag eine solche nachhaltige Sicherung des Unterhaltes nach der Scheidung vor, dann kann der geschiedene Ehegatte keinen Unterhalt mehr verlangen, wenn die Einkünfte aus seiner angemessenen Erwerbstätigkeit wegfallen. Der Begriff der nachhaltigen Sicherung des eigenen Unterhaltes ist unbestimmt und dürfte bei der zunehmenden Instabilität unseres Arbeitsmarktes zu erheblichen Schwierigkeiten führen. Als Richtlinie soll gelten, daß ein nachträglicher Arbeitsplatzverlust dann nichts mehr an der nachhaltigen Sicherung des Unterhalts ändert und einen Unterhaltsanspruch gegen den geschiedenen Ehegatten dann nicht mehr aufleben läßt, wenn der Arbeitsplatzverlust nicht mehr den Nachwirkungen der Ehe zugerechnet werden kann, sondern auf sonstigen Gründen beruht.

e) Unterhalt zur Ausbildung, Fortbildung oder Umschulung

Nach § 1575 BGB kann ein geschiedener Ehegatte von dem anderen Ehegatten Unterhalt dann verlangen, wenn er in Erwartung der Ehe oder während der Ehe eine Schul- oder Berufsausbildung nicht aufgenommen oder abgebrochen hat. Er muß dann eine entsprechende Ausbildung sobald wie möglich aufnehmen, um eine angemessene Erwerbstätigkeit zur nachhaltigen Sicherung seines Unterhaltes zu erlangen und einen erfolgreichen Abschluß der Ausbildung herbeizuführen. Ist ein erfolgreicher Abschluß der Ausbildung etwa aus Altersgründen nicht mehr möglich, so besteht der Unterhaltsanspruch nicht. Der Anspruch besteht längstens für die Zeit, in der eine entsprechende Ausbildung im allgemeinen abgeschlossen wird. Dabei sind ehebedingte Verzögerungen, etwa eine Gewöhnungszeit der Hausfrau an das anstrengende Studium, zu berücksichtigen. Entsprechendes gilt, wenn sich der geschiedene Ehegatte fortbilden oder umschulen läßt, um Nachteile auszugleichen, die durch die Ehe eingetreten sind. Zu beachten ist bei diesem Unterhaltstatbestand, daß die Erwartung der Ehe oder die Ehe nicht der einzige Grund für das Unterbleiben oder den Abbruch der Ausbildung gewesen zu sein braucht. Auch die studienmüde Studentin, die ihren Doktor heiratet, statt ihn selbst zu machen, hat diesen Anspruch.

f) Unterhalt aus Billigkeitsgründen

Um keine Lücke im nachehelichen Unterhaltsrecht entstehen zu lassen und auch weniger typische Fälle zu erfassen, hat das Gesetz in § 1576 BGB eine sogenannte positive Billigkeitsklausel aufgenommen. Nach ihr kann ein geschiedener Ehegatte von dem anderen Unterhalt verlangen, soweit und solange von ihm aus sonstigen schwerwiegenden Gründen eine Erwerbstätigkeit nicht erwartet werden kann und die Versagung von Unterhalt unter Berücksichtigung der Belange beider Ehegatten grob unbillig wäre. Allerdings dürfen schwerwiegende Gründe nicht allein deswegen berücksichtigt werden, weil sie zum Scheitern der Ehe geführt haben. Auch hier versucht also der Gesetzgeber, die Wiedereinführung des Schuldprinzips auf dem Umweg über das Unterhaltsrecht zu verhindern. In welchem Umfang die Gerichte von dieser Billigkeitsklausel Gebrauch machen werden, kann nur die Zukunft zeigen. Eine Fallrechtsprechung hierzu liegt noch nicht vor.

g) Härteklauseln

Das seit dem 1. Eherechtsreformgesetz geltende verschuldensunabhängige Scheidungsfolgenrecht birgt die Gefahr, daß auch der Ehegatte, der sich bewußt und gezielt und gegen den Willen des anderen Ehegatten aus der Ehe gelöst hat, die ungeschmälerten Wohltaten des neuen Scheidungsfolgenrechts beim nachehelichen Unterhalt in Anspruch zu nehmen versucht. Es widerspricht sicherlich dem Rechtsempfinden, daß auch der Ehegatte, der im alten Sinne das alleinige Scheidungsverschulden etwa in Folge Ehebruchs hat, vom anderen unter Umständen lebenslang Unterhalt fordern kann.

So hat schon das 1. Eherechtsreformgesetz in § 1579 BGB den Ausschluß des Unterhaltsanspruchs bei grober Unbilligkeit vorgesehen. Nach dieser ersten Fassung bestand ein Unterhaltsanspruch dann nicht, wenn die Inanspruchnahme des Verpflichteten grob unbillig war, weil die Ehe von kurzer Dauer war, der Berechtigte sich eines Verbrechens oder schweren Vergehens gegen den Verpflichteten schuldig gemacht hatte, der Berechtigte seine Bedürftigkeit mutwillig herbeigeführt hatte oder ein anderer Grund vorlag, der ebenso schwer wog wie diese Gründe. § 1579 Abs. 2 BGB schloß die Anwendung dieser Härteklausel aus, solange und soweit von dem Unterhaltsberechtigten wegen der Pflege oder Erziehung eines gemeinschaftlichen Kindes eine Erwerbstätigkeit nicht erwartet werden konnte. Diesen generellen Ausschluß der Anwendung der Härteklausel in den Fällen der Kindesbetreuung hat das Bundesverfassungsgericht mit Urteil vom 14. Juli 1981 (BVerfGE 57, 361) als mit dem Grundgesetz unvereinbar erklärt. Hierdurch wurde der Gesetzgeber zu einer Gesetzesänderung gezwungen. Hinzu kamen zahlreiche Entscheidungen der Oberlandesgerichte und schließlich auch Grundsatzentscheidungen des Bundesgerichtshofs (BGH FamRZ 1979, 569; FamRZ 1981, 752), in denen sich die Rechtsprechung mit der Frage auseinandersetzte, ob das Verschulden am Scheitern der

Ehe, insbesondere der Ehebruch, zum Ausschluß nachehelicher
Unterhaltsansprüche führen könne. Mit Recht hat sich die Rechtsprechung dahingehend entschieden, daß eine Beschränkung der
Härteklausel auf Gründe, die aus dem wirtschaftlichen Bereich
der Ehe stammen und für den Verpflichteten wirtschaftlich nach-
teilige Folgen haben, nicht geboten sei. Nach Wortlaut und
Zweck der Vorschrift werden vielmehr auch persönliche Verfeh-
lungen mitumfaßt. Nach der Rechtsprechung des Bundesgerichtshofs kann ein schwerwiegendes und klar bei einem der Eheleute liegendes, evidentes Fehlverhalten den Tatbestand der Härteklausel erfüllen und damit den Ausschluß jeglicher nachehelicher Unterhaltsansprüche für den sich in dieser Weise aus der Ehe
lösenden Ehegatten begründen. Das Fehlverhalten muß dabei ur-
sächlich zum Scheitern der Ehe geführt haben. Ist die Ehe bereits
zerrüttet oder gar geschieden, so ist die Hinwendung zu einem
anderen Partner niemals zum Ausschluß von Unterhaltsansprüchen nach § 1579 Abs. 1 Nr. 4 BGB geeignet.

Auch zum Ausschlußtatbestand der kurzen Dauer der Ehe
mußte sich die Rechtsprechung des Bundesgerichtshofs äußern.
Für das Tatbestandmerkmal der kurzen Ehezeit will der BGH auf
die Lebenssituation der einzelnen Eheleute abstellen, sieht aber
grundsätzlich bei etwa drei Jahren Ehezeit die Grenze, wobei der
Zeitraum von der Eheschließung bis zur Rechtshängigkeit des
Scheidungsantrags maßgeblich ist.

Durch die Entscheidung des Bundesverfassungsgerichts, die
Rechtsprechung des Bundesgerichtshofs und die Häufung der
Fälle, daß ein Ehegatte aus der gemeinsamen ehelichen Wohnung
auszieht und sofort mit einem neuen Partner in einer gemeinsam
gemieteten Wohnung eine nichteheliche Lebensgemeinschaft auf
Kosten des unterhaltspflichtigen anderen Ehegatten aufnimmt,
sah sich der Gesetzgeber zu einer angemessenen Änderung der
Härteklauseln veranlaßt. Durch das Unterhaltsänderungsgesetz
1986 wurde die Härterechtsprechung des BGH in die Neufassung
des § 1579 BGB eingebracht. Der Unterhaltsanspruch kann ver-
sagt, herabgesetzt oder zeitlich begrenzt werden, wenn die Inanspruchnahme des Verpflichteten auch unter Wahrung der Belange
eines dem Berechtigten zur Pflege oder Erziehung anvertrauten
gemeinschaftlichen Kindes grob unbillig wäre. Solche grobe Unbilligkeit wird insbesondere dann angenommen, wenn dem Berechtigten ein offensichtlich schwerwiegendes eindeutig bei ihm

liegendes Fehlverhalten gegen den Verpflichteten zur Last fällt. Damit führt die einseitige gezielte Lösung aus der Ehe durch Hinwendung zu einem anderen Partner zum Verlust oder zur Begrenzung der gesetzlichen Unterhaltsansprüche. In der öffentlichen Diskussion wurde der Rechtsprechung des BGH und dem Gesetzgeber des Unterhaltsänderungsgesetzes vorgeworfen, einseitig zu Lasten der regelmäßig unterhaltsbedürftigen Frau das Verschuldensprinzip wieder einzuführen. Dieser Vorwurf ist nicht gerechtfertigt. Es handelt sich nur um eine Korrektur über eine notwendige Härteklausel, um Mißbrauchsfälle auszuschalten. Die zunächst nach Einführung des verschuldensunabhängigen Scheidungsfolgenrechts gegebene Möglichkeit, sich einseitig und gezielt gegen den Willen des anderen Ehegatten aus der Ehe zu lösen und dennoch in den vollen Genuß des nachehelichen Unterhaltes zu kommen, ist von der Bevölkerung niemals akzeptiert worden. Die Korrekturen der Rechtsprechung, die durch das Unterhaltsänderungsgesetz Gesetz geworden sind, waren notwendig, um der Scheidungsreform die nötige Akzeptanz in der Bevölkerung zu verschaffen.

h) Anrechnung von Einkommen und Vermögen

Nach § 1577 BGB hat ein geschiedener Ehegatte in der Höhe keine Unterhaltsansprüche, in der er sich aus seinen Einkünften und seinem Vermögen selbst unterhalten kann. Grundsätzlich muß sich also der geschiedene Ehegatte eigene Einkünfte und eigenes Vermögen beim Unterhalt abziehen lassen. Den Stamm seines Vermögens braucht der Berechtigte allerdings nicht zu verwerten, soweit die Verwertung unwirtschaftlich oder unter Berücksichtigung der beiderseitigen wirtschaftlichen Verhältnisse unbillig wäre. Hat ein Ehegatte im Zeitpunkt der Ehescheidung ausreichendes Vermögen, um seinen Unterhalt selber zu bestreiten, so entfällt sein Unterhaltsanspruch endgültig, auch wenn das Vermögen nachträglich wegfällt. Wer also zur Zeit der Ehescheidung ein gutgehendes Unternehmen hatte, mit dem er Jahre später Konkurs macht, kann nicht mehr auf seinen Ehegatten zurückgreifen. Dies gilt jedoch nicht, wenn im Zeitpunkt des Vermögenswegfalls von diesem Ehegatten gemeinschaftliche Kinder betreut werden müssen. Der Tatbestand der Kinderbetreuung ist also hier privilegiert.

i) Das Maß des Unterhalts

Von vielen als überzogen betrachtet wird der Maßstab, den das Gesetz für den zu leistenden Unterhalt in § 1578 BGB festgesetzt hat. Nach dieser Vorschrift bestimmt sich das Maß des Unterhalts nach den ehelichen Lebensverhältnissen. Der Unterhalt umfaßt den gesamten Lebensbedarf. Zum Lebensbedarf gehören auch die Kosten einer angemessenen Versicherung für den Fall der Krankheit sowie die Kosten einer Schul- oder Berufsausbildung, einer Fortbildung oder einer Umschulung. Mit Ausnahme des Unterhaltsanspruchs nach § 1575 gehören zum angemessenen Unterhalt auch die Kosten einer angemessenen Versicherung für den Fall des Alters sowie der Berufs- oder Erwerbsunfähigkeit. Hier berührt sich das Unterhaltsrecht mit dem Recht des Versorgungsausgleichs.

Die Kritik setzt insbesondere an der gesetzlichen Bestimmung an, daß sich das Maß des Unterhalts nach den ehelichen Lebensverhältnissen bestimmt. Hier hat der Gesetzgeber für das Maß des Unterhalts den obersten denkbaren Maßstab gewählt. Der Lebensstandard, wie er bei Ehescheidung in der Ehe erreicht war, ist dem unterhaltsberechtigten Ehegatten zu erhalten. Dies erscheint insbesondere in den Fällen ungerecht und unangemessen, in denen der Ehegatte vor der Ehe diesen Lebensstandard nicht hatte und in denen er auf Grund eigener Vorbildung und Arbeitsleistung nach der Ehe diesen Lebensstandard nicht erreichen kann und ihn ohne die Ehe auch niemals hätte erreichen können. Im Zusammenhang damit zu sehen ist der sogenannte Aufstockungsanspruch des § 1573 Abs. 2 BGB. Nach dieser Vorschrift kann der geschiedene Ehegatte den Unterschiedsbetrag zwischen seinen eigenen Einkünften und dem vollen nach § 1578 BGB geschuldeten Unterhalt verlangen, wenn seine Einkünfte aus einer angemessenen Erwerbstätigkeit zum vollen Unterhalt nicht ausreichen. Wenn hier die Gerichte keinen Riegel vorschieben, sind ungerechte Fälle der folgenden Art unschwer vorstellbar. Man denke nur an den Fall der Ehefrau des Chefarztes, die vor ihrer Verheiratung mit dem erheblich älteren Ehemann als Sprechstundenhilfe tätig war. Durch Getrenntleben erzwingt sie die Scheidung, um mit ihrem gleichaltrigen Freund zusammenleben zu können. Sie ist wieder als Sprechstundenhilfe tätig. In der Ehe hatte sie einen Lebensstandard erreicht, der sich mit ihren angemessenen Einkommen als Sprechstundenhilfe nicht finanzieren läßt. In diesem Fall hat sie gegen den geschiedenen Ehemann einen Aufstockungsanspruch in Höhe der Differenz zwischen ihrem eigenen Einkommen und dem nach § 1578 BGB geschuldeten, an den ehelichen Lebensverhältnissen ausgerichteten Unterhalt. Hier und an vielen anderen Stellen des Unterhaltsrechts liegen Ansatzpunkte für ehevertragliche Vereinbarungen, um zukünftige Ungerechtigkeiten zu vermeiden.

Der Unterhalt ist normalerweise durch monatliche Geldzahlung zu leisten, § 1585 BGB. Wenn ein wichtiger Grund vorliegt und der Verpflichtete dadurch nicht unbillig belastet wird, kann der Unterhaltsberechtigte statt der laufenden monatlichen Zahlungen auch eine einmalige Kapitalabfindung verlangen. Ein wichtiger Grund in diesem Sinne wäre etwa die Eröffnung eines eigenen Erwerbsgeschäftes, für das ein Startkapital benötigt wird. Außer in einzelnen Fällen, auf die hier nicht eingegangen werden kann, kann Unterhalt für die Vergangenheit nicht gefordert werden.

Besondere Probleme treten auf, wenn ein Ehegatte mehreren geschiedenen Ehefrauen und daneben noch Kindern Unterhalt zu leisten hat. Ist er zur Zahlung an alle in der Lage, muß er auch an alle den vollen Unterhalt leisten. Lediglich dann, wenn seine Leistungsfähigkeit nicht für alle ausreicht, entstehen Rangprobleme, für die das Gesetz ziemlich komplizierte Regelungen enthält. Hierauf kann in diesem Zusammenhang im einzelnen nicht eingegangen werden. Nur als Grundsatz sei vermerkt, daß das Gesetz die geschiedene erste Ehefrau und die gemeinsamen Kinder zu Gunsten späterer Ehefrauen bevorzugt. Spätere Ehefrauen konnten damit rechnen, daß ihnen bereits vorhandene unterhaltspflichtige Personen vorgehen werden.

k) Das Ende des Unterhalts

Beim Berechtigten erlischt der Unterhaltsanspruch durch seinen Tod und durch seine Wiederverheiratung. Nach einer erneuten Heirat muß sich die geschiedene Frau also an ihren neuen Mann halten. Der geschiedene Ehemann braucht die neue Ehe nicht zu finanzieren. Diese Rechtsfolge legt es nahe, daß sich die geschiedene Ehefrau nach Art der Onkelehen von Rentnern mit einem Zusammenleben mit dem neuen Partner begnügt, ohne ihn zu heiraten. Ob hier ein Grund gemäß § 1579 BGB vorliegt, ihr den Unterhaltsanspruch gegen ihren geschiedenen Ehemann wegen grober Unbilligkeit zu versagen, ist noch unentschieden.

Zu beachten ist auch, daß dann, wenn die neue Ehe des geschiedenen Ehegatten wieder aufgelöst wird und ein Kind aus der früheren gemeinsamen Ehe zu pflegen oder zu erziehen ist, der Unterhaltsanspruch wegen Kinderbetreuung wieder auflebt und daß sich dann an ihn ein Unterhaltsanspruch nach den übrigen Anschlußtatbeständen wiederum anschließen kann. Solange also gemeinschaftliche Kinder vom anderen Ehegatten zu versorgen sind, kann der geschiedene Ehegatte auch bei Wiederverheiratung des anderen nicht mit einem endgültigen Erlöschen seiner Unterhaltspflicht rechnen.

Stirbt der zum Unterhalt verpflichtete Ehegatte, so richtet sich der Anspruch des berechtigten Ehegatten nun gegen seine Erben. Er ist aber seinem Umfang nach gemäß § 1586b BGB begrenzt auf den Betrag, den der geschiedene Ehegatte als Pflichtteil erhalten hätte, wenn die Ehe nicht geschieden worden wäre. Es kommt also alles darauf an, welchen Wert der Nachlaß hat. Hatte der unterhaltsverpflichtete Ehegatte lediglich sein Einkommen, aus dem er den Unterhalt leisten konnte, ohne weitere Rücklagen zu machen, so fallen die Unterhaltsansprüche des berechtigten Ehegatten durch seinen Tod in sich zusammen.

2. Vereinbarungen über den nachehelichen Unterhalt

In vielen Fällen des vorsorgenden Ehevertrages, insbesondere dann, wenn eine Vereinbarung über den Versorgungsausgleich getroffen wird, besteht auch ein Bedürfnis hinsichtlich der Regelung der nachehelichen gegenseitigen Unterhaltsansprüche der Ehegatten. Mit dem nach Voraussetzungen und Umfang neu geregelten und erheblich erweiterten Unterhaltsrecht nach der Scheidung werden sich viele Verlobte und Ehegatten nicht abfinden wollen. Bei Gesetzgebung und Rechtsprechung ist hinsichtlich vorsorgender Unterhaltsvereinbarungen für den Fall einer noch nicht abzusehenden Scheidung ein ähnliches Zögern im Hinblick auf Gewährung von Vertragsfreiheit festzustellen wie beim Versorgungsausgleich. Das Prinzip der Ehe auf Lebenszeit und die gleichzeitige Möglichkeit von Vereinbarungen anläßlich der Eheschließung über den Unterhalt nach der Scheidung sind nicht für jeden leicht zu vereinbaren. Es besteht wie beim Versorgungsausgleich hier die Gefahr, daß die Gerichte häufiger als in anderen Rechtsgebieten geneigt sein werden, das schwere Geschütz der Nichtigkeit wegen Sittenwidrigkeit gemäß § 138 BGB aufzufahren. Dennoch sollte sich die Rechtspraxis hier nicht beirren lassen und auch auf dem Gebiet des Unterhaltsrechts nach der Scheidung die Möglichkeiten sachgerechter Vereinbarungen ausschöpfen, die das Gesetz eröffnet. Das neue Eherecht begrüßt es allgemein, wenn die Ehegatten die Scheidungsfolgen einverständlich regeln. Aus diesem Grund wurde § 1585 c entsprechend dem Wortlaut von Satz 1 des alten § 72 des Ehegesetzes in das BGB aufgenommen. Nach dieser Vorschrift können Ehegatten über die Unterhaltspflicht für die Zeit nach der Scheidung Vereinbarungen treffen. Diese Vorschrift kann nur im Sinne weitestgehender Vertragsfreiheit ausgelegt werden (Walter NJW 1981, 1409; Langenfeld NJW 1981, 2377; Ludwig DNotZ 1982, 651).

Im Gegensatz zu Vereinbarungen über den Versorgungsausgleich sind Verträge über die nacheheliche Unterhaltspflicht grundsätzlich formfrei. Ein Antrag auf Einführung der notariellen Beurkundungspflicht fand im Gesetzgebungsverfahren keine Mehrheit. Dennoch empfiehlt sich grundsätzlich, derartige Unterhaltsverträge in der Form des notariellen Ehevertrages zu schließen, zudem sie regelmäßig auch nicht den einzigen Inhalt der Abreden der Ehegatten darstellen werden, sondern mit Vereinbarungen über die eheliche Rollenverteilung, das Ehegüterrecht, den Versorgungsausgleich und letztwillige Verfügungen oft eine Einheit bilden.

Mit den Möglichkeiten vorsorglicher Verträge über den nachehelichen Unterhalt hat sich die Literatur und Rechtsprechung noch kaum befaßt (Nachweise bei MünchKomm/Richter § 1585 c BGB). In der Praxis werden folgende Möglichkeiten häufiger vorkommen:

Zulässig und mangels Vorliegen besonderer Umstände nicht sittenwidrig ist der völlig gegenseitige Ausschluß von Unterhaltsansprüchen der Ehegatten nach der Scheidung. Zweckmäßig ist dieser Ausschluß insbesondere bei Doppelverdienerehen ohne Kinder sowie bei Ehen vermögender Ehegatten, die sich nach der Scheidung selbst unterhalten können. Ist ein Ehegatte wirtschaftlich wesentlich schwächer als der andere, so kommt wie beim Ausschluß des Versorgungsausgleichs auch hier ein gegenseitiger

Unterhaltsverzicht nur bei angemessener Abfindung des schwächeren Ehegatten in Betracht.

Um klarzustellen, daß die Ehegatten beim gegenseitigen Unterhaltsverzicht endgültig und vollständig auf jegliche Rechte einschließlich des Stammrechts auf Unterhalt verzichten, wird in der Praxis oft der Ausdruck gebraucht, daß der Unterhaltsverzicht auch für den Fall der Not erfolge. Es genügt jedoch völlig die Formulierung, daß die Ehegatten gegenseitig und vollständig auf jeglichen Unterhalt nach der Scheidung verzichten.

Umgekehrt kann jedoch vereinbart werden, daß der Unterhaltsverzicht im Fall der Not nicht gelten soll. Ein solcher Unterhaltsverzicht ist dann durch den Eintritt einer Notlage eines Ehegatten als auflösend bedingt anzusehen. Gerät ein Ehegatte in Not, so kann er den zur Abwendung der Notlage erforderlichen Unterhalt verlangen. Sobald jedoch die Notlage beseitigt ist, tritt der gegenseitige Unterhaltsverzicht wieder in Kraft. Diesen Mechanismus sollte man bei einer derartigen Vereinbarung ausdrücklich beschreiben.

Wie beim Ausschluß des Versorgungsausgleichs sind auch beim Unterhaltsverzicht Bedingungen, Befristungen und Rücktrittsvorbehalte zulässig. Insbesondere zulässig und zweckmäßig ist auch hier der Ausschluß jeglicher gegenseitiger Unterhaltsansprüche für den Fall, daß die Ehe nur kurz gedauert hat. Es sollte jedoch hier ausdrücklich festgehalten werden, ob ein derartiger Unterhaltsverzicht auch dann gilt, wenn einer der Ehegatten gemeinsame Kinder zu versorgen hat. Im Zweifel dürfte es sich angesichts der ungeklärten Rechtslage empfehlen, den Fall des Unterhalts wegen Kinderversorgung vom Verzicht auszunehmen.

Neben dem gegenseitigen vollständigen oder durch Bedingungen oder Rücktrittsrechte modifizierten Unterhaltsverzicht sind auch andere Modifikationen des gesetzlichen nachehelichen Unterhaltes zulässig. In Betracht kommt hier insbesondere der Ausschluß einzelner Unterhaltstatbestände des Gesetzes, etwa also des Unterhaltes zur Ausbildung, Fortbildung oder Umschulung bei Beibehaltung der übrigen Unterhaltstatbestände. Es dürfte hier jedoch sehr schwer sein, angesichts der Lückenlosigkeit der Unterhaltstatbestände des neuen Rechts mit gutem sachlichem Grund und ohne das Risiko der Sittenwidrigkeit Unterhaltstatbestände aus dem nachehelichen Unterhalt durch Vereinbarung auszunehmen. Über diese Fragen gibt es noch kaum Literaturstimmen. Sie sind noch völlig ungeklärt. Andererseits riskieren die Beteiligten durch derartige Vereinbarungen nur, daß sie von den Gerichten nachträglich nicht anerkannt werden. Dann verbleibt es bei der gesetzlichen Regelung, die auch ohne eine derartige Vereinbarung gegolten hätte.

In der Praxis häufiger und interessanter dürften Korrekturen von kritisierten Übertreibungen des neuen nachehelichen Unterhaltsrechts sein. So kann z. B. durch eine Vereinbarung für den Fall der Ehescheidung im Ehevertrag bestimmt werden, daß für den nachehelichen Unterhalt nicht der in § 1578 Abs. 1 BGB vorgesehene Höchstmaßstab der ehelichen Lebensverhältnisse, sondern der angesichts der jeweiligen Berufsausbildung der Ehegatten angemessene Unterhalt geschuldet wird. So kann etwa der bereits beschriebene Extremfall gelöst werden, daß der Chefarzt der Sprechstundenhilfe nach Ehescheidung den Lebensstandard einer Chefarztfrau nach dem Willen des Gesetzes zu erhalten hat. Gleichzeitig kann dann der Aufstockungsanspruch nach § 1573 Abs. 3 BGB ausgeschlossen werden. Oft wird auch ein Ausschluß des Rechts auf Kapitalabfindung gemäß § 1585 Abs. 2 BGB zweckmäßig sein. Da nach dem Gesetz der Unterhaltsanspruch eines Ehegatten gegen den geschiedenen Ehegatten nur durch Wiederverheiratung mit einem leistungsfähigen Ehegatten erlischt, kann durch Vereinbarung bestimmt werden, daß der Unterhaltsanspruch auch bei dauerndem ehelosen Zusammenleben mit einem leistungsfähigen Partner erlischt.

Anstelle der Modifikation des gesetzlichen nachehelichen Unterhaltsrechts kann auch vereinbart werden, daß dieses völlig ausgeschlossen werden soll und durch vereinbarte nacheheliche Unterhaltpflichten ersetzt wird. Solche rein vertragliche Unterhaltpflichten sind möglich und denkbar, insbesondere auch in Form einer Leibrente nach §§ 759 ff. BGB. Sie werden zweckmäßigerweise dann mit einer Wertsicherungsklausel gegen den Geldschwund abgesichert, die im Regelfall von der zuständigen Landeszentralbank nach § 3 des Währungsgesetzes zu genehmigen ist. Bei rein vorsorgenden Eheverträgen, insbesondere den Eheverträgen junger Ehegatten, werden derartige Vereinbarungen nur im Ausnahmefall zweckmäßig und gewünscht sein. Sie kommen jedoch bei Heirat älterer Ehegatten durchaus in Frage.

Durch die Neufassung des § 1579 BGB im Unterhaltsänderungsgesetz 1986 wurden die schon zuvor gegebenen Möglichkeiten der zeitlichen Begrenzung des nachehelichen Unterhalts abgesegnet. In der Praxis ist die zeitliche Begrenzung des nachehelichen Unterhalts etwa auf die doppelte Ehedauer eine häufig akzeptierte und sachgerechtere Alternative zum völligen Ausschluß.

VI. Ehen mit Ausländern

1. Grundzüge

So vielgestaltig wie die einzelnen Kulturkreise sind auch die Auffassungen vom Wesen der Ehe und die rechtlichen Vorschriften über das eheliche Verhältnis. Die Ehe mit Ausländern führt nicht nur zum Konflikt zwischen verschiedenen Lebensauffassungen und Mentalitäten, sondern regelmäßig auch zum rechtlichen Konflikt der Eherechte. Jeder Staat hat sein eigenes Eherecht, das sich regelmäßig von dem anderer Staaten erheblich unterscheidet. Bei Ehen zwischen Angehörigen verschiedener Staaten stellt sich also zunächst die Frage, welches Recht für ihre Ehe gelten soll. Diese Frage kann wiederum jeder der beiden betroffenen Staaten im Rahmen seiner Souveränität für sich selbst unabhängig von der Anschauung des anderen Staates beantworten. Als Anknüpfungspunkte kommen in Betracht die Staatsangehörigkeit, der Wohnsitz zum Zeitpunkt der Eheschließung, der etwaige spätere Wohnsitz oder die freie Wahl der Ehegatten. Jeder Staat kann frei wählen, welchen Anknüpfungspunkt er bevorzugen will. So kann er z. B. bestimmen, daß für das Recht der Ehe zwischen Angehörigen verschiedener Staaten das Heimatrecht des Mannes oder das Heimatrecht der Frau maßgeblich sein soll. Er kann bestimmen, daß dasjenige Recht maßgeblich sein soll, das in dem Staat gilt, in dem die Eheleute zur Zeit der Heirat ihren Wohnsitz haben, sofern dies einer der beiden Staaten ist, dem die Eheleute angehören. Er kann auch bestimmen, daß das Eherecht maßgeblich sein soll, das am Wohnsitz der Eheleute gilt, auch wenn sie beide die Staatsangehörigkeit dieses Staates nicht besitzen. Er kann schließlich bestimmen, daß das Eherecht maßgeblich sein soll, das die Eheleute vertraglich vereinbaren.

Das Rechtsgebiet, in dem ein Staat von dieser Bestimmungsbefugnis Gebrauch macht, nennt man internationales Privatrecht. Der Name ist insoweit irreführend, als es sich nicht um internationales, sondern um nationales Recht handelt. Auf Grund seiner Souveränität bestimmt ein Staat im Rahmen seines nationalen Rechtes, welches Recht maßgeblich sein soll, wenn z. B. Eheleute mit verschiedener Nationalität heiraten. Zu beachten ist dabei, daß jeder Staat sein internationales Privatrecht souverän aufstellt, ohne sich regelmäßig mit anderen Staaten abzustimmen.

In unserer weltoffenen Zeit mit internationalem Tourismus und internationalem Studentenverkehr werden Ehen zwischen Deutschen und Ausländern immer häufiger. Niemand sollte für diesen Fall an der Tatsache vorbeigehen, daß eine Ehe mit einem Ausländer immer rechtliche Probleme bringt. Als Grundsätze, die noch der Erläuterung bedürfen, seien genannt, daß die Probleme gering sind, wenn die Eheleute in Deutschland heiraten und während der ganzen Ehezeit in Deutschland leben. Schon schwieriger wird es, wenn zwar der Ehemann Deutscher ist, die Eheleute jedoch im Staat der Ehefrau ihren Wohnsitz nehmen. Geradezu gefährlich kann es jedoch für die Deutsche werden, die einen Ausländer heiratet und mit ihm in sein Heimatland geht.

Für alle Ehen zwischen Deutschen und Ausländern kann grundsätzlich empfohlen werden, die Probleme des ehelichen Güterrechts nicht auf die leichte Schulter zu nehmen und die erforderlichen Erkundigungen einzuziehen, auch wenn dies mit geldlichen und zeitlichen Aufwendungen verbunden ist. Wie noch zu zeigen sein wird, lassen sich die Schwierigkeiten von Ehen zwischen Deutschen und Ausländern ehevertraglich dann weitgehend beheben, wenn die Eheleute ihren ehelichen Wohnsitz in Deutschland nehmen. Zu größeren Schwierigkeiten oder sogar der Unmöglichkeit vernünftiger Vorsorge für die Zukunft kann es jedoch dann kommen, wenn die Eheleute ihren Wohnsitz im Heimatstaat des ausländischen Ehegatten nehmen. Hier ist der deutsche Notar oft überfordert. Nur beispielhaft und gewissermaßen als Warntafel soll eine kurze Einführung in das islamische Eherecht gegeben werden, das von uns geographisch nicht weit entfernt ist und infolge der Heirat mit Persern, Tunesiern, Algeriern oder Marokkanern gar nicht so selten als Güterstand einer Deutschen im islamischen Heimatstaat des Ehemannes in Betracht kommt.

2. Das islamische Eherecht

Mit dem Siegeszug des Islam, der zunächst durch Feuer und Schwert verbreitet wurde und in Zukunft im Rahmen der islamischen Revolution vielleicht auf geistigem Wege weitergehen wird, hat das islamische Recht über den Rahmen der arabischen Staaten hinaus in den islamischen Staaten und denjenigen Ländern Afrikas und Asiens, die die islamische Religion und Rechtsordnung anerkennen, Verbreitung gefunden. Das islamische Eherecht ist wie das gesamte islamische Recht ein religiöses Recht. Es gilt in den meisten arabischen Staaten fast noch in der Reinheit der Prophetenzeit weiter. Nur wenige aufgeklärte, westlich bestimmte Demokratien wie die Türkei haben ein staatliches Eherecht unter weitgehender Abweichung vom islamischen Eherecht eingeführt. Rechtsquellen des islamischen Eherechts sind der Koran, die Äußerungen der Propheten und die übereinstimmende Ansicht der Rechtsgelehrten.

Die Ehe ist historisch aus dem Brautkauf entstanden. Sie ist kein Vertrag mit religiösem Charakter wie etwa im Christentum, sondern ein Privatvertrag, durch den sich der Mann verpflichtet, der Frau eine Brautgabe zu zahlen und ihren Lebensunterhalt zu sichern, während die Frau ihm dafür geschlechtliche Beziehungen gestattet, die im islamischen Recht nur innerhalb der Ehe erlaubt sind. Ein Mohammedaner darf eine christliche oder jüdische Frau heiraten, eine Mohammedanerin jedoch nur einen Mohammedaner. Die Frau darf nur einen Ehemann haben, während der Mann bis zu vier Ehefrauen haben kann. Jedoch ist die Poligamie heute in vielen Staaten insbesondere Afrikas verboten oder eingeschränkt. Grundsätzlich erfolgt die Eheschließung mündlich vor zwei oder drei Zeugen. Für die volle Anerkennung der Ehe verlangen jedoch viele Staaten einen schriftlichen Ehevertrag, der von der geistlichen oder weltlichen Obrigkeit, dem Standesbeamten oder Notar zu beurkunden ist. Der Ehevertrag beurkundet einmal die Eheschließung selbst und zum zweiten die Morgengabe des Mannes an die Frau, die Rechte und Pflichten der Ehegatten und andere Vereinbarungen, wie z. B. die Voraussetzungen, unter denen die Frau die Scheidung verlangen kann. Er ist also ein Ehevertrag auch in unserem Sinne hinsichtlich der ehelichen Rollenverteilung und der Regelung der Scheidungsfolgen. Z. B. kann die Frau sich das Scheidungsrecht vertraglich ausbedingen für den Fall des Verzuges des Mannes mit dem Unterhalt, der Anheiratung einer weiteren Frau oder der körperlichen Mißhandlung. Die Morgengabe wird der Frau vor der Eheschließung übergeben und steht ihr während der Ehe zur freien Verfügung zu. Nach der

Scheidung verbleibt sie ihr und stellt so ihre finanzielle Sicherheit für den Scheidungsfall dar. Das islamische Recht kennt den Geschiedenenunterhalt nicht. In der Ehe hat der Mann das sagen Die Frau ist ihm Achtung schuldig. Zur Berufsausübung bedarf sie der Zustimmung des Mannes. Die elterliche Gewalt über die Kinder steht ausschließlich dem Manne zu. Nach seinem Tod wird sie von seinem nächsten männlichen Verwandten ausgeübt, geht also nicht etwa auf die Witwe über.

Vom abendländischen Standpunkt aus anstößig, etwa in Saudi-Arabien oder im Jemen oder jedoch noch rein praktiziert ist das Recht der islamischen Ehescheidung. Die Ehe wird aufgelöst durch Verstoßung, Vertrag oder gerichtliche Scheidung. Das Recht zur Verstoßung steht ausschließlich dem Manne zu. Es gilt noch in den meisten islamischen Ländern, muß aber zum Teil vor dem Gericht ausgesprochen werden. Die Verstoßung erfolgt unter Gebrauch der jeweiligen Verstoßungsformel, z. B. durch dreimalige Wiederholung des Satzes: ,,Ich verstoße dich". Durch diese Verstoßung ist die Ehe aufgelöst, ohne daß sich die Frau dagegen wehren kann. Der mit einem Mohammedaner in dessen Land verheirateten Ausländerin bleibt dann nur noch die Hoffnung, daß ihr der ausländische Staat die freie Ausreise gestattet, was gar nicht selbstverständlich ist. Ihre Kinder ist sie wie gesagt endgültig los.

Die vertragliche Auflösung der Ehe ist immer möglich. Insofern kennt der Islam seit jeher die einverständliche Scheidung.

Neuere Gesetze geben teilweise auch der Frau ein Scheidungsrecht, das jedoch anders als die Verstoßung durch den Mann nur bei bestimmten Gründen besteht, z. B. bei Nichtleistung von Unterhalt, Verurteilung zu längerer Gefängnisstrafe oder sonstigen schweren Eheverfehlungen.

Die Kautelarpraxis der deutschen Notare hat Eheverträge entwickelt, die bei Heirat von Mohammedanern mit deutschen Frauen in Deutschland abgeschlossen werden, in der Hoffnung, daß diese Eheverträge auch im Heimatland anerkannt werden, wenn die Ehegatten dort ihren Wohnsitz nehmen. Wie immer bei Heirat mit Ausländern ist es aber auch hier regelmäßig empfehlenswert, schon vor der Heirat im Heimatland des Ausländers abzuklären, ob ein derartiger Ehevertrag auch anerkannt wird oder ob etwa seine Wiederholung oder sein erstmaliger Abschluß vor oder nach der Eheschließung im Heimatland des Ausländers erforderlich ist. Bisher scheinen in den islamischen Eheländern derartige in Deutschland abgeschlossene Eheverträge grundsätzlich anerkannt worden zu sein. Ob dies auch noch nach der islamischen Revolution etwa im Iran gelten wird, mag fraglich sein. Die Ehe einer Deutschen mit einem Mohammedaner wird dann zum kaum kalkulierbaren Risiko, wenn sich die Ehegatten im Heimatland des Mannes ansiedeln.

3. Das deutsche Internationale Ehegüterrecht

Bis zu dem Beschluß des Bundesverfassungsgerichts vom 22. 2. 1983 (FamRZ 1983, 562 = NJW 1983 1968) war nach Art. 15 Abs. 1 und 2 Halbsatz 2 des Einführungsgesetzes zum bürgerlichen Gesetzbuch EGBGB für den Güterstand gemischt-nationaler Ehen die Staatsangehörigkeit des Mannes maßgeblich. Heiratete also eine Deutsche einen Spanier, so lebten die Eheleute im spanischen gesetzlichen Güterstand der Errungenschaftsgemeinschaft.

Diese Anknüpfung an die Staatsangehörigkeit des Mannes verstieß jedoch, was das Bundesverfassungsgericht verbindlich feststellte, gegen den Grundsatz der Gleichberechtigung der Geschlechter, wie ihn Art. 3 des Grundgesetzes enthält, und ist deshalb verfassungswidrig und nichtig. Seit dem 1. 9. 1986 ist das Gesetz zur Neuregelung des Internationalen Privatrechts in Kraft (BGBl 1986 I S. 1142). Es hat die entsprechenden Vorschriften des Einführungsgesetzes zum Bürgerlichen Gesetzbuch (EGBGB) dem Gleichberechtigungsgrundsatz angepaßt und die Möglichkeit der Wahl des Güterstandes eingeführt. Nach Art. 15 EGBGB unterliegen die güterrechtlichen Wirkungen der Ehe dem bei der Eheschließung für die allgemeinen Wirkungen der Ehe maßgebenden Recht. Nach Art. 14 EGBGB unterliegen der allgemeinen Wirkungen der Ehe in erster Linie dem Recht des Staates, dem beide Ehegatten angehören oder während der Ehe zuletzt angehörten, wenn einer von ihnen diesem Staat noch angehört.

Gibt es keine gemeinsame Staatsangehörigkeit der Ehegatten in diesem Sinne, bestimmen sich die allgemeinen Wirkungen der Ehe und das Ehegüterrecht nach dem recht des Staates, in dem beide Ehegatten ihren gewöhnlichen Aufenthalt haben oder während der Ehe zuletzt hatten, wenn einer von ihnen dort noch seinen gewöhnlichen Aufenthalt hat. Auf diese Weise läßt sich regelmäßig der Güterstand von Ehegatten verschiedener Nationalität bestimmen. Heiratet etwa eine deutsche Frau einen Franzosen und nehmen sie ihren ersten ehelichen Wohnsitz im Gebiet der Bundesrepublik Deutschland, so gilt Ehegüterrecht nach BGB.

Hilfsweise für den Fall, daß die Ehegatten auch keinen gemeinsamen gewöhnlichen Aufenthalt in einem Staat haben oder hatten, gilt das Recht des Staates, mit dem die Ehegatten auf andere Weise gemeinsam am engsten verbunden sind.

Diese gesetzliche Regelung, die auf der von dem deutschen Rechtswissenschaftler Kegel entwickelten „Kegelschen Leiter" basiert, kann von den beteiligten Eheleuten für ihren Güterstand durch Vereinbarung im Rahmen der neu eingeführten Rechtswahl nach Art. 15 Abs. 2 EGBGB geändert oder bestätigt werden. Nach dieser Vorschrift können die Ehegatten für die güterrechtlichen Wirkungen ihrer Ehe wählen
– das Recht des Staates, dem einer von ihnen angehört,
– oder das Recht des Staates, in dem einer von ihnen seinen gewöhnlichen Aufenthalt hat,
– oder für unbewegliches Vermögen das Recht des Lageorts.
Die Rechtswahl muß notariell beurkundet werden. Sie unterliegt damit den Vorschriften des Ehevertrages. Die Rechtswahl erlaubt Ausländerehen oder Ehen von Deutschen mit Ausländern die Integration in das deutsche Ehegüterrecht. Wird deutsches Güterrecht gewählt, so eröffnet sich den Eheleuten die volle Ehevertragsfreiheit. Sie können es also beim gesetzlichen Güterstand der Zugewinngemeinschaft belassen, diese modifizieren, oder Gütertrennung oder Gütergemeinschaft vereinbaren.

Hervorzuheben ist, daß diese Rechtswahl zunächst nur im deutschen Recht Gültigkeit hat. Ob der Heimatstaat eines Ausländers für sein Rechtsgebiet die Rechtswahl anerkennt, entscheidet er im Rahmen seines Internationalen Privatrechts selbst. Man wird davon ausgehen können, daß die Rechtswahl im Bereich des Güterrechts Aussicht auf Anerkennung in den meistan ausländischen Staaten hat (Henrich FamRZ 1986, 847). Deshalb kommt eine Rechtswahl lediglich für unbewegliches Vermögen im Bereich der Bundesrepublik Deutschland nur in Betracht, wenn man den betreffenden Ausländern, deren Güterstand der deutsche Notar nicht oder nur schwer ermitteln kann, den Grundstückserwerb hier ermöglichen will, ohne sie im übrigen aus ihrem Heimatrecht herauszulösen.

Art. 14 und 15 EGBGB in ihrer neuen Fassung gelten zunächst nur für Ehen, die nach dem 1. 9. 1986 geschlossen wurden. Für Altehen gelten die komplizierten Übergangsvorschriften des Art. 220 EGBGB. Für Ehen, die nach dem 31. 3. 1953 und vor dem 9. 4. 1983 geschlossen wurden, gilt bis zum letzteren Termin das alte Recht. Auf den 9. 4. 1983 tritt dann für diese Ehen das neue Recht in Kraft. Dies kann bedeuten, daß auf diesen Zeitpunkt ein Wechsel von einem Güterstand der Gütergemeinschaft zu einem Güterstand der Gütertrennung erfolgt ist. Für Ehen, die vor dem 1. 4. 1953 geschlossen wurden, gilt das alte Recht mit der Möglichkeit der Rechtswahl. Für Ehen, die nach dem 8. 4. 1983 geschlossen wurden, gilt Art. 15 EGBGB in seiner neuen Fasung.

Derartige Altehen sollten sich insbesondere dann, wenn Grundbesitz vorhanden ist, über ihr Güterrecht und die Möglichkeiten der Rechtswahl beraten lassen. Dies gilt insbesondere auch für Ehen zwischen Deutschen und Italienern, für die bis 23. 8. 1987 das Haager Ehewirkungsabkommen galt (vgl. Palandt/Heldrich, Anhang zu Art. 15 EGBGB Anm. 3). Hier sind noch längst nicht alle Streitfragen geklärt.

4. Das deutsche Internationale Privatrecht der Ehescheidung

Die Scheidung unterliegt nach Art. 17 EGBGB dem Recht, das im Zeitpunkt der Rechtshängigkeit des Scheidungsantrags für die allgemeinen Wirkungen der Ehe maßgeblich ist. Damit gilt Art. 14 EGBGB mit der Anknüpfung an die Kegelsche Leiter und der Möglichkeit der Rechtswahl.

Ehescheidungen im Ausland haben in der Bundesrepublik regelmäßig nur dann Geltung, wenn sie behördlich, meistens durch das zuständige Justizministerium, anerkannt werden. Soweit die Scheidung nach den Gesetzen des ausländischen Staates wirksam vorgenommen wurde, wird die Anerkennung gewährt. So wird etwa einem im Iran oder in Nordjemen durch den dreimaligen Gebrauch der Formel: ,,Ich verstoße dich" rechtskräftig geschiedene Ehe auch in Deutschland als geschieden anerkannt. Andererseits haben Schnellscheidungen in den bekannten Scheidungsparadiesen wie Mexiko oder Haiti in Deutschland keine Aussicht auf Anerkennung. Schwierig wird es, wenn ein Staat mehrere Formen von Scheidungen kennt, wie etwa die afrikanische Republik Ghana. Dort gibt es dreierlei Arten von Ehen, die zivile monogame Ehe, die mohamedanische Ehe und die Heirat nach einem der verschiedenen Eingeborenenrechte. Entsprechend verschieden sind auch die Scheidungsverfahren. Aus Zeitungsmeldungen erfuhr man von sogenannten Whisky-Scheidungen, bei denen der Stammeshäuptling eine Privatscheidung im Schnellverfahren vornahm, deren abschließender und sicherlich nicht unwesentlicher Bestandteil ein Umtrunk war. Bei der Anerkennung solcher Scheidungen tun sich die Behörden natürlich schwer. Nicht also nur die Eingehung und die Führung einer Ehe mit Ausländern, sondern auch deren Auflösung kann Schwierigkeiten machen. Insgesamt muß nochmals der dringliche Rat wiederholt werden, bei Ehen mit Ausländern in jedem Stadium eingehend kompetenten Rechtsrat einzuholen und sich an diesen auch zu halten.

VII. Die außereheliche Lebensgemeinschaft

1. Grundsätzliches

Nicht erst seit die spektakuläre kalifornische Entscheidung im Falle Marvin gegen Marvin durch die Weltpresse ging, in der der Lebensgefährtin des Hollywoodstars Lee Marvin ein ansehnlicher „Zugewinnausgleich" zugesprochen wurde, steht die nichteheliche Lebensgemeinschaft in Deutschland in der Diskussion. Sie beschäftigt in verschiedenen Aspekten zunehmend die Gerichte und wurde auch als Gegenstand wissenschaftlicher Erörterung rezipiert. Ihre gesellschaftliche Rezeption spiegelt sich im Wandel ihrer Bezeichnung vom „Konkubinat" über die „wilde Ehe", das „Bratkartoffelverhältnis", die „Onkelehe" zur „faktischen Ehe", „freien Partnerschaft", „alternativen Lebensgemeinschaft", „eheähnlichen Lebensgemeinschaft", schließlich wertneutral zur „Ehe ohne Trauschein", „nichtehelichen Lebensgemeinschaft" oder „außerehelichen Lebensgemeinschaft". Soziologisch ist die außereheliche Lebensgemeinschaft zu einem Typus sozialen Verhaltens geworden, wobei die Statistiker mit der Explosion der Zahlen derartiger Gemeinschaften kaum noch mitkommen (Wingen FamRZ 1981, 331). Heute bedienen „Institute" des „Partnerschaftsservice" einen „bundesdeutschen Partnerschaftsmarkt" (Gilles NJW 1983, 396), wobei sich werkvertragliche Probleme der Art auftun, was wohl ein „mangelfreier" Partner ist und wie der „Passensgrad" eines vermittelten Lebensgefährten zu beurteilen sei. Das Bundesverfassungsgericht hat die nichteheliche Lebensgemeinschaft für verfassungsrechtlich unbedenklich erklärt. (NJW 1981, 1201). Während es im Ausland bereits gesetzliche Regelungen für die nichteheliche Lebensgemeinschaft gibt, hält sich der deutsche Gesetzgeber klugerweise zurück und überläßt die Erarbeitung von Rechtsgrundsätzen der Rechtsprechung, die insgesamt die Aufgabe gelöst hat. Zentrales Thema ist hier die Regelung der Auseinandersetzungsproblematik, da die Beendigung einer nichtehelichen Lebensgemeinschaft nicht selten in der Weise erfolgt (Amtsgericht Bruchsal NJW 1981, 1674), daß ein Partner bei Rückkehr von Arbeit oder Urlaub das Türschloß der gemeinsamen Wohnung ausgewechselt findet und nun sehen muß, wie er zu seinem Recht kommt.

Die Rechtsprechung insbesondere des Bundesgerichtshofs (FamRZ 1980, 664; FamRZ 1981, 530; FamRZ 1982, 1065; FamRZ 1983, 349; FamRZ 1983, 791; FamRZ 1983, 1213) hat sich den Problemen gestellt und sie einer befriedigenden Lösung zugeführt. Zusammengefaßt stellen sich die Grundsätze dieser Rechtsprechung wie folgt dar:

Der BGH schließt für die nichteheliche Lebensgemeinschaft in der Form der Ehe auf Probe, des vorübergehenden Zusammenlebens, des auf Dauer angelegten Zusammenlebens und der gleichgeschlechtlichen Gemeinschaften die direkte oder analoge Anwendung eherechtlicher Normen oder des Verlöbnisrechts aus. Nach seiner Auffassung ist die nichteheliche Lebensgemeinschaft etwas anderes als die Ehe oder das Verlöbnis. Sie ist auch keine Rechtsgemeinschaft, die man insgesamt gesellschaftsrechtlichen Regeln unterwerfen könnte. Vielmehr stehen die persönlichen Beziehungen der Partner im Vordergrund. Das bedeutet, daß persönliche und wirtschaftliche Leistungen nach dem Willen der Partner nicht gegeneinander aufgerechnet werden dürfen. Natürlich sind wie zwischen Eheleuten auch zwischen den Partnern der nichtehelichen Lebensgemeinschaft besondere Vereinbarungen möglich, die dann auch für die Auseinandersetzung anläßlich der Trennung der Partner maßgeblich sind. So können sich die Partner etwa zum Zweck des Erwerbs und Haltens eines gemeinsamen Heims in der Rechtsform einer Gesellschaft bürgerlichen Rechts zusammenschließen. Darlehen, Dienstverträge, Arbeitsverträge, Mietverträge usw. sind zwischen ihnen wie zwischen Fremden möglich. Die Partner können auch Einzelbereiche ihres Zusammenlebens oder das Zusammenleben insgesamt durch Partnerschaftsverträge regeln.

Schenkungen mit der Folge des möglichen Schenkungswiderrufs sind in der nichtehelichen Lebensgemeinschaft wie in der Ehe die Ausnahme gegenüber der der Verwirklichung der Lebensgemeinschaft und der Unterhaltung und Versorgung des Partners dienenden „unbenannten Zuwendung", die keinen Schenkungscharakter hat (vgl. S. 54 ff.). Liegt ausnahmsweise dennoch Schenkung vor, so kann grober Undank nicht ohne weiteres im Verlassen des Partners gesehen werden, da die jederzeitige Auflösbarkeit zum Wesen der nichtehelichen Lebensgemeinschaft gehört und mit ihr gerechnet werden muß.

Bereicherungsrecht in der Form des § 812 Abs. 1 Satz 2, 2. Alternative BGB ist zur Abwicklung von Zuwendungen regelmäßig nicht geeignet, da hier zwischen Leistung und Gegenleistung eine direkte gezielte Abhängigkeit bestehen muß. Es genügt nicht, daß die Zweckbestimmung, also z. B. die Fortseztung der Partnerschaft oder die Erbeinsetzung durch den anderen Partner, lediglich der Beweggrund der Leistungen geblieben ist, mag das Motiv vom Partner auch erkannt worden sein, oder für ihn erkennbar gewesen sein. Die Nichtabrechnung und Nichtrückforderbarkeit von Verwendungen auf das Vermögen des Partners und von Zuwendungen an den Partner gehören ebenso zum Wesen der nichtehelichen Lebensgemeinschaft wie ihre rechtliche Unverbindlichkeit und jederzeitige Auflösbarkeit. Wenn der zuwendende Partner nicht auf dinglicher Beteiligung, dinglicher Sicherheit oder Vereinbarung von Ausgleichs- oder Rückforderungsrechten besteht, hat der Richter bei Beendigung der Lebensgemeinschaft regelmäßig keinen Anlaß eine Auseinandersetzung oder Rückabwicklung vorzunehmen.

Bei Dauerschuldverhältnissen wie einem Grundpfanddarlehen oder einem Abzahlungskredit gilt ab Beendigung der nichtehelichen Lebensgemeinschaft, daß der Eigentümer des finanzierten Gegenstandes für die künftige Verzinsung und Tilgung selbst aufzukommen hat.

Von der grundsätzlichen Nichtabrechnung gegenseitiger Leistungen macht der Bundesgerichtshof dann eine Ausnahme, wenn ein Vermögensgegenstand oder ein Zweckvermögen (Hausgrundstück, Gewerbebetrieb) formell im Alleineigentum nur eines Partners steht, die Partner jedoch nach ihrer Vorstellung einen – wenn auch nur wirtschaftlich-gemeinschaftlichen Wert schaffen wollten, der von ihnen für die Dauer der Partnerschaft nicht nur gemeinsam benutzt werden würde, sondern ihnen nach ihrer Vorstellung auch gemeinsam gehören sollte. Hier wendet der BGH die §§ 730 f. BGB über die Rechtsgemeinschaft entsprechend an, wobei die Quote der beiderseitigen Beteiligung nicht nach § 722 Abs. 1 BGB schematisch je ½ beträgt, sondern nach Billigkeit zu ermitteln ist. Regelmäßig ist dann in Geld abzufinden. Sehr zu beachten ist die ausdrückliche Feststellung des BGH im Grundsatzurteil vom 24. 3. 1980 (BGHZ 77, 55), daß es

des Nachweises besonderer Anhaltspunkte für einen Vergemein-
schaftsunwillen bedarf, wenn formell nur ein Partner erwirbt,
also z. B. als Alleineigentümer im Grundbuch eingetragen wird.
In dieser ausnahmsweisen Zulassung der Rückabwicklung liegt
der Schwerpunkt der Problematik der rechtlichen Behandlung
der nichtehelichen Lebensgemeinschaft.

Die rechtliche Regelung der Rückabwicklungsproblematik im
Vermögensbereich ist auch der Schwerpunkt von Partnerschafts-
verträgen, die den Partnern einer nichtehelichen oder außerehelichen Lebensgemeinschaft, die sich auf ein längeres Zusammenleben einrichten, nur empfohlen werden kann. Bevor wir uns jedoch der vertraglichen Ausgestaltung der außerehelichen Lebensgemeinschaft zuwenden wollen, sollen zunächst die Typen der
außerehelichen Lebensgemeinschaft und die Vor- und Nachteile
dieser Form des Zusammenlebens kurz erläutert werden.

2. Typen der außerehelichen Lebensgemeinschaft

a) Ehe auf Probe

Im Gefolge geänderter Moralvorstellungen ist zunehmend festzustellen, daß sich junge Leute vor der Heirat zunächst zu einem
außerehelichen Verhältnis zusammentun, um zu erproben, ob sie
wirklich füreinander bestimmt sind. Diese Form der Ehe auf Probe wird oft auch von den Eltern gebilligt oder sogar gefördert.
Man geht dabei von dem nicht von der Hand zu weisenden Argument aus, daß eine Ehe auf Probe, die vielleicht nach kurzer Zeit
wieder zum Auseinandergehen der Partner führt, besser ist, als
die vielen Frühscheidungen mit ihren nicht unerheblichen Problemen. Oft wird die Ehe auf Probe auch von denen gewählt, die
zum endgültigen Zusammenbleiben entschlossen sind, bei denen
aber noch nicht die wirtschaftlichen Voraussetzungen für die
Führung eines geregelten gemeinsamen Hausstandes vorliegen.
Zu denken ist hier etwa an das Zusammenleben von Studenten.
Die Ehe auf Probe findet ihre zeitlichen und sachlichen Grenzen
im Wunsch nach Kindern, die als eheliche Kinder aufgezogen
werden sollen, im Wunsch nach Festigung des gemeinsamen Verhältnisses oder auch im Eingehen auf die gesellschaftlichen Anschauungen, nach denen immer noch und auch zu Recht die Ehe
als Normalform des Zusammenlebens zwischen Mann und Frau

gilt. Für die Übergangszeit der Ehe auf Probe sollte ein Partnerschaftsvertrag geschlossen werden, bei dem vor allem darauf ge-
achtet werden muß, daß die Beziehungen im Vermögensbereich
jederzeit aufkündbar bleiben. Gemeinschaftliches Vermögen sollte möglichst nicht gebildet werden. Insbesondere sollten Grundstücke nicht gemeinsam erworben werden. Macht ein Partner
erhebliche Aufwendungen für den anderen Partner, so sollten
diese, soweit sie vermögenswerter Natur sind, so gehandhabt
werden wie zwischen Fremden. Finanziert etwa die Sekretärin
dem Studenten das Studium, so sollten alle ihre Aufwendungen
festgehalten und als Darlehen behandelt werden, das mit Aufhebung der Gemeinschaft fällig wird. Sonstige Schenkungen zwischen den Partnern der Ehe auf Probe sollten, soweit sie das
Ausmaß von Gelegenheitsgeschenken zum Geburtstag und zu
den Festtagen überschreiten, tunlichst unterbleiben. Überhaupt
sollte den Partnern der Ehe auf Probe immer bewußt bleiben, daß
diese Art des Zusammenlebens von ihnen als vorübergehend gedacht ist.

b) Außereheliche Lebensgemeinschaft als Dauerbeziehung

Auch für eine nach dem gemeinsamen Willen der Partner auf
die Dauer angelegte Lebensgemeinschaft zwischen Mann und
Frau kommt an Stelle der Ehe die außereheliche Lebensgemeinschaft in Betracht. Die Motive zur Vermeidung der Ehe können
verschiedenster Art sein. Es wird ihnen regelmäßig der Wunsch
nach größerer Freiheit in der Gestaltung der gegenseitigen Beziehungen zu Grunde liegen, als dies in den rechtlichen Schranken
der bürgerlichen Ehe möglich ist. Diese Freiheit müssen sich die
Partner dann aber auch durch größere Unsicherheit in ihren Beziehungen erkaufen. Diese Unsicherheit äußert sich insbesondere
in der jederzeitigen folgenlosen Aufkündbarkeit der Zweierbeziehung ohne schmerzliches Ehescheidungsverfahren, in der größeren gesellschaftlichen und partnerschaftlichen Freiheit der Partner auch im Umgang mit Dritten, in der größeren wirtschaftlichen und beruflichen Selbständigkeit der Partner, überhaupt in
der jederzeitigen Widerruflichkeit ihres Zusammenlebens. Die
Alternative innerhalb des Eherechts wäre die Ehe mit Ehevertrag
über Gütertrennung, Ausschluß des Versorgungsausgleichs und
Abbedingung nachehelichen Unterhalts. Die noch größere Freiheit des außerehelichen Verhältnisses muß durch die beschriebe-

nen größeren Unsicherheiten erkauft werden. So gesehen ist die
außereheliche Lebensgemeinschaft in diesem Sinn nur zwischen
wirtschaftlich selbständigen, kinderlosen Doppelverdienern zu
verwirklichen. Sie bedarf des Partnerschaftsvertrages, in dem zumindest die Grundlagen des Zusammenlebens geregelt werden.

c) Außereheliche Lebensgemeinschaft von noch verheirateten Personen

Unter der Geltung des alten Scheidungsrechts, bei dem ein
Ehepartner den anderen auch gegen dessen Willen bei Vorliegen
bestimmter Voraussetzungen an der Ehe festhalten konnte, waren
Lebensgemeinschaften des so gegen seinen Willen an die Ehe
geketteten Partners mit einem neuen Lebensgefährten häufig.
Nach dem neuen Scheidungsrecht, das spätestens nach fünf Jahren
zur Scheidung aller Ehen führen kann, stellen diese Lebensgemeinschaften nur noch einen Übergang dar. Die Gefahr, daß Partnerschaftsverträge innerhalb derartiger Lebensgemeinschaften von
der Rechtsprechung als sittenwidrig angesehen werden könnten,
ist hier besonders groß. Dennoch sollte für die Übergangszeit bis
zur Scheidung und zur etwaigen Eingehung einer neuen Ehe auf
einen Partnerschaftsvertrag grundsätzlich nicht verzichtet werden.

d) Die Onkelehe

Der Begriff der Onkelehe hat sich sosehr eingebürgert, daß er
für Lebensgemeinschaften älterer Menschen kennzeichnend geworden ist. Das Bestreben, durch die Heirat nicht die Rente der
Ehefrau zu verlieren, muß nicht das Motiv derartiger Lebensgemeinschaften sein. Oft sind beide Partner im vorgerückten Alter
und haben aus vorhergegangenen Ehen jeweils Kinder und Enkel.
Durch eine Eheschließung wollen sie unterhaltsrechtlich und vor
allen Dingen erbrechtlich sowie in der Vermögenssphäre keine
Schwierigkeiten schaffen. Sie wollen zwar zusammenleben, ohne
jedoch ihre Vermögen und ihre Verwandschaften miteinander in
Beziehung zu bringen. Auch innerhalb der Ehe lassen sich die
Probleme solcher Partnerschaften älterer Menschen lösen. In Betracht käme der Ehevertrag mit Gütertrennung, Verzicht auf Versorgungsausgleich und Unterhalt nach der Scheidung und ein Vertrag über den gegenseitigen Verzicht auf Erb- und Pflichtteilsrechte. Hierdurch läßt sich auch innerhalb der Ehe eine völlige vermögensrechtliche, unterhaltsrechtliche, versorgungsrechtliche und

erbrechtliche Trennung der Ehegatten erreichen. Soll dem einen Ehegatten etwa nach dem Tod des anderen als Vermächtnis ein lebenslanges Wohnungsrecht im Hause des vorverstorbenen Ehegatten vermacht werden, so kann lediglich ein Pflichtteilsverzicht erklärt werden und das entsprechende Vermächtnis in den Ehevertrag aufgenommen werden. Ein derartiges Vermächtnis ist natürlich auch bei der außerehelichen Lebensgemeinschaft möglich. Erbschaftsteuerlich ist es aber günstiger, wenn die Partner verheiratet sind.

e) Sonstige Lebensgemeinschaften

Nicht zu übersehen sind auch die rechtlichen Probleme sonstiger Lebensgemeinschaften, bei denen die Möglichkeit der Ehe nicht besteht. Zu denken ist hier etwa an das Zusammenleben unverheirateter Geschwister mit Rollenverteilung in der Führung des Haushaltes ohne Geschlechtsgemeinschaft. Zu denken ist auch an das Zusammenleben Gleichgeschlechtlicher mit und ohne Geschlechtsgemeinschaft. Auch diese Beziehungen können von der Rechtsordnung nicht negiert werden. Die Beteiligten derartiger Lebensgemeinschaften tun ebenfalls gut, ihre Beziehungen durch einen Partnerschaftsvertrag zu regeln.

3. Grenzen der außerehelichen Lebensgemeinschaft

a) Kinder

Sind gemeinsame Kinder vorhanden oder gewünscht, so sollten sich die Partner in jedem Fall zur Ehe entschließen. Aufziehen, Erziehen, persönliche und wirtschaftliche Betreuung eines Kindes dauern durchschnittlich etwa 20 Jahre. Wer Kinder haben will, muß die Zweierbeziehung mindestens auf diese Zeit planen. Das ist jedoch der Fall der Ehe. Angesichts der dargestellten Vertragsfreiheit im Eherecht kann die Ehe heute fast allen Wünschen angepaßt werden. Für Kinder ist sie nach wie vor der ideale Rahmen. Alle noch so modernistischen Auffassungen können nichts daran ändern, daß für ein Kind die Begriffe Mutter, Vater und Familie naturrechtliche Gewalt haben. Grundlegend ist hier die nach dem Gleichberechtigungsgesetz beiden Elternteilen als Recht, vielmehr jedoch noch als Verantwortung obliegende elterliche Sorge. Sie wirkt sich regelmäßig zum Wohl des Kindes aus.

Kinder aus außerehelichen Lebensgemeinschaften sind im Sinn des Gesetzes nichtehelich. Die elterliche Sorge steht lediglich der Mutter zu. Der Vater kann die Vaterschaft anerkennen, womit dann ein Verwandtschaftsverhältnis zwischen ihm und dem Kind mit der Folge der Unterhaltspflicht und des Erbrechts besteht. Trotzdem hat der Vater dann aber nicht die elterliche Sorge. Auch wenn auf Antrag des Vaters mit Zustimmung der Mutter das Kind vom Vormundschaftsgericht in besonderen Fällen für ehelich erklärt worden ist, wird damit das Kind zwar das eheliche Kind des Vaters, obwohl die Eltern nicht miteinander verheiratet sind, gleichzeitig verliert jedoch die Mutter das Recht, die elterliche Sorge auszuüben. Sie behält lediglich ein Umgangsrecht. Gemeinschaftliche gleichberechtigte elterliche Sorge ist also in der außerehelichen Lebensgemeinschaft rechtlich nicht zu verwirklichen. Durch die beschriebene Sorgerechtsverteilung ist auch das Schicksal der Kinder nach der Auflösung der außerehelichen Lebensgemeinschaft vorprogrammiert. Der nichteheliche Vater ist nach der Trennung bloßer Zahlvater und muß sich sogar das Besuchsrecht unter Umständen gerichtlich erstreiten. Wurde das Kind zum ehelichen Kind des Vaters erklärt, hat dieser auch das Recht, bei Auflösung der außerehelichen Lebensgemeinschaft über das Kind zu bestimmen. Dies kann die Mutter regelmäßig nicht akzeptieren.

Nur hingewiesen werden kann auf die Schwierigkeiten des Namensrechts. Bei der außerehelichen Lebensgemeinschaft gibt es keinen Familiennamen. Das Kind heißt entweder im Regelfall wie die Mutter, oder bei Ehelichkeitserklärung wie der Vater. Mit einem Elternteil hat es aber immer keinen gemeinsamen Namen.

Nicht eingegangen werden soll auch auf die gesellschaftliche Diskriminierung von Kindern aus außerehelichen Lebensgemeinschaften, die eine nicht zu leugnende Tatsache ist.

Die außereheliche Lebensgemeinschaft ist eine mögliche Form des Zusammenlebens unabhängiger Partner. Diese Unabhängigkeit sollte jedoch nicht auf Kosten der Kinder gehen. Werden Kinder geboren, so ist dies der Fall der Eheschließung. Die bisherige Freiheit kann man im weitesten Umfang durch Abschluß entsprechender Eheverträge aufrecht erhalten.

b) Steuerrecht

Bei der laufenden Besteuerung des Einkommens haben Eheleute den Vorteil des sogenannten „Splittings". Beim Splitting werden die Einkünfte beider Ehegatten, soweit sie nicht dauernd getrenntleben, zusammengerechnet. Die Einkommensteuer wird dann in der Weise ermittelt, daß sie von der Hälfte des zu versteuernden Einkommensbetrages errechnet wird und der sich so ergebende Betrag anschließend verdoppelt wird. Jedem Ehegatten wird also die Hälfte des Gesamteinkommens der Ehegatten fiktiv zugerechnet. Dies führt etwa bei der Hausfrauenehe zu einer wesentlichen Steuerersparnis, weil dem Einkommen des alleinverdienenden Ehegatten hier die Progressionsspitze abgeschnitten wird.

Bei gleichhohem Einkommen der Ehegatten ist das Splitting manchmal wegen des Entfalls von absetzbaren Werbungskosten und vermögenswirksamen Leistungen in seinen Auswirkungen ungünstiger als die getrennte Versteuerung nichtverheirateter Personen. Dies sind jedoch nur seltene Ausnahmefälle.

Viel erheblichere Nachteile der außerehelichen Lebensgemeinschaft gegenüber der Ehe liegen steuerlich jedoch im Bereich der Erbschaft- und Schenkungsteuer. Schenkungen zwischen Ehegatten und die Beerbung eines Ehegatten durch den anderen unterliegen nach dem Erbschaft- und Schenkungsteuergesetz der günstigsten Steuerklasse I. Zudem ist erst dann Steuer zu zahlen, wenn der Erwerb durch Schenkung oder Erbfall den Freibetrag von 250 000 DM übersteigt. Im Erbfall erhöht sich dieser Freibetrag noch um einen weiteren Versorgungsfreibetrag von nochmals 250 000 DM. Weitere Freibeträge bestehen für Hausrat, Kunstgegenstände und Sammlungen in Höhe von insgesamt 40 000 DM und für andere bewegliche Sachen in Höhe von 5000 DM. Der Schenkungsfreibetrag lebt nach jeweils 10 Ehejahren wieder auf und kann durch erneute steuerfreie Schenkungen oder Erbschaft ausgenutzt werden. Diese hohen Freibeträge führen insbesondere auch angesichts dessen, daß Grundbesitz erbschaftsteuerlich nicht mit dem Verkehrswert, sondern regelmäßig mit 140% des steuerlichen Einheitswertes bewertet wird, dazu, daß zwischen Ehegatten bei Schenkung und besonders im Todesfall regelmäßig keine oder allenfals nur geringe Steuer anfällt.

Ganz anders ist dies bei der außerehelichen Lebensgemein-

schaft. Die Partner dieser Lebensgemeinschaft werden vom Erb-
schaft- und Schenkungsteuerrecht als Fremde behandelt. Den gegenseitigen Erwerb durch Schenkung oder Erbschaft müssen sie
nach der höchsten Steuerklasse IV besteuern. Sie haben nur den
allgemeinen Freibetrag von 3000 DM. Die Schenkung- oder Erbschaftsteuer kann erheblich sein. Schon bei einem Erwerb im
Werte von 50000 DM beträgt sie 20%. Bei 100000 DM sind es
schon 24%, bei 250000 DM 32%, bei 700000 DM 42% und bei
einem Erwerb in Höhe von 2000000 DM 50%. In diesen Fällen
gehen also rund ⅕, ⅓ oder sogar die Hälfte des Erwerbs an den
Staat. Steuerfrei sind lediglich Zuwendungen zum angemessenen
Unterhalt oder zur Ausbildung sowie die üblichen Gelegenheits-
geschenke zu Weihnachten oder zum Geburtstag. Alle anderen
Schenkungen und insbesondere die Erbschaft können zu erheblicher Steuerbelastung führen. Für die Lebensgemeinschaft wohl-
habender Personen, die sich gegenseitig beschenken oder beerben
wollen, ist damit die außereheliche Form ungeeignet. Diese Partner müssen heiraten. Sie können sich in entsprechenden Eheverträgen im übrigen von allen ihnen lästigen Beschränkungen des
Eherechts und Ehegüterrechts befreien.

4. Die Ausgestaltung der außerehelichen Lebensgemeinschaft

a) Der Partnerschaftsvertrag

Wie schon betont, sollte der Vertrag der außerehelichen Lebensgemeinschaft die bürgerliche Ehe nicht imitieren. Will man
eine Lebensgemeinschaft in dieser Form führen, so sollte man
heiraten. Andererseits hat natürlich der Vertrag der außerehelichen Lebensgemeinschaft viele Punkte zu regeln, die auch innerhalb der Ehe der Vereinbarung bedürfen. Zu denken ist hier zunächst an die Rollenverteilung der Partner. Es ist festzuhalten,
wer in welchem Umfang berufstätig sein soll, wessen Beruf vorgehen soll, wer den Haushalt führen soll, in welchem Umfang
jeder der Partner zum gemeinsamen Haushalt geldlich und durch
Dienstleistung beizutragen hat, wie der gegenseitige Unterhalt
gesichert werden soll usw.

Ein weiterer regelungsbedürftiger Punkt ist die Vertretung der
Lebensgemeinschaft nach außen. Regelmäßig sollte man darauf
verzichten, die Lebensgemeinschaft nach außen hin rechtsge-

schäftlich in Erscheinung treten zu lassen. Kein Geschäftspartner oder Gläubiger hat Anspruch darauf, daß ihm statt eines unverheirateten Lebenspartners deren zwei als Schuldner zur Verfügung gestellt werden. In diesem Sinne ist die außereheliche Lebensgemeinschaft nur eine Gemeinschaft nach innen hin.

Ein weiterer wesentlicher Punkt ist die Regelung der Vermögensverteilung der außerehelichen Lebensgemeinschaft. Hier ist die wichtigste Frage, ob überhaupt, in welchem Umfang und in welcher rechtlichen Weise gemeinsames Vermögen der Partner gebildet werden soll. Wird derartiges gemeinsames Vermögen gebildet, dann entsteht später bei Auflösung der Gemeinschaft das Problem der Vermögensauseinandersetzung. Dies sollte bei jeder Lebensgemeinschaft bedacht werden.

Der Partnerschaftsvertrag sollte zwar alle wesentlichen Punkte enthalten, die für ein geregeltes Zusammenleben und für eine geregelte Auseinandersetzung anläßlich der Aufhebung der Gemeinschaft erforderlich sind, sollte jedoch nicht zu ausführlich sein. Insbesondere sollte er sich jedes pseudomoralischen oder pseudophilosophischen Pathos enthalten und von einer Mystifizierung oder Glorifizierung der außerehelichen Lebensgemeinschaft absehen. Er sollte sachlich sein.

Der Partnerschaftsvertrag kann grundsätzlich formfrei abgeschlossen werden. Mündlichkeit genügt also. Besser jedoch ist in jedem Fall die schriftliche Fixierung des Partnerschaftsvertrages. Die Mitarbeit eines Anwalts bei seiner Aufstellung kann hilfreich sein. Die stärkste und in vielen Fällen auch die zweckmäßigste Form ist hier die notarielle Beurkundung des Vertrages. Sie sichert den Beteiligten auch die Mitarbeit eines in Vertragssachen und in Sachen der Gestaltung von Lebensgemeinschaften erfahrenen Beraters.

Als rechtliches Modell für die Abfassung des Partnerschaftsvertrages bietet sich wie gesagt nicht die Bezugnahme auf die bürgerliche Ehe an, vielmehr die Gesellschaft des bürgerlichen Rechts und Berücksichtigung der Grundsätze von Treu und Glauben. Deshalb soll zunächst ein kurzer Überblick über das Gesellschaftsrecht des Bürgerlichen Gesetzbuchs gegeben werden.

b) Das Recht der Gesellschaft bürgerlichen Rechts

Die Gesellschaft bürgerlichen Rechts wird in §§ 705 ff. und 740 BGB als Grundform aller Personengesellschaften geregelt. Nach

§ 705 BGB ist die Gesellschaft bürgerlichen Rechts eine auf Vertrag beruhende Verbindung zwischen zwei oder mehreren Personen, die sich gegenseitig verpflichtet haben, die Erreichung eines gemeinsamen Zwecks in der durch den Vertrag bestimmten Weise zu fördern, insbesondere die vereinbarten Beiträge zu leisten.

Aus dieser Begriffsbestimmung ergeben sich die Mindesterfordernisse an das rechtliche Vorliegen einer Gesellschaft bürgerlichen Rechts. Erforderlich ist ein Zusammenschluß von Personen. Sie müssen einen Gesellschaftsvertrag geschlossen haben. Dieser statuiert den gemeinsamen Zweck und die Pflicht der Gesellschafter zur Förderung dieses Zwecks.

Als gemeinsamer Zweck kann jeder gesetzlich nicht verbotene oder sittenwidrige Zweck vereinbart werden. Jeder Gesellschafter ist verpflichtet, einen Beitrag zur Förderung des gemeinsamen Zwecks zu leisten. Dieser Beitrag muß nicht geldlicher oder sonst vermögenswerter Natur sein. Er muß nur irgendwie dem Gesellschaftszweck förderlich sein. Regelmäßig vorhanden, aber zur Annahme einer Gesellschaft nicht erforderlich ist ein Gesellschaftsvermögen. Ist ein derartiges Gesellschaftsvermögen vorhanden, so steht es den Gesellschaftern ,,zur gesamten Hand'' zu. Der Begriff des Gesamthandvermögens stammt aus dem germanischen Recht und ist für den Laien nicht einfach zu verstehen. Die gesamthänderische Bindung des Gesamthandvermögens bedeutet, daß jeder Gegenstand des Gesellschaftsvermögens ungeteilt jedem Gesellschafter gehört, aber nicht ihm allein, sondern nur zusammen mit den anderen Gesellschaftern. Jeder Gesellschafter ist also Volleigentümer des Gesellschaftsvermögens, jedoch ist seine Verfügungsmacht über das Gesellschaftsvermögen dadurch eingeschränkt, daß auch die anderen Gesellschafter voll Eigentümer sind. Hieraus ergibt sich, daß Verfügungen über das Gesellschaftsvermögen und auch über einzelne Gegenstände des Gesellschaftsvermögens nur gemeinsam möglich sind. Am einzelnen Gegenstand des Gesellschaftsvermögens hat der Gesellschafter keinen Miteigentumsanteil, über den er ohne die anderen Gesellschafter verfügen könnte.

Beispiel: Sind zwei Personen zu je ½ Miteigentum für ein Grundstück eingetragen, so kann jeder seine Miteigentumshälfte grundsätzlich ohne Zustimmung des anderen und unabhängig von diesem verkaufen und belasten. Sind sie jedoch in Gesellschaft bürgerlichen Rechts als Eigentümer eingetragen, so kann nur das Grundstück insgesamt verkauft oder belastet werden und dies nur in vertraglichem Zusammenwirken beider Gesellschafter.

Beispiele für Gesellschaft bürgerlichen Rechts in der Praxis sind insbesondere Gesellschaften zu kulturellen, gesellschaftlichen oder sportlichen Zwecken. So hat etwa der Zusammenschluß von Laienspielern zur Aufführung von Theaterstücken oder von Laienmusikern zu einem Quartett den Charakter der bürgerlich-rechtlichen Gesellschaft. Ebenso liegt eine Gesellschaft bürgerlichen Rechts vor, wenn Jäger gemeinsam eine Jagd pachten, Flieger gemeinsam ein Flugzeug erwerben oder Segler ein Segelboot gemeinsam unterhalten. Auf beruflichen oder gewerblichem Gebiet liegen Gesellschaften bürgerlichen Rechts bei den Büro- oder Praxisgemeinschaften von Freiberuflern wie Anwälten, Steuerberatern oder Ärzten vor.

Bei der Handhabung der Gesellschaft zwischen den Gesellschaftern ist grundsätzlich zu unterscheiden zwischen der Geschäftsführung und der Vertretung. Die Geschäftsführung betrifft das Innenverhältnis der Gesellschafter untereinander. Sie regelt die Frage, wer von den Gesellschaftern was zur Förderung des Zweckes zu tun hat, wie das Gesellschaftsvermögen verwaltet und wie es genutzt wird. Nach dem Gesetz steht die Geschäftsführung den Gesellschaftern grundsätzlich gemeinsam zu. Möglich ist jedoch auch eine Verteilung der Aufgaben, etwa die Rollenverteilung innerhalb der außerehelichen Lebensgemeinschaft. Die Vertretung betrifft im Gegensatz zur Geschäftsführung das Außenverhältnis der Gesellschaft zu Dritten. Sie regelt die Frage, wer nach außen hin Erklärungen mit rechtsverbindlicher Wirkung für alle Gesellschafter, d. h. die Gesellschaft abgeben kann. Auch hier steht allen Gesellschaftern grundsätzlich gemeinsam die Vertretung zu. Die Gesellschafter können hier vereinbaren, daß auch einzelne Gesellschafter die Gesellschaft vertreten können. Bei der außerehelichen Lebensgemeinschaft kommt eine Vertretung nach außen hin regelmäßig nicht in Betracht.

Von den Rechten und Pflichten der Gesellschafter sollen hier erwähnt werden neben der Pflicht zur Leistung der vereinbarten Beiträge die gesellschaftsrechtliche Treuepflicht. Sie ist eine Ausprägung des allgemeinen Grundsatzes von Treu und Glauben nach § 242 BGB. Sie verpflichtet den Gesellschafter, sich in jeder Situation so zu verhalten, daß der Gesellschaft und den übrigen

Gesellschaftern kein Schaden oder Nachteil entsteht. Ihre Verletzung kann zur Schadensersatzverpflichtung führen. Innerhalb der Gesellschaft haben die Gesellschafter jeder ein gleiches Stimmrecht. Beschlüsse der Gesellschafter bedürfen immer der Einstimmigkeit. Die Aufgabenverteilung im Innenverhältnis der Gesellschafter kann hier bei der Erledigung laufender Angelegenheiten auch zur Alleinentscheidungsbefugnis eines Gesellschafters führen. Am Gesellschaftsvermögen sind alle Gesellschafter in Ermangelung abweichender Vereinbarungen gleichmäßig, also zu gleichen Teilen, beteiligt. Es können hier jedoch andere Beteiligungen vereinbart werden.

Die Gesellschaft bürgerlichen Rechts wird beendigt durch Kündigung, die nach § 723 BGB jedem Gesellschafter jederzeit möglich ist. Kündigt ein Gesellschafter jedoch zur Unzeit, so kann dies Schadensersatz auslösen. Ein solcher Fall wäre bei der außerehelichen Lebensgemeinschaft möglicherweise die Aufkündigung durch den Mann dann, wenn die Frau ein Kind erwartet.

Weiterhin wird die Gesellschaft bürgerlichen Rechts durch den Tod eines Gesellschafters ausgelöst. Auch ihre Auflösung durch den Gläubiger eines Gesellschafters ist möglich, wenn ein Gesellschaftsvermögen vorhanden ist. Hier kann der Gläubiger eines verschuldeten Gesellschafters den Anteil dieses Gesellschafters am Gesellschaftsvermögen pfänden und nach dieser Pfändung die Auseinandersetzung der Gesellschaft betreiben.

Möglich ist natürlich jederzeit auch die einverständliche Aufhebung der Gesellschaft bürgerlichen Rechts.

Nach der Auflösung der Gesellschaft durch Vereinbarung, Kündigung, Tod eines Gesellschafters oder Kündigung durch den Gläubiger erfolgt die Auseinandersetzung des Gesellschaftsvermögens. Hier liegt der vermögensrechtliche Schwerpunkt der Gesellschaft des bürgerlichen Rechts und ihre besondere Rechtfertigung dafür, daß man sie als Modell für die vermögensmäßige Auseinandersetzung auch der außerehelichen Lebensgemeinschaft benutzen kann.

Im Rahmen der Auseinandersetzung der Gesellschaft bürgerlichen Rechts sind zunächst jedem Gesellschafter die Gegenstände, die in seinem Eigentum stehen und die er der Gesellschaft zur Benutzung überlassen hat, zurückzugeben. Für bestimmungsgemäße Abnutzung oder zufälligen Verlust dieser Gegenstände kann er keinen Ersatz verlangen. Danach sind aus dem Gesellschaftsvermögen zunächst die gemeinschaftlichen Schulden zu berichtigen. Nach Berichtigung der Schulden sind jedem Gesellschafter seine Einlagen in das Gesellschaftsvermögen zurückzuerstatten, soweit sie noch vorhanden sind. Der dann noch verbleibende Überschuß ist zwischen den Gesellschaftern nach dem Verhältnis ihrer Anteile an der Gesellschaft zu verteilen. Ist nichts anderes vereinbart, so erfolgt die Verteilung hier nach gleichen Teilen. Können sich die Gesellschafter über die Verteilung einzelner Gegenstände nicht einigen, so erfolgt deren Verwertung nach den Vorschriften über die Auseinandersetzung von Gemeinschaften allgemein, bei Grundstücken also etwa durch Versteigerung des Grundstücks und Verteilung des Versteigerungserlöses. Natürlich können bei der Auseinandersetzung der Gesellschaft bürgerlichen Rechts trotz dieser rechtlichen Regeln die gleichen Schwierigkeiten entstehen wie bei der Auseinandersetzung des ehelichen Haushaltes. Der Abschluß eines Partnerschaftsvertrages und die Heranziehung der Regeln der Gesellschaft bürgerlichen Rechts hat jedoch den Vorteil, daß überhaupt Rechtsregeln für die Auseinandersetzung vorhanden sind, wie sie bei der Ehe etwa durch das Recht der Scheidungsfolgen bestehen.

c) Sittenwidrigkeit von Partnerschaftsverträgen?

Wie jeder Vertrag des bürgerlichen Rechts findet auch der Partnerschaftsvertrag der außerehelichen Lebensgemeinschaft seine rechtliche Grenze an dem Verbot des § 138 BGB, nach dem ein Rechtsgeschäft nichtig ist, das gegen die guten Sitten verstößt. Ungeklärt und fraglich ist noch, ob die bisher rechtlich kaum üblichen Partnerschaftsverträge außerehelicher Lebensgemeinschaften unter besonderer Bedrohung der Sittenwidrigkeit stehen. Bis in die Gegenwart hinein neigen die Gerichte dazu, Vereinbarungen von Partnern des sogenannten „Konkubinats" wegen der außerehelichen Geschlechtsgemeinschaft als sittenwidrig anzusehen. Soweit die Gesellschaft bürgerlichen Rechts von der Rechtsprechung bisher zur Regelung von Rechtsproblemen der außerehelichen Lebensgemeinschaft herangezogen wurde, hat es sich lediglich um die Vermögensauseinandersetzung anläßlich der Beendigung derartiger Gemeinschaften gehandelt. Bei Regelung der gesamten außerehelichen Lebensgemeinschaft im Partnerschaftsvertrag besteht die Gefahr, daß die Rechtsprechung die außereheliche sexuelle Beziehung in den Vordergrund stellen wird und deshalb zur völligen oder teilweisen Nichtigkeit des Partnerschaftsvertrages wegen sittenwidrigen Konkubinats gelangen könnte. Deshalb muß empfohlen werden, die Verpflichtung zur Geschlechtsgemeinschaft und zur sexuellen Treue aus dem Partnerschaftsvertrag herauszulassen. Der Partnerschaftsvertrag sollte sich auf die Regelung des sonstigen gemeinsamen Zusammenlebens, der Unterhaltsansprüche und der Vermögenssphäre beschränken. Eine rechtliche Verpflichtung zur Geschlechtsgemeinschaft oder zur geschlechtlichen Treue paßt sowieso zur freien außerehelichen Beziehung regelmäßig nicht. Sie sollte deshalb auch nicht den Gesellschaftszweck im Sinne von § 705 BGB ausmachen. Vielmehr wird vorgeschlagen, als Gesellschaftszweck im Sinne von § 705 BGB die gemeinsame Haushaltsführung zu vereinbaren.

d) Die Vermögensverteilung

Wie schon mehrfach angedeutet, besteht in der Vermögensverteilung einer der kritischen Punkte der außerehelichen Lebensgemeinschaft. Sie sollte deshalb mit großer Achtsamkeit, nicht leichtfertig und zweckmäßig geregelt werden. Bei der Ehe auf Probe sollte jedes gemeinsame Vermögen vermieden werden. Bei den auf Dauer angelegten außerehelichen Lebensgemeinschaften wird oft das Bedürfnis nach gemeinsamen Vermögen bestehen. Hier biete sich das Gesamtgut der Gesellschaft des bürgerlichen Rechts als Form gemeinsamen Vermögens bevorzugt an.

Wie bei der Ehe sind Punkte mit Konfliktmöglichkeiten auch hier die Zuwendungen zwischen den Partnern und die Regelung der Eigentumsverhältnisse bei Grundstücken.

Bei Zuwendungen sollte man von dem alten Grundsatz ausgehen, daß geschenkt geschenkt ist. Jeder Partner sollte wissen, daß die Zuwendung an den anderen Partner bei Auflösung der Lebensgemeinschaft zum endgültigen Verlust dieses Gegenstandes führen kann. Sollen jedoch größere Zuwendungen, die etwa aus Haftungsgründen erfolgen, unter dem Vorbehalt des Zusammenbleibens stehen, so sind für den Fall der Aufhebung der außerehelichen Lebensgemeinschaft hinsichtlich der geschenkten Gegenstände Rückforderungsrechte zu vereinbaren. Bei Grundstückszuwendungen können diese in der notariellen Urkunde vereinbart und durch Vormerkung im Grundbuch abgesichert werden. Bei entsprechender Gestaltung sind sie zivilrechtlich wirksam und steuerlich unschädlich.

Bei gemeinsamem Grundbesitz entsteht bei Auflösung der außerehelichen Lebensgemeinschaft im Gegensatz zur Ehescheidung die Problematik der Grunderwerbsteuer. Derartige Auseinandersetzungen werden von den Finanzämtern wie bei der Ehescheidung nicht als unentgeltlicher, sondern als entgeltlicher Erwerb behandelt werden. Hier kann die Gesellschaft bürgerlichen Rechts steuerlich hilfreich sein. Nach der bisher noch nicht in Frage gestellten Rechtsprechung der Finanzgerichte wird beim Wechsel von Gesellschaftern der Gesellschaft bürgerlichen Rechts Grunderwerbsteuer nicht fällig, wenn nach dem Wechsel die Gesellschaft weiterbesteht. So kann etwa aus einer Grundstücksgesellschaft, die aus drei Personen besteht, ein Gesellschafter gegen Entgelt ausscheiden, ohne daß die anderen Gesellschafter hieraus Grunderwerbsteuer zu zahlen hätten. Lediglich wenn durch das Ausscheiden des Gesellschafters die Gesellschaft insgesamt beendigt wird, weil das Gesellschaftsvermögen nur noch einem der früheren Gesellschafter verbleibt, entsteht für diese Anwachsung die Grunderwerbsteuer. Bei sonstigem Grundbesitz der außerehelichen Lebensgemeinschaft kann also nach der bisherigen Rechtslage die Grunderwerbsteuerpflicht dadurch vermieden werden, daß vor Ausscheiden des einen Partners eine weitere Person in die Gesellschaft aufgenommen wird, die dann nach dessen Ausscheiden die Gesellschaft mit dem anderen Partner weiterführt. Ob allerdings dieser steuerliche Vorteil auch in Zukunft noch bestehen bleiben wird, ist fraglich. Die entsprechende Rechtslage bei Erbteilsübertragungen wurde von der Finanzrechtsprechung inzwischen dahingehend geändert, daß jede Übertragung eines Erbteils grunderwerbsteuerpflichtig ist, wenn sich der Erbteil auch auf Grundvermögen bezieht.

e) Gemeinsames Handeln nach außen

Wie wiederholt gesagt, sollte gemeinsames Handeln der außerehelichen Lebensgemeinschaft nach außen hin grundsätzlich unterbleiben. Auch wenn ein erworbener Gegenstand in das Gesellschaftsvermögen fallen soll, kann er nur von einem Gesellschafter zu diesem erworben werden. Nach außen hin, insbesondere im Verhältnis zu Gläubigern, wäre es für diese ein ungerechtfertigter Vorteil, wenn sie statt eines Schuldners deren zwei

bekämen. Ein kritischer Punkt der Praxis ist jedoch das Mietverhältnis für das gemeinsam bewohnte Haus oder die gemeinsam
bewohnte Wohnung. Dieses Mietverhältnis sollte von beiden
Partnern der außerehelichen Lebensgemeinschaft mit dem Vermieter abgeschlossen werden. Dem Vermieter sollte offengelegt
werden, daß man das Mietverhältnis gemeinsam im Rahmen einer
außerehelichen Beziehung ausüben möchte. Der Vermieter hat
dann hinsichtlich der Miete und der anderen Ansprüche aus dem
Mietverhältnis den Vorteil, zwei Schuldner zu haben.

Noch nicht voll geklärt ist die Rechtslage, wenn der Alleinmieter eines Hauses oder eine Wohnung einen Partner in das Mietobjekt aufnimmt. Es ist fraglich, ob dies dem Vermieter zugemutet
werden kann. Teilweise wird die Frage unter dem Gesichtspunkt
der guten Sitten erörtert. So wird gesagt, in großstädtischen Bereichen müsse sich ein Vermieter auch eine außereheliche Lebensgemeinschaft gefallen lassen, während dies in ländlichen Gebieten
nicht ohne weiteres der Fall sei. Abgesehen von der Frage der
Sittenwidrigkeit dürfte es jedoch so sein, daß es jemandem, der
eine Wohnung allein gemietet hat, schon nach allgemeinem Mietrecht nicht ohne weiteres offen steht, eine weitere Person zur
dauernden Mitbenutzung der Wohnung in diese aufzunehmen.
Es sollte also in jedem Fall der Mietvertrag von beiden Partnern
der außerehelichen Lebensgemeinschaft abgeschlossen oder auf
den hinzukommenden Partner durch Vereinbarung mit dem Vermieter erweitert werden.

f) Beiträge zur gemeinsamen Lebensführung

Hinsichtlich des Verhältnisses von geldlichen Unterhaltszahlungen zur gemeinsamen Lebensführung und von Dienstleistungen im gemeinsamen Haushalt macht die Regelung des § 733
Abs. 2 BGB eine ausdrückliche Vereinbarung erforderlich. Nach
§ 733 Abs. 2 BGB wären ungerechterweise die Einlagen eines
Partners zur Bestreitung des gemeinsamen Haushalts, soweit sie
geldlicher Natur sind, zurückzuerstatten, während Einlagen, die
in der Leistung von Diensten oder in der Überlassung der Benutzung eines Gegenstandes bestanden haben, nicht ersatzpflichtig
wären. Es könnte dann also der berufstätige Partner, der seinen
Beitrag zum gemeinsamen Haushalt durch Zahlung eines Haushaltsgelds geleistet hat, diese Einlagen nach Gesellschaftsrecht zurückverlagen, während der nicht berufstätige Partner, der die

Führung des Haushalts übernommen hat, die Rückerstattung des Wertes seiner Dienstleistungen nicht verlangen könnte. Der Partnerschaftsvertrag muß hier also feststellen, daß im Haushalt verbrauchte geldliche Leistungen, insbesondere Unterhaltsleistungen, ebensowenig zu erstatten sind wie sonstige Dienstleistungen im gemeinsamen Haushalt und daß auch für die Gebrauchsüberlassung von im einseitigen Eigentum stehender Gegenstände zu Zwecken der Haushaltsführung kein Ersatz zu leisten ist.

g) Unterhalt nach Auflösung der außerehelichen Lebensgemeinschaft

In der Literatur zur außerehelichen Lebensgemeinschaft teilweise diskutiert werden Unterhaltsverpflichtungen des stärkeren Partners der außerehelichen Lebensgemeinschaft gegenüber dem anderen Partner nach Aufhebung der Gemeinschaft. Diese werden dann regelmäßig in Anlehnung an die Unterhaltstatbestände des Scheidungsfolgenrechts formuliert (vgl. Kunigk, Die Lebensgemeinschaft, S. 138). Es ist sehr fraglich, wie die Rechtsprechung derartige Verträge beurteilen wird. Weiterhin kann man sich fragen, ob hier nicht das Recht der außerehelichen Lebensgemeinschaft zu sehr dem Eherecht angepaßt wird. Wer derartige Bedingungen auch für die Zeit nach Aufhebung der außerehelichen Lebensgemeinschaft bejaht und will, sollte besser heiraten. Grundsätzlich rechtlich möglich erscheint jedoch bei einer auf Dauer angelegten außerehelichen Lebensgemeinschaft die Vereinbarung eines Leibrentenversprechens im Sinne der §§ 759 ff. BGB über den Unterhalt nach der Auflösung der Gemeinschaft. Die Frage seiner Zweckmäßigkeit ist damit natürlich noch nicht beantwortet.

h) Altersversorgung

Ein erheblicher Nachteil der außerehelichen Lebensgemeinschaften liegt darin, daß sie versorgungsrechtlich zur Witwenrente und zur Witwerrente nicht berechtigen. Den Partnern der außerehelichen Lebensgemeinschaft bleibt hier nur die Möglichkeit, die beiderseitige Altersversorgung durch Abschluß entsprechender Lebensversicherungen zu sichern, wenn die Renten oder Pensionsberechtigungen aus den Arbeitsverhältnissen nicht ausreichen.

VIII. Typische Fälle mit Vertragsmustern

Die rechtsberatende Praxis lehrt, daß sich auch beim Ehevertrag oder Partnerschaftsvertrag wie in anderen Rechtsgebieten Fallgruppen typischer Interessenlagen bilden lassen, für die sich bestimmte vertragliche Lösungen anbieten (vergl. Langenfeld, Ehevertragsgestaltung nach Ehetypen – Zur Fallgruppenbildung in der Kautelarjurisprudenz – FamRZ 1987, 9). Hieraus rechtfertigt sich die folgende Darstellung typischer Situationen von der Ehe auf Probe bis zur Rentnerehe mit Vertragsmustern. Wie bei jeder Mustersammlung muß jedoch vor unkritischem Gebrauch gewarnt werden. Einmal besteht die Gefahr, daß die Beteiligten ihre Situation verkennen und ein für ihre Interessenlage falsches Muster anwenden wollen. Zum anderen kann es vorkommen, daß ein an sich richtiges Muster durch Änderungen und nicht sachgerechte Ergänzungen unrichtig wird.

Die Muster sind als Verdeutlichung der vorhergegangenen Ausführungen zu den einzelnen Rechtsgebieten und als Vorschläge für die Vertragsgestaltung zu verstehen. Sie sollen den Beteiligten zeigen, wie sich die Vertragsfreiheit des Ehe- und Partnerschaftsrechts im konkreten Vertrag niederschlagen kann. Weiter sollen sie deutlich machen, wo die Probleme des einzelnen Falles liegen und wie sie angegangen werden können.

Da die meisten Verträge der notariellen Beurkundung bedürfen, können die Beteiligten sicher sein, daß der Fachmann ihren Wünschen den rechtlich wirksamen Ausdruck geben wird. Seinerseits wird der Notar aber auch dafür dankbar sein, daß die Beteiligten mit konkreten Vorstellungen und Kenntnissen zu ihm kommen. In diesem Sinn und als unmittelbares Anschauungsmaterial sollen die folgenden Fallgruppen und Musterverträge auch die Arbeit des Notars erleichtern.

Es werden im folgenden zunächst der Ausgangsfall skizziert, dann die Interessenlage dargestellt und schließlich das jeweilige Vertragsmuster angefügt. Soweit sich bei den einzelnen Fallgruppen Interessenlagen oder Muster wiederholen, wird gegenseitig verwiesen. Verwiesen wird für die entscheidenden rechtlichen Überlegungen auch auf die vorangegangenen Kapitel.

A. Ehevertrag der berufstätigen Verlobten oder junger Eheleute mit Kinderwunsch

Fall und Interessenlage:
Die jungen Verlobten oder Eheleute sind beide in vergleichbaren Berufen berufstätig. Nach einer gewissen Zeit des Ansparens für gemeinsame Anschaffungen wünschen sie sich Kinder. Sobald Kinder kommen, soll die Ehefrau die Berufstätigkeit unterbrechen. Ob und wann sie sie später wieder aufnehmen wird, soll die Zukunft ergeben. Es handelt sich hier um Ehen von Doppelverdienern mit annähernd gleichen Einkommen, in Zukunft um eine Hausfrauen- oder Zuverdienerehe. Für diese Fälle sind sowohl der gesetzliche Güterstand der Zugewinngemeinschaft als auch der Versorgungsausgleich und der nacheheliche Unterhalt grundsätzlich sachgerecht. Insofern ist ein Ehevertrag nicht von Nöten. Allerdings wollen die jungen Eheleute problemlos auseinanderkommen, wenn sich ihre Ehe schon nach kurzer Dauer als Fehlschlag erweist. Insofern empfiehlt sich ein befristeter Ausschluß des Versorgungsausgleichs und des nachehelichen Unterhalts (vgl. S. 114, 132).

Weiterhin ist die eheliche Rollenverteilung zu regeln (vgl. S. 20).

Schließlich soll beim Tod eines Ehegatten der andere zunächst Alleinerbe sein, ohne daß die Eltern oder Geschwister des anderen oder zukünftige gemeinsame Kinder miterben (vgl. S. 93 ff.).

Muster 1

Ehe- und Erbvertrag

1. Eheliche Rollenverteilung
Bis zur Geburt von Kindern sind beide Ehegatten zur Berufstätigkeit berechtigt und verpflichtet. Zum Familienunterhalt tragen sie im Verhältnis ihrer Einkommen bei. An der Haushaltsführung beteiligen sich beide entsprechend ihren Möglichkeiten. Bei der Wahl des ehelichen Wohnsitzes ist Ausgleich zwischen den beiderseitigen beruflichen Interessen zu suchen. Im Zweifel ist ein Wohnsitz zu wählen, an dem beide Ehegatten angemessen berufstätig sein können.

Wenn ein Kind geboren wird, gibt die Ehefrau ihre Berufstätigkeit vorübergehend auf. Die Haushaltsführung obliegt dann ihr allein. Die Wahl des ehelichen Wohnsitzes bestimmt sich dann nach den beruflichen Notwendigkeiten des Mannes. Die Ehefrau leistet ihren Beitrag zum Familienunterhalt durch die Kinderbetreuung und Haushaltsführung. Sobald das oder die Kinder nicht mehr der ganztätigen Betreuung durch die Mutter bedürfen, ist diese berechtigt, ihren Beruf oder eine sonstige berufliche Tätigkeit wieder aufzunehmen. Sie muß hierbei auf die Bedürfnisse der Familie Rücksicht nehmen. Zur Wiederaufnahme des Berufs oder einer Nebenbeschäftigung ist die Ehefrau jedoch nicht verpflichtet.

Nimmt die Ehefrau einen Beruf oder eine Nebenbeschäftigung auf, ist der Ehemann verpflichtet, sich in angemessener Weise an der Haushaltsführung zu beteiligen.

Diese Vereinbarung wird unter der Voraussetzung geschlossen, daß keine unvorhergesehenen Umstände eintreten. Sollten sich solche Umstände ergeben, sind die Ehegatten zu einverständlicher Anpassung der Vereinbarungen an die eingetretenen Änderungen verpflichtet. Bei Vorliegen eines wichtigen Grundes kann jeder Ehegatte auch einseitig die Vereinbarungen aufkündigen.

2. Versorgungsausgleich und Unterhalt nach der Scheidung

Sollte die Ehe geschieden werden und sind bis zum Beginn des Getrenntlebens noch nicht fünf Ehejahre verstrichen und waren in dieser Zeit die Eheleute beide berufstätig, so soll ein Versorgungsausgleich nicht stattfinden. Ebenso sollen in diesem Fall alle gegenseitigen Unterhaltsansprüche nach der Scheidung gleich aus welchem Rechtsgrund ausgeschlossen sein. Ist bei Scheidung jedoch ein gemeinsames Kind vorhanden, so verbleibt es bei den gesetzlichen Unterhaltsansprüchen nach der Scheidung.

Alternative zum Versorgungsausgleich:

Der Versorgungsausgleich wird ausgeschlossen. Jedoch soll der Versorgungsausgleich für die Zeiträume stattfinden, in denen ein Ehegatte mit Zustimmung des anderen ehebedingt, z. B. zur Versorgung von Kindern, nicht berufstätig ist und seine Versorgungsanwartschaften auch nicht durch freiwillige Beiträge zur gesetzlichen Rentenversicherung oder ähnliches in der bisherigen Höhe aufgestockt werden.

3. Erbvertrag
Die Ehegatten setzen sich gegenseitig zu alleinigen und unbeschränkten Erben ein.

Form: Wegen Ziff. 2 und 3 ist notarielle Burkundung erforderlich. Bei Ziff. 1 ist eine Form nicht erforderlich. Die Vereinbarungen Ziff. 1 werden jedoch im notariellen Ehevertrag mitbeurkundet.

B. Ehevertrag eines durch Erbschaft oder Schenkung begüterten Ehegatten

Fall und Interessenlage:
Vor oder während der Ehe erhält ein Ehegatte von seinen Eltern oder sonstigen Verwandten erhebliche Zuwendungen unter Lebenden, insbesondere Grundstücke. Gleichzustellen ist der Fall, daß ein Ehegatte erhebliches Vermögen erbt.

Die schenkenden Eltern und meist auch der erwerbende Ehegatte selbst wünschen, daß der andere Ehegatte im Falle der Scheidung keine Ansprüche hinsichtlich der durch Schenkung (oder Erbschaft) erworbenen Vermögensteile des anderen haben soll. Hiermit ist regelmäßig auch der andere Ehegatte einverstanden. Die Einschränkung soll auch nur für den Fall der Scheidungen gelten. Im Falle des Todes des erwerbenden Ehegatten bezieht sich das Erb- und Pflichtteilsrecht des anderen Ehegatten und der Kinder selbstverständlich auf das gesamte Vermögen des Erblassers.

Die Gefahr von Zugewinnausgleichsansprüchen des Ehegatten hinsichtlich des durch Schenkung oder Erbschaft erworbenen Vermögens des anderen besteht hinsichtlich der echten, nicht inflationsbedingten Wertsteigerungen dieses Vermögens (vgl. S. 50). Ihr kann begegnet werden durch Gütertrennung insgesamt (vgl. Muster 3) oder durch Neutralisierung der echten Wertsteigerung für den Zugewinnausgleich. Zu letzterer Möglichkeit das folgende Muster.

Muster 2

Ehevertrag über modifizierte Zugewinngemeinschaft

Hinsichtlich des ehelichen Güterrechts soll es grundsätzlich beim gesetzlichen Güterstand verbleiben. Jedoch sollen Schenkungen eines Dritten an einen Ehegatten und Erbschaften eines Ehegatten beim Zugewinnausgleich anläßlich der Scheidung der Ehe in keiner Weise berücksichtigt werden. Die so durch Schenkung oder Erbschaft erworbenen Gegenstände und die später aus Mitteln der Schenkung oder Erbschaft erworbenen Gegenstände sollen weder zur Berechnung des Anfangs- noch des Endvermögens im Rahmen des Zugewinnausgleichs hinzugezogen werden. Sie sollen nicht ausgleichspflichtiges Vermögen des erwerbenden Ehegatten bilden. Die Ehegatten sind einander verpflichtet, ein von beiden zu unterzeichnendes Verzeichnis dieser Vermögensgegenstände aufzunehmen und fortzuführen. Werden auf solche vom Zugewinnausgleich ausgenommene Gegenstände während der Ehe Verwendungen gemacht, die nicht aus der Substanz oder den Erträgen solcher ausgenommener Gegenstände bestritten werden, sondern aus dem sonstigen Vermögen eines Ehegatten, so unterliegt die hierdurch herbeigeführte Wertsteigerung dem Zugewinnausgleich.

Form: Notarielle Burkundungsform für den Ehevertrag, privatschriftliche Form für das Verzeichnis der Erbschaften und Schenkungen und dessen Fortführung.

C. Ehevertrag des jungen am Familienunternehmen beteiligten Unternehmers

Fall und Interessenlage:

Der junge Unternehmer ist am Unternehmen seiner Familie als Gesellschafter beteiligt. Je nach Rechtsform der Familiengesellschaft und deren personeller Zusammensetzung ist er persönlich haftender Gesellschafter und Geschäftsführer der OHG oder KG, Kommanditist der KG mit Prokura oder Anteilseigner der GmbH mit Geschäftsführungsbefugnis oder Prokura. Weitere weniger typische Gestaltungen wie Unterbeteiligung oder stille Beteiligung bei gleichzeitiger Handlungsbefugnis für die Gesellschaft sind denkbar. Der Ehegatte ist am Unternehmen nicht beteiligt.

Die typischen Schwierigkeiten dieser Fallgestaltung liegen im Ehegüterrecht. Der Versorgungsausgleich ist hier meist unproblematisch, da die Altersversorgung des Unternehmers meist in der Form der Kapitalversicherung mit Rentenwahlrecht vorgenommen wird, die dem Zugewinnausgleich, nicht dem Versorgungsausgleich unterliegt (vgl. S. 103).

Die Gefahren beim Ehegüterrecht ergeben sich daraus, daß auch die betriebliche Beteiligung des Unternehmers dem Zugewinnausgleich unterliegt. Man denke nur an den Fall, daß der ausgleichsberechtigte Ehegatte nach Feststellung seiner Ausgleichsforderung die Gesellschaftsbeteiligung des Unternehmers pfändet und verwertet und damit unter Umständen das gesamte Unternehmen in Liquiditätsschwierigkeiten bringt. Hinzu kommen die Schwierigkeiten der Bewertung der Gesellschaftsbeteiligung (S. 51 f.), der Berücksichtigung von Abfindungsklauseln (S. 52) und des § 1365 BGB (S. 66 ff.).

Als Möglichkeiten vertraglicher Regelung bieten sich an:

Dingliche Herausnahme des Betriebsvermögens aus dem Zugewinnausgleich (vgl. Muster 2).

Gütertrennung wie im folgenden Muster 3.

Modifizierte Zugewinngemeinschaft wie im folgenden Muster 4.

Muster 3

Ehevertrag auf Gütertrennung

Wir vereinbaren für unsere zukünftige Ehe den Güterstand der Gütertrennung und schließen deshalb den gesetzlichen Güterstand aus. Ein von uns aufgestelltes beiderseitiges Vermögensverzeichnis geben wir in die Anlage zu dieser Urkunde und verweisen hierauf. Eine Eintragung ins Güterrechtsregister wünschen wir zur Zeit nicht.

Muster 4

Ehevertrag auf modifizierte Zugewinngemeinschaft

Für den Fall der Beendigung der Ehe durch den Tod eines Ehegatten soll es beim Zugewinnausgleich verbleiben.

Lediglich für den Fall der Scheidung schließen wir den Zugewinnausgleich aus.

Die Verfügung eines Ehegatten über sein betriebliches oder betrieblich gebundenes Vermögen einschließlich des dem Betrieb zur Nutzung überlassenen Privatvermögens bedarf in keinem Fall der Einwilligung des anderen Ehegatten gemäß § 1365 BGB.

Form: Die Muster 3 und 4 bedürfen der notariellen Beurkundung.

D. Partnerschaftsehe berufstätiger kinderloser Ehegatten

Fall und Interessenlage:
Beide Ehegatten sind berufstätig. Die Frau kann keine Kinder bekommen. Die Eheleute wünschen größtmögliche Freiheit innerhalb der gesetzlichen Ehe.

Während der Ehe bedarf die Rollenverteilung der Regelung, auch die jeweiligen Beiträge zum Familienunterhalt (S. 28 ff.). Zugewinnausgleich und Versorgungsausgleich sollen nicht stattfinden, da beide Eheleute akezptieren, daß unterschiedliche berufliche Tüchtigkeit und Einsatz nicht ausgeglichen werden sollen.

Nachehelicher Unterhalt soll ausgeschlossen sein, da kein Ehegatte ehebedingt für den anderen berufliche Opfer bringt (S. 133).

Muster 5

Ehevertrag

1. Rollenverteilung, Familienunterhalt

Jeder Ehegatte soll innerhalb der von uns gewählten Lebensform der gesetzlichen Ehe diejenige Freiheit zur Entfaltung seiner persönlichen und beruflichen Fähigkeiten und Wünsche haben, die die Freiheit des anderen nicht beeinträchtigt. Bei der Wahl des Familienwohnsitzes geht der Beruf vor, der an einem anderen Ort nicht zu zumutbaren Bedingungen ausgeübt werden kann. Zur

Hausarbeit sind beide Ehegatten verpflichtet. Die Hausarbeit wird nach Möglichkeit von Hilfskräften erledigt. Zum Familienunterhalt tragen die Eheleute im Verhältnis der beiderseitigen Einkommen bei.

2. Gütertrennung

Wir vereinbaren für unsere Ehe den Güterstand der Gütertrennung und schließen deshalb den gesetzlichen Güterstand aus.

Die Errichtung eines Vermögensverzeichnisses und eine Eintragung ins Güterrechtsregister wünschen wir zur Zeit nicht.

3. Versorgungsausgleich

Wir schließen den Versorgungsausgleich gegenseitig völlig aus.

4. Nachehelicher Unterhalt

Wir verzichten gegenseitig auf jegliche Unterhaltsansprüche nach der Scheidung.

5. Salvatorische Klausel

Sollte eine der obigen Vereinbarungen unwirksam sein oder werden, so sollen die übrigen Vereinbarungen dennoch wirksam bleiben.

Fallabwandlung: Es ist möglich, daß die Ehefrau entgegen den jetzigen Vorstellungen doch noch ein Kind bekommen will oder wird oder daß ein Kind adoptiert wird.

Für diesen Fall sind sich die Eheleute einig, daß die Frau zur Kindererziehung ihren Beruf zeitweilig oder ganz aufgeben darf. Sie wäre dann durch Ehevertrag Muster 5 benachteiligt.

Deshalb sind in den Ehevertrag die folgenden Rücktrittsrechte aufzunehmen.

Muster 6

6. Rückstrittsrechte

Sollte die Ehefrau in Zukunft ein gemeinsames eheliches natürliches oder adoptierte Kind zu versorgen haben, so ist sie zur zeitweiligen oder ganzen Aufgabe ihres Berufes berechtigt. Sie leistet dann ihren Beitrag zum Familienunterhalt durch Haushaltsführung und Kinderbetreuung. Der Familienwohnsitz richtet sich nach dem Beruf des Ehemannes.

Die Ehegatten sind verpflichtet, den Ausschluß des Versorgungsausgleichs und des nachehelichen Unterhalts ehevertraglich wieder aufzuheben. Die Ehefrau ist auch berechtigt, vom Ausschluß des Versorgungsausgleichs und des Unterhalts nach der Scheidung durch einseitige Erklärung zurückzutreten. Dieser Rücktritt ist zur Urkunde eines Notars zu erklären und dem anderen Ehegatten zuzustellen.

Form: Die Muster 5 und 6 bedürfen der notariellen Beurkundung.

E. Ehen mit erheblicher Diskrepanz in Alter, Vorbildung und Einkommen

Fälle und Interessenlagen:
Der Professor heiratet die Studentin, der Chefarzt die Sprechstundenhilfe, der Manager die Sekretärin. Die Ehefrauen geben Ausbildung oder Beruf auf und stehen dem von Hilfskräften geführten Haushalt vor.

Bei diesen sicher extremen, aber dennoch vorkommenden Fällen liegt seitens der jüngeren, gesellschaftlich aufgestiegenen Frau ein Mißbrauch im Sinne der ,,Ehe auf Zeit als Versorgungsinstitut'' objektiv im Bereich des möglichen. Mit ehevertraglicher Vorsorge für den Fall der Scheidung muß sie in zumutbaren Umfang einverstanden sein. Anstelle völliger Gütertrennung kann die Quote des Zugewinnausgleichs herabgesetzt werden (S. 69). Beim Versorgungsausgleich wäre ein Verzicht gegen die Verpflichtung zum Abschluß eines eigenen Lebensversicherungsvertrages für die Ehefrau möglich (S. 118). Hinsichtlich des nachehelichen Unterhalts sollte jedenfalls der § 1578 BGB (S. 128, 133) und der § 1573 Abs. 2 BGB (S. 128, 133) ausgeschlossen werden.

Muster 7

Ehevertrag

1. Ehegüterrecht
Wir setzen für den Fall der Auflösung der Ehe durch Scheidung abweichend von § 1378 Abs. 1 BGB die Ausgleichsforderung je-

des Ehegatten auf ¼ des Überschusses herab. Im übrigen soll es beim gesetzlichen Güterstand verbleiben.

2. Versorgungsausgleich

Wir verzichten gegenseitig auf den Versorgungsausgleich. Der Verzicht der Ehefrau steht jedoch unter der Bedingung, daß der Ehemann beginnend mit dem Monat der Eheschließung für die Ehefrau eine private Kapitallebensversicherung in Höhe von . . . . . DM auf deren 60. Lebensjahr mit Rentenwahlrecht abschließt und die Beiträge hierzu laufend zahlt. Im Falle der Scheidung hat der Ehemann der Ehefrau den fünffachen Jahresbetrag in einer Summe als Abfindung zu zahlen. Weitere Zahlungen schuldet er dann nicht mehr.

Die Ehefrau kann verlangen, daß der Betrag der Kapitalversicherung einer etwaigen Veränderung des Geldwertes im Rahmen von Treu und Glauben unter Berücksichtigung der Zumutbarkeit laufend angepaßt wird.

3. Nachehelicher Unterhalt

Hinsichtlich des nachehelichen Unterhalts soll es grundsätzlich bei der gesetzlichen Regelung verbleiben. Jedoch soll sich abweichend von § 1578 Abs. 1 erster Halbsatz BGB das Maß des Unterhalts nicht nach den ehelichen Lebensverhältnissen, sondern der beruflichen Ausbildung oder Stellung des unterhaltsberechtigten Ehegatten bemessen. Der Aufstockungsanspruch des § 1573 Abs. 2 BGB wird ausgeschlossen.

4. Salvatorische Klausel
(vgl. Muster 5).

Form: Notarielle Beurkundung.

F. Wiederverheiratung jüngerer Eheleute mit Kindern

Fall und Interessenlage:
Die Verlobten sind beide geschieden oder verwitwet und haben beide Kinder.

Haben sie bei der Scheidung ihrer vorhergegangenen Ehe schlechte Erfahrungen mit dem Zugewinn- oder Versorgungsausgleich gemacht, werden sie modifizierte Zugewinngemeinschaft oder Gütertrennung und Ausschluß des Versorgungsausgleichs wünschen. Vgl. dazu die Muster 3, 4 und 5. Auch die Interessenlage des Musters 1 kann vorliegen.

Die typischen Schwierigkeiten liegen bei diesem Fall in der Behandlung der jeweils einseitigen Kinder hinsichtlich des Unterhalts und des Erbrechts. Werden jeweils die Kinder des einen Ehegatten vom anderen adoptiert, so werden sie in jeder Beziehung gemeinschaftliche eheliche Kinder mit vollen Unterhalts- und Erbrechten nach beiden Ehegatten. Zu beachten ist, daß diese Adoptionsfolgen auch bestehen bleiben, wenn sich die Ehegatten wieder scheiden lassen. Zu Adoptionen wird man sich also nur entschließen können, wenn man einander sehr sicher ist.

Kommt es nicht zur Adoption, haben die Stiefkinder gegen den Stiefelternteil keine Unterhalts- und keine Erbansprüche. Unterhaltsrechtlich liegt hier eine Gesetzeslücke vor (vgl. S. 29 f.). Sie kann durch eine Unterhaltungsvereinbarung zugunsten der Stiefkinder geschlossen werden. Solange der jeweilige Elternteil lebt, ist es zweckmäßig, den Stiefkindern Unterhaltsansprüche nur über diesen zu geben (unechter Vertrag zugunsten Dritter). Verstirbt der Elternteil, so müssen die Stiefkinder eigene Unterhaltsansprüche haben (echter Vertrag zugunsten Dritter). Für den Umfang der Unterhaltsansprüche der Stiefkinder kann auf die Unterhaltsansprüche leiblicher Kinder Bezug genommen werden.

Erbrechtlich haben die Ehegatten ebenfalls die Möglichkeit, Kinder und Stiefkinder auf den Tod des Letztversterbenden erbvertraglich gleichzusetzen, siehe Muster 8.

Zu beachten ist, daß Pflichtteilsansprüche nur für die leiblichen Kinder bestehen. Nur die leiblichen Kinder des Erstversterbenden haben also bei dessen Tod Pflichtteilsansprüche. Wollen sich die Ehegatten gegenseitig nicht beerben, so kann bestimmt werden, daß jeder Ehegatte nur von seinen Kindern beerbt wird, siehe Muster 9.

Zur Sicherung des überlebenden Ehegatten kann diesem jedoch ein Nießbrauch am Vermögen des Erstverstorbenen entsprechend Muster 10 oder einzelnen Vermögensteilen vermacht werden oder Vor- und Nacherbschaft angeordnet werden, Muster 11.

Muster 8

Ehe- und Erbvertrag

1. Ehe- und Familiennamen
Die Ehegatten verpflichten sich, als gemeinsamen Familiennamen den Geburtsnamen der Frau zu führen. Der Ehemann verzichtet auf die Voranstellung seines Geburtsnamens.

2. Unterhalt der Stiefkinder
Solange die Ehe besteht, kann jeder Ehegatte vom anderen Unterhalt für seine leiblichen Kinder nach Maßgabe und im Umfang der Unterhaltsansprüche leiblicher Kinder verlangen. Die Stiefkinder haben gegen den Ehegatten in diesem Fall keine eigenen Ansprüche. Sie erhalten jedoch eigene Ansprüche in obigem Umfang dann, wenn der leibliche Elternteil verstirbt und die Ehe durch seinen Tod aufgelöst wird.

3. Erbvertrag
Die Ehegatten setzen sich gegenseitig zu Alleinerben ein.
Erben des Letztversterbenden von ihnen sollen dessen Kinder sowie die Kinder des Erstverstorbenen zu gleichen Teilen sein. Ersatzerben sind deren Abkömmlinge nach Maßgabe der gesetzlichen Erbfolge.
Verlangt ein Kind beim Tod des Erstversterbenden seinen Pflichtteil, so ist der Überlebende berechtigt, dieses Kind auf seinen Tod zu enterben.
Verheiratet sich der überlebende Ehegatte wieder, so ist er verpflichtet, den Kindern des Erstverstorbenen deren gesetzlichen Erbteil auf den Tod des Erstverstorbenen auszuzahlen. Danach entfällt die erbvertragliche Bindung.

Muster 9

3. Pflichtteilsverzichtsvertrag und Testamente
Wir verzichten gegenseitig auf unsere gesetzlichen Pflichtteilsrechte. Jeder von uns setzt einseitig ohne erbvertragliche Bindung seine leiblichen Kinder, ersatzweise deren Abkömmlinge nach Maßgabe der gesetzlichen Erbfolge, zu Erben ein.

Muster 10

3. Pflichtteilsverzichte mit Nießbrauchsvermächtnis
Wir verzichten gegenseitig auf unsere gesetzlichen Pflichtteilsrechte. Jeder von uns setzt einseitig ohne erbvertragliche Bindung seine leiblichen Kinder, ersatzweise deren Abkömmlinge, nach Maßgabe der gesetzlichen Erbfolge zu Erben ein.

Der Überlebende erhält jedoch am Nachlaß des Erstverstorbenen den lebenslangen unentgeltlichen Nießbrauch, der bei Grundstücken im Grundbuch einzutragen ist.

Muster 11

3. Erbvertrag
Wir setzen uns gegenseitig zu Alleinerben ein mit der Maßgabe, daß der überlebende Ehegatte nur Vorerbe sein soll, während Nacherben die leiblichen Kinder des Erstverstorbenen zu gleichen Teilen, ersatzweise deren Abkömmlinge sein sollen. (Es folgen weitere Bestimmungen über Verfügungsbefugnisse der Vor- und Nacherben, Testamentsvollstreckung u. a.)

Form: Für die Eheverträge, die Pflichtteilsverzichtsverträge und die Erbverträge ist notarielle Beurkundung erforderlich.

G. Wiederverheiratung älterer Eheleute

Fall und Interessenlage:
Die Verlobten sind in vorgerücktem Alter, haben beide Kinder, die bereits versorgt sind und wollen den Lebensabend als Eheleute miteinander verbringen.

Die zukünftigen Eheleute selbst und auch deren Kinder wollen durch die Eheschließung keine Verwirrung in ihre vermögens- und erbrechtlichen Verhältnisse bringen. Sie sind beide so begütert, daß sie sich auch bei einem Scheitern der Ehe wieder allein unterhalten könnten. Jeder will nur von seinen Kindern beerbt werden. Kein Ehegatte will vom anderen etwas erben. Lediglich der Anteil des Erstverstorbenen an der gemeinsam erworbenen Eigentumswohnung oder dem gemeinsam erworbenen Haus oder dem gemeinsam erkauften Wohnrecht in einem Wohnstift soll dem Überlebenden zur Nutzung bis zu seinem Lebensende zustehen.

Muster 12

Ehevertrag, Erb- und Pflichtteilsverzicht

1. Gütertrennung (vgl. Muster 3 und 5)

2. Versorgungsausgleich, Unterhalt nach der Scheidung
Wir schließen den Versorgungsausgleich gegenseitig völlig aus.
Ebenso schließen wir alle gegenseitigen Ansprüche auf nachehelichen Unterhalt völlig aus.

3. Erb- und Pflichtteilsverzicht Vermächtnis
Wir verzichten gegenseitig auf alle Erb- und Pflichtteilsrechte.
Jedoch erhält der Überlebende von uns als Vermächtnis den lebenslangen Nießbrauch am Miteigentumsanteil von ½ des Erstverstorbenen an dem im Grundbuch von A-Stadt Blatt 100 eingetragenen Wohnungseigentum. Der Nießbrauch ist in das Grundbuch einzutragen. Zur Abgabe aller zur Eintragung des Nießbrauchs erforderlicher Erklärungen gegenüber Notar und Grundbuchamt erhält der Überlebende hiermit vom Erstversterbenden auf den Todesfall unwiderrufliche Vollmacht unter Befreiung von den Beschränkungen des § 181 BGB.

H. Ausschluß des Versorgungsausgleichs gegen Abfindung oder Gegenleistung

Fälle und Interessenlage:
Sobald ein Ehegatte während der Ehe nicht berufstätig sein soll, ist es ihm regelmäßig nicht zuzumuten, auf den Versorgungsausgleich zu verzichten, da er eigene Versorgungsansprüche nicht begründen oder nicht aufstocken kann. Ein Ausschluß kommt hier nur gegen geeignete Abfindung oder Gegenleistung in Betracht. Geeignet sind die Übertragung von Renditeobjekten, Muster 13, die freiwillige Weiterzahlung von Beiträgen zur Rentenversicherung, Muster 14, oder der Abschluß einer geeigneten Lebensversicherung, Muster 15. Alle Vereinbarungen bedürfen der notariellen Beurkundung.

Muster 13

Versorgungsausgleichsausschluß gegen Abfindung

Der Ehemann hat der Ehefrau in heutigem notariellem Vertrag das Miethausgrundstück A-Straße in B-Stadt zur Alterssicherung übertragen. Im Hinblick hierauf wird der Versorgungsausgleich gegenseitig völlig ausgeschlossen. Weiterhin wird Gütertrennung wie folgt vereinbart (vgl. Muster 3 und 5).

Muster 14

Ausschluß des Versorgungsausgleichs gegen Gegenleistung

Die Ehefrau gibt zur Kinderbetreuung ihre Berufstätigkeit als kaufmännische Angestellte auf. Der Ehemann ist verpflichtet, die Versorgungsanwartschaften der Ehefrau beim Träger der gesetzlichen Rentenversicherung in Höhe der Hälfte des jeweiligen Höchstbetrages durch Entrichtung von freiwilligen monatlichen Beiträgen aufrecht zu erhalten. Die Beitragsverpflichtung des Ehemannes erlischt mit der Scheidung der Ehe oder der Wiederaufnahme einer entsprechenden Berufstätigkeit durch die Ehefrau. Ist die Ehefrau später im Interesse der Familie nicht vollwertig beruflich tätig, so hat der Ehemann ihr die Differenz bis zur Erhaltung der Rentenberechtigung in Höhe der Hälfte des jeweiligen Höchstbetrages der gesetzlichen Rentenversicherung zu zahlen.

Im Hinblick hierauf schließen die Ehegatten gegenseitig den Versorgungsausgleich völlig aus.

Kommt der Ehemann diesen Verpflichtungen mehr als drei Monate nicht nach, so kann die Ehefrau vom Ausschluß des Versorgungsausgleich zurücktreten. Der Rücktritt ist zur Urkunde eines Notars zu erklären und dem anderen Ehegatten zuzustellen.

Der gesetzliche Güterstand soll zwischen den Eheleuten bestehenbleiben.

Muster 15

Ausschluß des Versorgungsausgleichs gegen Lebensversicherung

Die Ehefrau hat vor der Ehe keine eigene Altersversorgung erworben. Sie verzichtet während der Ehe zur Führung des

Haushalts und zur Kinderbetreuung auf eigene Berufstätigkeit. Dennoch wird der Versorgungsausgleich gegenseitig völlig ausgeschlossen. Beim gesetzlichen Güterstand der Zugewinngemeinschaft soll es verbleiben.

Der Ausschluß des Versorgungsausgleichs steht jedoch unter der Bedingung, daß der Ehemann der Ehefrau die laufenden Beiträge zu der für die Ehefrau abzuschließenden privaten Rentenversicherung regelmäßig und pünktlich vorschießt.

Für die Ehefrau wird, beginnend mit dem nächsten Monatsersten, eine dynamische Rentenversicherung abgeschlossen, bei der die Rente mit dem 60. Lebensjahr der Berechtigten beginnt. Die Monatsrente soll zunächst 1000,– DM betragen. Zur Anpassung an die Lebenshaltungskosten erhöhen sich die Beiträge jährlich im gleichen Prozentsatz wie die Höchstbeiträge der gesetzlichen Rentenversicherung.

Nach Scheidung der Ehe gehören die Beiträge zum Unterhalt der Ehefrau. Ob und in welchem Umfang der Ehemann sie dann zu tragen hat, richtet sich nach den gesetzlichen Vorschriften für den Unterhalt nach der Scheidung.

I. Heirat mit einem verschuldeten Verlobten

Fall und Interessenlage:
Auf Seite 47 wurde dargestellt, daß Schuldentilgung kein Zugewinn ist. Erwerben beide Ehegatten während der Ehe gleich viel, wobei der Mann seinen Erwerb zur Tilgung seiner Schulden, die Frau ihren Erwerb zur Anlage eines Sparbuchs verwendet, so hat bei Scheidung der Ehe der Mann Anspruch auf die Hälfte des Sparguthabens. Dieses ungerechte Ergebnis kann durch völlige Gütertrennung (vgl. Muster 3 und 5) oder modifizierte Zugewinngemeinschaft vermieden werden. Für letztere Möglichkeit hier ein Beispiel.

Muster 16

Ehevertrag

Für unsere Ehe soll es grundsätzlich beim gesetzlichen Güterstand verbleiben. Da jedoch der Ehemann Verbindlichkeiten in in

Höhe DM 20.000,– hat, wird sein Anfangsvermögen hiermit negativ mit minus DM 20.000,– angesetzt.

J. Rückabwicklung von Schenkungen zwischen Ehegatten bei Gütertrennung

Interessenlage:

Aus Haftungsgründen werden bei Gütertrennung auf den betrieblich nicht haftenden Ehegatten häufig erhebliche Vermögenswerte übertragen, um diese dem Zugriff etwaiger zukünftiger Gläubiger zu entziehen. Entweder überträgt hier der haftende Ehegatte, als welcher im folgenden der Einfachheit halber der Ehemann angenommen werden soll, sein Eigentum oder Miteigentum an einem Kern des Privatvermögens auf die Ehefrau oder dieses Privatvermögen wird während der Ehe allein auf den Namen der Ehefrau erworben.

Am Beispiel des Familieneigenheims ist denkbar, daß der Ehemann das Haus in die Ehe eingebracht hat, und es nunmehr auf die Ehefrau zu Alleineigentum überträgt, daß das Haus von den Eheleuten zu Miteigentum von je ½ erworben wurde und daß jetzt die Hälfte des Mennes auf die Ehefrau übertragen wird oder daß schließlich das Haus direkt allein von der Ehefrau erworben wird, wobei die Mittel zum Erwerb vom Ehemann stammen.

In allen diesen Fällen entzieht der Ehemann den Kern des Privatvermögens dem Zugriff etwaiger Gläubiger, liefert sich jedoch seiner Ehefrau aus, zumal meist gleichzeitig Gütertrennung vereinbart wird.

Der Ehemann ist daran interessiert, im Falle der Scheidung das Privatvermögen, soweit es aus seinen Mitteln finanziert wurde, zurückzuerhalten. Dies kann dadurch erreicht werden, daß für den Ehemann im Falle der Scheidung Erwerbsrechte oder Rückerwerbsrechte vereinbart werden, die bei Grundstücken durch Vormerkung im Grundbuch abgesichert werden können. Solche Vereinbarungen erleichtern die Auseinandersetzung der Ehegatten, sind sachgerecht und nicht sittenwidrig. Steuerlich etwa hinsichtlich der Schenkungssteuer sind derartige Vereinbarungen unschädlich, da sie nur für den Fall der Scheidung gedacht sind und für diesen Fall auch ernst gemeint sind. Derartige Vereinbarungen, die bei Grundstücken der notariellen Beurkundung bedürfen, stellen das einzige geeignete Mittel dar, um den Ehemann abzusichern, der aus Haftungsgründen den Kern des Privatvermögens dem Zugriff der Gläubiger entziehen will.

Muster 17

Überlassungsvertrag

I. Der Ehemann ist Alleineigentümer des Hausgrundstücks A-Straße 10 in B-Stadt, Grundbuch von B-Stadt Blatt 120. Er überläßt dieses Hausgrundstück seiner Ehefrau. Einig über den Eigentumsübergang bewilligen und beantragen die Beteiligten den Vollzug im Grundbuch.

II. Die Ehefrau ist verpflichtet, im Falle der Scheidung das heute überlassene Grundstück dem Ehemann zurückzuübertragen. Hat die Ehefrau nachweisbar aus eigenen Mitteln wertverbessernde Aufwendungen auf das Hausgrundstück gemacht, so sind diese ihr im Rahmen der noch vorhandenen Wertsteigerung zu erstatten. Die Kosten des Rückerwerbs trägt der Ehemann. Zur Sicherung dieses Rückerwerbsrechts ist für den Ehemann in obigem Grundbuch eine Auflassungsvormerkung einzutragen, deren Eintragung hiermit bewilligt und beantragt wird.

Muster 18

Überlassungsvertrag

I. Die Eheleute sind zu je ½ Miteigentum Eigentümer des Hausgrundstücks A-Straße 10 in B-Stadt, Grundbuch von B-Stadt Blatt 120.
Der Ehemann überläßt seinen Miteigentumsanteil von ½ unentgeltlich seiner Ehefrau.
Einig über den Eigentumsübergang bewilligen und beantragen die Beteiligten den Vollzug im Grundbuch.

II. Der Ehemann erhält zu Lasten des Hausgrundstücks eine unentgeltliche lebenslange Dienstbarkeit zur Mitbenutzung des gesamten Hauses neben der Ehefrau, deren Eintragung im Grundbuch mit der Maßgabe bewilligt und beantragt wird, das zur Löschung der Todesnachweis des Berechtigten genügt.

III. Der Ehemann ist berechtigt, den übertragenen Miteigentumsanteil auf seine Kosten jedoch sonst unentgeltlich von der
Ehefrau zurückzufordern wenn diese über das Grundstück
ohne seine vorherige Zustimmung verfügt, wenn diese vor
ihm verstirbt oder wenn die Ehe geschieden wird. Zur Sicherung dieses Rückforderungsrechts ist im Grundbuch im Rang
nach der Dienstbarkeit eine Auflassungsvormerkung einzutragen, deren Eintragung hiermit bewilligt und beantragt
wird.

Muster 19

Erwerbsrecht

I. Die Ehefrau hat mit Kaufvertrag und Auflassung vom heutigen Tag das Hausgrundstück A-Straße 10 in B-Stadt, Grundbuch von B-Stadt Blatt 120 erworben. Der Erwerb erfolgte
aus Mitteln des Ehemannes.

II. Die Ehefrau soll zur Übertragung des Hausgrundstücks auf
den Ehemann verpflichtet sein, wenn die Ehe geschieden
wird. Die Eheleute vereinbaren deshalb, daß der Ehemann im
Falle der Scheidung das Recht zum unentgeltlichen Erwerb
des Grundstücks auf seine Kosten haben soll. Sie bewilligen
und beantragen zur Sicherung dieses Erwerbsrechts die Eintragung einer Auflassungsvormerkung im Grundbuch.

Form: Alle diese Vereinbarungen bedürfen der notariellen Beurkundung. Sie können vom Notar anläßlich der Beurkundung noch ergänzt
oder erweitert werden. Obige Muster sollen lediglich dem Laien einen
Weg aufzeigen, der ihn aus dem bezeichneten Interessenkonflikt hinaus-
führt und eine für beide Eheleute annehmbare Lösung bedeutet.

K. Die Ehefrau finanziert dem Ehemann sein Studium

Fall und Interessenlage:
In der Praxis recht häufig sind die Fälle, daß etwa die Sekretärin
dem Studenten sein Studium unter erheblichen persönlichen Op-
fern finanziert. Es kommt dann vor, daß der Student nach dem
Examen sich einer anderen Frau, vielleicht der Tochter seines
Chefs, zuwendet und sich von der Sekretärin scheiden läßt. Diese

hat dann erhebliche Schwierigkeiten, wenigstens ihre übermäßigen Aufwendungen für das Studium des geschiedenen Ehegatten zurückzuerhalten. § 1360b BGB bestimmt hier, wie auf Seite 27f. dargelegt, daß übermäßiger Unterhalt im Zweifel von einem Ehegatten nicht in der Absicht geleistet wird, von dem anderen Ehegatten Ersatz zu verlangen.

Es kann den Eheleuten nur empfohlen werden, ausdrückliche Vereinbarungen darüber zu treffen, daß ein Rückforderungsrecht hier ausdrücklich vorbehalten wird und insbesondere im Falle der Scheidung in Betracht kommt. Ein gangbarer Weg dürfte sein, ein Darlehen zu vereinbaren, das an die Ehefrau im Falle der Scheidung zurückzuzahlen ist.

Noch mehr ist die ausdrückliche Vereinbarung eines Darlehens demjenigen zu empfehlen, der vor der Eheschließung dem Verlobten im Hinblick auf die versprochene Ehe etwa das Studium finanziert. Im folgenden soll ein Muster über eine Vereinbarung zwischen Eheleuten gegeben werden.

Muster 20

Vereinbarung

Die Ehefrau ist Sekretärin. Der Ehemann ist Student. Die Ehefrau ist bereit, im Rahmen der ehelichen Rollenverteilung aus ihrem Einkommen für die Dauer des Studiums des Ehemannes den gesamten Familienunterhalt einschließlich aller Kosten des Studiums nach ihrem Leistungsvermögen zu tragen. Die Eheleute betrachten dies als übermäßigen Unterhalt und sind sich darüber einig, daß § 1360b Abs. 3 insoweit ausgeschlossen sein soll. Die Ehefrau behält sich die Rückforderung der von ihr für das Studium des Ehemannes aufgewendeten Beträge im Falle der Scheidung vor. Die Beteiligten werden über diese Beträge einverständlich Buch führen.

Im Falle der Scheidung wird der aufgewendete Gesamtbetrag zur Zahlung fällig. Er ist ab dem Tag der Beendigung des Studiums des Ehemannes mit 2% über dem Diskontsatz der Deutschen Bundesbank jährlich zu verzinsen.

Macht der Ehemann der Ehefrau nach Beendigung seines Studiums während der Ehe unentgeltliche Zuwendungen über das Maß von Gelegenheitsgeschenken hinaus, so kann er verlangen, daß der Wert dieser Zuwendungen auf den zurückzuerstattenden Betrag angerechnet wird.

Hinsichtlich der Festsetzung der Beträge unterwerfen sich die Eheleute dem Gutachten eines Schiedsgutachters, der auf Verlangen eines Ehegatten vom Präsidenten des örtlichen Landgerichts zu bestimmen ist.

Form: Derartige Vereinbarungen bedürfen nicht der notariellen Beurkundung. Zu Beweiszwecken zu empfehlen ist die privatschriftliche Niederlegung. Es kann natürlich nicht schaden, auch eine derartige Vereinbarung von einem Notar oder Anwalt entwerfen zu lassen und gegebenenfalls auch notariell zu beurkunden oder zu beglaubigen.

L. Heirat eines Mohammedaners mit einer Deutschen

Fall und Interessenlage:
Zu den Problemen einer Ehe mit einem Angehörigen der islamischen Religion vgl. S. 136 ff. Es wird hier allgemein das folgende Muster verwendet, das in dieser Form in allen Formularbüchern wiedergegeben ist. Dieses allgemein gebräuchliche Muster soll der Vollständigkeit halber auch hier abgedruckt werden.

Muster 21

Ehevertrag mit einem iranischen Staatsangehörigen

Der Ehemann ist lediger und kinderloser iranischer Staatsangehöriger. Er verpflichtet sich, mit der Ehefrau eine Ehe nach den Anschauungen zu führen, die in Deutschland üblich sind, jedoch unter Beachtung der gesetzlichen Vorschriften des iranischen Rechtes. Er verpflichtet sich, der Ehefrau alle Rechte zu gewähren, die das deutsche Recht einer Ehefrau verleiht. Er will nur eine Einehe führen. Er verpflichtet sich, mit der Ehefrau einen gemeinsamen Haushalt bis zur Auflösung der Ehe zu führen und ihr und den Kindern aus der Ehe während der Ehe den standesgemäßen Unterhalt zu gewähren.

Für die Ehe nach iranischem Zivilgesetzbuch vereinbaren die Eheleute die Gütertrennung im Sinne von § 1414 des deutschen bürgerlichen Gesetzbuchs.

Der Ehemann verpflichtet sich, der Ehefrau bei Eheschließung eine Morgengabe von mindestens 50000 DM zu übergeben. Im Falle einer Scheidung durch Verstoßung verzichtet er auf die Rückgabe der Morgengabe.

Der Ehemann bevollmächtigt unwiderruflich die Ehefrau, sich selbst die Scheidung im Sinne des iranischen Zivilgesetzbuches zu bewilligen, falls der Ehemann eine andere Frau nimmt, er länger als drei Monate ohne Zustimmung der Ehefrau abwesend ist, er den Unterhalt für die Frau nicht zahlt, er der Frau nach dem Leben trachtet, er die Frau in einem Grade mißhandelt, daß das gemeinschaftliche Leben unerträglich wird oder er die Frau an der Ausübung eines standesgemäßen Berufs hindert.

Der Ehemann ist unwiderruflich damit einverstanden, daß im Falle einer Scheidung aus Alleinschuld des Ehemannes die Ehefrau die gesetzliche Vertretung und das Personensorgerecht über die gemeinsamen Kinder haben soll. Er verpflichtet sich weiterhin für den Fall der Scheidung aus seinem Alleinverschulden, der Ehefrau angemessenen Unterhalt zu zahlen, bis sie imstande ist, sich ohne Gefährdung ihrer Gesundheit oder der Kindererziehung selbst zu unterhalten. Weiterhin verpflichtet er sich zur Zahlung angemessenen Unterhalts an die gemeinsamen ehelichen Kinder zu Händen deren Mutter. Diese Unterhaltsverpflichtung soll auch auf die Erben des Ehemannes übergehen.

Der Ehemann gibt der Ehefrau unwiderruflich und unbefristet seine Zustimmung zur jederzeitigen Erteilung eines Ausreisevisums aus dem Iran. Dies gilt auch für die aus der Ehe hervorgehenden gemeinschaftlichen Kinder.

Die Ehefrau erklärt sich all diesen Verpflichtungen des Ehemannes einverstanden.

Die erforderliche Registrierung der Eheschließung bei einer iranischen Behörde oder Auslandsvertretung werden die Eheleute selbst vornehmen. Der Notar hat darauf hingewiesen, daß die Ehe nach iranischem Recht erst mit Registrierung wirksam geschlossen ist.

Die Unwirksamkeit oder Nichtigkeit einer der vorstehenden Erklärungen oder Vereinbarungen soll die Wirksamkeit des übrigen Vertrages nicht berühren.

M. Eheverträge bei gemischt-nationaler Ehe

Interessenlage:

Nach Inkrafttreten der Art. 15, 14 EGBGB in der Fassung des Gesetzes zur Neuregelung des Internationalen Privatrechts 1987 bestimmt sich der Güterstand gemischt-nationaler Ehen regelmäßig nach dem ersten gemeinschaftlichen Wohnsitz. Ist dies die Bundesrepublik, so gilt deutsches Recht. Ist dies ein ausländischer Staat, gilt das Recht dieses Staates. Die Eheleute haben aber die Möglichkeit, deutsches Ehegüterrecht zu wählen. Von dieser Möglichkeit sollten sie auch dann Gebrauch machen, wenn schon nach dem Gesetz deutsches Recht gilt, um keine Zweifel aufkommen zu lassen (Bestätigungsvertrag). Innerhalb des deutschen Rechts kann dann ein Ehevertrag mit jedem zulässigen Inhalt abgeschlossen werden (vgl. S. 139 ff.).

N. Vereinbarung von Gütergemeinschaft

Interessenlage:

Die Gütergemeinschaft wird überwiegend nicht mehr als zeitgemäßer Güterstand angesehen, vgl. S. 83 ff., 89 ff. Bei einfacheren Verhältnissen, auch im Bereich des Handwerks oder der Landwirtschaft ist die Gütergemeinschaft mit regionalen Unterschieden teilweise noch üblich. In seltsamem Gegensatz zum Aussterben der Gütergemeinschaft im deutschen Recht steht die Neueinführung der Gütergemeinschaft als gesetzlicher Güterstand, meist in der Form der Errungenschaftsgemeinschaft, im romanischen Rechtskreis. Zur fortgesetzten Gütergemeinschaft vgl. S. 87.

Muster 22

Ehevertrag auf Gütergemeinschaft

1. Wir vereinbaren für unsere Ehe den Güterstand der Gütergemeinschaft. Eine Eintragung ins Güterrechtsregister wünschen wir heute nicht. Das Gesamtgut verwalten wir gemeinschaftlich.

2. Der vom Ehemann unter der Firma Schlosserei Hans Müller betriebene Handwerksbetrieb wird zu dessen Vorbehaltsgut erklärt.

O. Vertrag der Ehe auf Probe

Fall und Interessenlage:

Beide Partner sind Studenten. Eine Eheschließung kommt noch nicht in Betracht. Die Partner haben eine gemeinsame Wohnung gefunden, in der sie auf weiteres zusammenleben wollen. Wenn sie zueinander passen, wollen sie nach Beendigung des Studiums und Aufnahme der Berufstätigkeit heiraten.

Die Partner möchten alle vermögensmäßigen Schwierigkeiten bei einer Auflösung ihrer Beziehung möglichst vermeiden. Sie möchten für den Fall von Konflikten jedoch nicht im rechtsleeren Raum stehen. Für ihren Vertrag eignet sich die Gesellschaft bürgerlichen Rechts (vgl. S. 152 ff.).

Muster 23

Partnerschaftsvertrag

1. Wir möchten zusammenleben und einen gemeinsamen Haushalt führen. Zu diesem Zweck schließen wir den folgenden Vertrag, für den in Ermangelung ausdrücklicher Bestimmungen die Regeln der Gesellschaft des bürgerlichen Rechts nach §§ 705 ff. BGB gelten sollen.
2. Die Partnerschaft beginnt sofort und kann von jedem von uns jederzeit aufgekündigt werden. Im Rechtsverkehr tritt jeder lediglich für sich im eigenen Namen auf. Die Partnerschaft besteht lediglich im Innenverhältnis. Als Mieter der gemeinsamen Wohnung treten wir beide auf, mit der Maßgabe, daß der Mietvertrag von uns beiden abgeschlossen wird und jeden von uns voll berechtigt und verpflichtet.
3. Dritte Personen dürfen in die häusliche Gemeinschaft nur mit Zustimmung beider Partner aufgenommen werden.
4. Die Miete, die Nebenkosten sowie die Kosten der gemeinsamen Haushaltsführung tragen wir je hälftig. Dabei wollen wir bei den Kosten der gemeinsamen Haushaltsführung nicht

kleinlich sein. Eine Vergütung von geldlichen Aufwendungen zum gemeinsamen Haushalt, von Dienstleistungen und Überlassung von Sachen sowie eine Entschädigung für nicht mutwillige Abnutzung von Sachen erfolgt bei Auseinandersetzung nicht.

5. Wir werden bestrebt sein, strikte Gütertrennung einzuhalten. Im Eigentum eines Partners stehende Gegenstände werden nur zur Nutzung in den gemeinsamen Haushalt eingebracht. Gemeinsamen Erwerb von Gegenständen zu Miteigentum oder Gesamthandseigentum werden wir vermeiden. Wir werden das heute aufgestellte Vermögensverzeichnis immer auf dem neuesten Stand halten. Auch Schenkungen über den Umfang von üblichen Gelegenheitsgeschenken hinaus werden wir vermeiden. Sollten dennoch derartige Schenkungen erfolgt sein, sind die Geschenke bei Auflösung der Gemeinschaft nicht zurückzuerstatten. Macht ein Partner größere geldliche Aufwendungen für den anderen Partner, etwa zur Finanzierung von Studienmitteln, Kleidung oder anderen, so kann er verlangen, daß der aufgewendete Betrag als Darlehen gebucht wird. Das Darlehen wird dann mangels anderer Vereinbarung spätestens bei Auflösung der Partnerschaft fällig und ist ab Hingabe mit 2% über dem jeweiligen Diskontsatz der Deutschen Bundesbank jährlich zu verzinsen.

6. Kündigt ein Partner die Partnerschaft, so ist er zum Auszug aus der gemeinsamen Wohnung verpflichtet. Soweit der andere Partner die Wohnung beibehält, hat er den Ausziehenden ab dem nächsten Monatsersten von Miete und Nebenkosten frei zu stellen. Wird die Wohnung von beiden Partnern bei Beendigung der Partnerschaft aufgegeben, so tragen sie bis zum nächstmöglichen Kündigungstermin je hälftig die bis dahin noch entstehenden Miet- und Nebenkosten.

7. Änderungen und Ergänzungen dieses Vertrages bedürfen der Schriftform.

Form: Der Partnerschaftsvertrag kann privatschriftlich geschlossen werden.

P. Vertrag der kinderlosen außerehelichen Lebensgemeinschaft

Fall und Interessenlage:
Die Partner sind beide kinderlos und berufstätig. Sie wollen zusammenleben, ohne dem Eherecht und dem Recht der Scheidungsfolgen unterworfen zu sein. Für diese größere Freiheit nehmen sie das beiderseits größere Risiko in Kauf. Sie sind sich bewußt, daß ihre Partnerschaft nur funktioniert, wenn keine Kinder vorhanden sind und beide berufstätig und gesund bleiben. Sie wollen im Partnerschaftsvertrag ihrer Beziehung einen rechtlichen Rahmen geben, ohne durch einen Partnerschaftsvertrag das Eherecht nachahmen zu wollen, das sie ja gerade nicht wünschen.

Als Alternative zu diesem außerehelichen Zusammenleben mit Partnerschaftsvertrag bietet sich die Ehe bei Ausschluß des Zugewinnausgleichs, des Versorgungsausgleichs und des Unterhalts nach der Scheidung an. Die Wahl zwischen diesen beiden Lebensformen sollte wohl erwogen werden. Beim Vorhandensein von Kindern ist in jedem Fall die Form der gesetzlichen Ehe vorzuziehen. (Vgl. dazu S. 149 ff.).

Muster 24

Partnerschaftsvertrag

1. Die Partner wollen zusammenleben und einen gemeinsamen Haushalt führen. Jeder Partner ist zur eigenen Berufstätigkeit berechtigt. Die Haushaltsführung obliegt beiden Partnern gemeinsam, wobei nach Möglichkeit Hilfskräfte herangezogen werden.
2. Für den folgenden Partnerschaftsvertrag sollen in Ermangelung ausdrücklicher Vereinbarungen ausschließlich die Regeln der Gesellschaft des bürgerlichen Rechts nach §§ 705 ff. BGB gelten.
3. Die Partnerschaft hat am . . . . . begonnen. Sie ist auf die Dauer angelegt, kann jedoch von jedem Partner mit Wirkung zum folgenden Monatsersten gekündigt werden. Eine Kündigung zur Unzeit, etwa bei Pflegebedürftigkeit eines Partners, ist unzulässig.
4. Die gemeinsame Wohnung wird von beiden Partnern angemie-

tet, wobei beide voll berechtigt und verpflichtet werden. Der kündigende Partner hat aus der Wohnung auszuziehen. Wird infolge der Auflösung der Partnerschaft die gemeinsame Wohnung aufgegeben, so haben sich die Beteiligten die Kosten der Auflösung zu teilen.

5. Die Partnerschaft wirkt sich nur im Innenverhältnis der Partner aus. Im Verhältnis zu Dritten tritt jeder Partner lediglich in seinem Namen für sich allein auf. Zur Vertretung des anderen ist er ohne besondere Vollmacht nicht berechtigt.
Über ihr jeweiliges getrenntes Vermögen führen die Partner ein immer auf dem neuesten Stand zu haltendes gemeinschaftliches Verzeichnis. Soweit Gegenstände gemeinschaftlich angeschafft werden, stellen die Partner beim Erwerb fest, daß diese Gegenstände in das Gesamtgut des Gesellschaftsvermögens fallen. Etwaigen gemeinschaftlichen Grundbesitz werden die Partner ebenfalls in Gesellschaft bürgerlichen Rechts erwerben.

6. Ein Ersatz von geldlichen Aufwendungen auf den gemeinsamen Haushalt und Dienstleistungen im gemeinsamen Haushalt sowie eine Rückabwicklung von Zuwendungen an den anderen Partner erfolgt bei Auflösung der Partnerschaft nicht. Macht ein Partner für den anderen unübliche Aufwendungen, die er bei Auflösung der Partnerschaft ersetzt haben will, so kann er verlangen, daß diese Aufwendungen für ihn als Darlehensforderung verbucht werden. Das Darlehen wird spätestens bei Aufhebung der Partnerschaft zur Rückzahlung fällig und mangels anderer Vereinbarung ab Hingabe mit 2% über dem jeweiligen Diskontsatz der Deutschen Bundesbank jährlich verzinst.

7. Die Partner sind sich bewußt, daß bei Auflösung der Partnerschaft jeder hinsichtlich seines Vermögens, seines Unterhalts und seiner Versorgung für den Fall des Alters oder der Krankheit auf sich selbst angewiesen ist. Im Interesse der gegenseitigen Freiheit und der reibungslosen Auflösbarkeit ihrer Partnerschaft verzichten die Partner ausdrücklich darauf, einen Zugewinnausgleich, einen Versorgungsausgleich oder Unterhaltsansprüche nach Auflösung der Partnerschaft zu vereinbaren.

8. Änderungen und Ergänzungen dieses Vertrages bedürfen der Schriftform.

IX. Form und Kosten von Eheverträgen und sonstigen Vereinbarungen, Güterrechtsregister

1. Form

Zu den Formfragen wurde schon bei den einzelnen Mustern des Abschnitts VIII Stellung genommen. Der notariellen Beurkundung bedürfen alle Eheverträge zur Abänderung des gesetzlichen Güterstandes und über den Versorgungsausgleich. Nach § 1410 BGB muß der Ehevertrag bei gleichzeitiger Anwesenheit beider Teile zur Niederschrift eines Notars geschlossen werden. Gleichzeitige Anwesenheit bedeutet dabei nicht persönliche Anwesenheit. Stellvertretung durch Bevollmächtigte ist möglich, jedoch regelmäßig angesichts der Bedeutung der Sache nicht ratsam. Keiner besonderen Form bedürfen Vereinbarungen der Ehegatten über die eheliche Rollenverteilung, über den Familienunterhalt und den Ehenamen. Sie können auch mündlich oder durch stillschweigende Übereinkunft geschlossen werden.

Ebenfalls formlos gültig sind Vereinbarungen über den nachehelichen Unterhalt.

Erbverträge und Erbverzichts- und Pflichtteilsverzichtsverträge bedürfen der notariellen Beurkundung, wobei jeweils der Erblasser persönlich beim Notar anwesend sein muß.

Soweit Vereinbarungen nicht notariell beurkundet werden müssen, sollten sie aus Beweisgründen wenigstens schriftlich abgeschlossen werden. Regelmäßig empfiehlt sich wegen der stärkeren Beweiswirkung, der fachlichen Beratung und der juristisch exakten Formulierung aber die notarielle Beurkundung aller Vereinbarungen in einem umfassenden Vertrag. Dies gilt auch für den Partnerschaftsvertrag der außerehelichen Lebensgemeinschaft, der als BGB-Gesellschaftsvertrag grundsätzlich ebenfalls keiner besonderen Form bedarf.

2. Kosten

Der Ehevertrag über das Ehegüterrecht löst nach § 36 Abs. 2 KostO eine doppelte Gebühr aus. Der Wert bestimmt sich nach § 39 Abs. 3 KostO nach dem zusammengerechneten Wert der gegenwärtigen Vermögen beider Ehegatten. Schulden werden abgezogen. Betrifft der Ehevertrag nur bestimmte Gegenstände, so ist deren Wert maßgebend.

Kostenbeispiele:

(Rohvermögen incl. z. Zt. 14% Mehrwertsteuer)

10 000,— DM	182,40 DM
20 000,— DM	228,— DM
30 000,— DM	273,60 DM
40 000,— DM	319,20 DM
50 000,— DM	364,80 DM
100 000,— DM	592,80 DM
200 000,— DM	934,80 DM
300 000,— DM	1276,80 DM
400 000,— DM	1618,80 DM
500 000,— DM	1960,80 DM
1 000 000,— DM	3670,80 DM

Beim Ehevertrag mit Vereinbarungen über den Versorgungsausgleich ist der Geschäftswert für den Ausschluß des Versorgungsausgleiches nach § 30 Abs. 1, notfalls Abs. 2 KostO zu bestimmen. Hierbei sind vor allem die Einkommens- und Vermögensverhältnisse der Ehegatten zu berücksichtigen. Der Wert wird sich aber meist nur schwer bestimmen lassen, letztlich verbleibt nur der Regelwert von 5000,– DM des § 30 Abs. 2 KostO.

Bei angegebenen bestimmten Abfindungsbeträgen zum Versorgungsausgleich sind diese maßgebend; bei der Überlassung von Grundbesitz sind Ermittlungen gem. § 19 KostO anzustellen.

Die ermittelten Werte des Ehevertrages und des Versorgungsausgleichs sind gem. § 44 Abs. 2 KostO zusammenzuzählen.

Beispiele:

a) Ehevertrag	Wert:	10 000,— DM
Versorgungsausgleich	Wert:	5 000,— DM
	Gesamtwert:	15 000,— DM
Doppelte Gebühr gem. § 36² KostO		180,— DM
14% Mehrwertsteuer		25,20 DM
		205,20 DM

b) Gesamtwert	30 000,— DM
Doppelte Gebühr gem. § 36² KostO	240,— DM
14% Mehrwertsteuer	33,60 DM
	273,60 DM

c) Gesamtwert	50 000,— DM
Doppelte Gebühr gem. § 36² KostO	320,— DM
14% Mehrwertsteuer	44,80 DM
	364,80 DM

d) Gesamtwert	100 000,— DM
Doppelte Gebühr gem. § 36² KostO	520,— DM
14% Mehrwertsteuer	72,80 DM
	592,80 DM

Wird ein Erbvertrag gleichzeitig mit einem Ehevertrag beurkundet, so wird die Gebühr nur einmal berechnet, und zwar nach dem Vertrag, der den höchsten Geschäftswert hat (§ 46 Abs. 3 KostO).

Ist mit dem Ehevertrag ein Erbverzichtsvertrag oder Pflichtteilsverzichtsvertrag verbunden, so wird für diesen ein besonderer Wert angesetzt, der zum Wert des Ehevertrages hinzugezählt wird.

Beim Erbverzichtsvertrag bestimmt sich der Wert nach § 39 Abs. 2 der KostO. Beim Erbverzichtsvertrag ist der Wert der vereinbarten Gegenleistungen maßgebend; denn dieser ist in aller Regel nicht niedriger als der Wert des Verzichts. Ist keine Gegenleistung vereinbart, so ist der Wert des Verzichts nach § 30 Abs. 1 der KostO zu schätzen. Hierbei ist der Wert des gegenwärtigen reinen Vermögens des Erblassers und des dem Verzichtenden daran zustehenden Anteils sowie der Grad der Wahrscheinlichkeit des Überlebens des Verzichtenden und der Erhöhung oder Verminderung des Vermögens des Erblassers bis zu seinem Tode zu berücksichtigen.

Bei Verbindung des Ehevertrages mit Vereinbarungen über den nachehelichen Unterhalt wird für die Unterhaltsvereinbarung ebenfalls ein besonderer Wert angesetzt. Dies gilt auch für weitere Vereinbarungen, etwa über die eheliche Rollenverteilung, den Familienunterhalt usw. Die Werte werden hier regelmäßig gemäß § 30 Abs. 2 auf 5000,– DM anzusetzen sein und lösen dann eine Gebühr von jeweils 104,– DM zuzüglich MWSt. aus.

Die Gebühren für den Partnerschaftsvertrag der außerehelichen Lebensgemeinschaft entsprechen den Gebühren für Eheverträge. Die eingangs gegebenen Kostenbeispiele sind deshalb auch für derartige Verträge maßgeblich.

3. Güterrechtsregister

Gemäß §§ 1558 ff. BGB können Vereinbarungen über das eheliche Güterrecht in das beim Amtsgericht des Wohnortes des Ehemannes geführte Güterrechtsregister eingetragen werden. Zur Wirksamkeit der Vereinbarungen ist die Eintragung nicht erforderlich. Das Register dient der Information des Rechtsverkehrs. Jedoch hat der Rechtsverkehr das Register nicht angenommen. Es soll Amtsgerichte geben, bei denen seit Jahren niemand mehr das Güterrechtsregister eingesehen hat. Demgemäß verzichten die Beteiligten regelmäßig auf eine Eintragung. Das Güterrechtsregister sollte abgeschafft werden.

Sachverzeichnis

Zahlen = Seiten

ARBEITSRECHT/

Textausgaben

ArbG · Arbeitsgesetze

mit wichtigsten Bestimmungen zum Arbeitsverhältnis, Kündigungsrecht, Arbeitsschutzrecht, Berufsbildungsrecht, Tarifrecht, Betriebsverfassungsrecht, Mitbestimmungsrecht und Verfahrensrecht.
(dtv-Band 5006, Beck-Texte)

JugR · Jugendrecht

Jugendrecht, Jugendwohlfahrt, Jugendschutz, Jugendarbeitsschutz, Jugendstrafrecht, BAföG.
(dtv-Band 5008, Beck-Texte)

AVG · Angestelltenversicherungsgesetz

mit Angestelltenversicherungs-Neuregelungsgesetz und Sozialgesetzbuch.
(dtv-Band 5020, Beck-Texte)

SGB · RVO · Sozialgesetzbuch · Reichsversicherungsordnung

mit Arbeiterrentenversicherungs-Neuregelungsgesetz und Handwerkerversicherungsgesetz.
(dtv-Band 5024, Beck-Texte)

BAföG · Bildungsförderung

Bildungsförderung in Bund und Ländern mit den ab 1. 7. 1989 geltenden Leistungssätzen und allen Verordnungen, BerufsbildungsG.
(dtv-Band 5033, Beck-Texte)

SchwbG · BVG
Schwerbehindertengesetz, Bundesversorgungsgesetz

Durchführungsverordnungen zum Schwerbehindertengesetz, Opferentschädigungsgesetz, Sozialgerichtsgesetz, Sozialgesetzbuch – Allg. Teil, Steuervergünstigungen für Behinderte.
(dtv-Band 5035, Beck-Texte)

AFG · Arbeitsförderungsgesetz

mit AFG-LeistungsVO, Arbeitslosenhilfe VO, ZumutbarkeitsAO, MeldeAO SGB I, SGB IV, SGB X, AÜG.
(dtv-Band 5037, Beck-Texte)

MitbestG · Mitbestimmungsgesetze

in den Unternehmen mit allen Wahlordnungen.
(dtv-Band 5524, Beck-Texte)

BeamtenR · Beamtenrecht

Bundesbeamtengesetz, Beamtenrechtsrahmengesetz, Bundesbesoldungsgesetz mit Anlagen, Beamtenversorgungsgesetz, Beihilfevorschriften, Bundespersonalvertretungsgesetz und weitere Vorschriften des Beamtenrechts.
(dtv-Band 5529, Beck-Texte)

SGB V · Gesetzliche Krankenversicherung

mit Gesundheitsreformgesetz (Auszug, Sozialgesetzbuch Allgemeiner Teil, Gemeinsame Vorschriften für die Sozialversicherung.
(dtv-Band 5559, Beck-Texte)

Rechtsberater

Schaub, Arbeitsrecht von A–Z

Aussperrung, Betriebsrat, Gewerkschaften, Gleichbehandlung, Jugendarbeitsschutz, Kündigung, Mitbestimmung, Mutterschaftsurlaub, Ruhegeld, Streik, Tarifvertrag, Zeugnis u. a. m.
(dtv-Band 5041, Beck-Rechtsberater)

Spinnarke, Arbeitssicherheit
(dtv-Band 5055, Beck-Rechtsberater)

SOZIALRECHT im

**rühl, Sozialhilfe für Betroffene
n A–Z**

einerziehende, Arbeitslose, Auslän-
r, Aussiedler, Behinderte, Ehegatten,
auen, Heimbewohner, Kinder, Kranke,
chtseßhafte, Pflegebedürftige, Studie-
nde, Wohnungssuchende, Zuwande-
r.
tv-Band 5060, Beck-Rechtsberater)

**röer, Was ich über meine soziale
entenversicherung wissen sollte**

ersicherungspflicht, Wartezeiten, Er-
erbsunfähigkeitsrente, Witwenrente,
entenhöhe, Ersatzzeiten, Unterbre-
ungen, Bemessungsgrundlage, Frei-
llige Versicherung, Rentenantrag, Me-
zinische Rehabilitation.
tv-Band 5085, Beck-Rechtsberater)

**röer, Meine soziale Kranken-
ersicherung**

esundheitsvorsorge, Arzt, Zahnarzt,
ankenhaus, Kur, Mutterschaft, Häusli-
e Pflege, Schutz im Ausland, nach der
esundheitsreform.
tv-Band 5087, Beck-Rechtsberater)

**chaub, Der Betriebsrat
ufgaben · Rechte · Pflichten**

ahl und Organisation des Betriebs-
ts, Mitbestimmung in sozialen und
ersonellen Angelegenheiten, Beteili-
ng des Betriebsrates in wirtschaftli-
en Angelegenheiten, Verfahren nach
m BetrVG.
tv-Band 5202, Beck-Rechtsberater)

**öbl, Meine Rechte und Pflichten
s berufstätige Frau**

beitsrecht, Arbeitssicherheit, Mutter-
hutz, Gleichbehandlung.
tv-Band 5204, Beck-Rechtsberater)

**Schaub, Meine Rechte und Pflich-
ten im Arbeitsgerichtsverfahren**

Klagearten, Klageerhebung, Gütever-
handlung, Vertretung durch Anwalt,
Rechtsmittel, Vollstreckung, Einstweilige
Verfügung, Beschlußverfahren, Kosten.
(dtv-Band 5205, Beck-Rechtsberater)

**Schaub/Schusinski/Ströer
Erfolgreiche Altersversorgung**

Alles Wichtige zur Rentenversicherung,
betrieblichen Altersversorgung, Alterssicherung im öffentlichen Dienst.
(dtv-Band 5207, Beck-Rechtsberater)

**Wolber, Gesetzliche
Unfallversicherung**

Alles über Arbeitsunfälle.
Leistungen, Arbeitsschutz, Beitragsfi-
nanzierung, Daten- und Rechtsschutz.
(dtv-Band 5223, Beck-Rechtsberater)

**Schmeling, Wie berechne ich
meine Rente?**

Versicherungsjahre, deren Bewertung,
Berechnungsmodalitäten.
(dtv-Band 5227, Beck-Rechtsberater)

Francke, Berufsausbildung von A–Z

Alles Wissenswerte über die Rechte und
Pflichten der Auszubildenden, Ausbilder
und Ausbildenden.
(dtv-Band 5228, Beck-Rechtsberater)

**Schaub, Meine Rechte und
Pflichten als Arbeitnehmer**

Anbahnung und Abschluß des Arbeits-
vertrages sowie seine Beendigung,
Rechte und Pflichten, der Einfluß des
Betriebsrats, Betriebsnachfolge, Son-
derrechte für Frauen, Auszubildende
und Schwerbehinderte.
(dtv-Band 5229, Beck-Rechtsberater)

FAMILIENRECHT im

Deutscher
Taschenbuc
Verlag